O CÂNTICO DAS CRIATURAS

Dados Internacionais de Catalogação na Publicação (CIP)
(Câmara Brasileira do Livro, SP, Brasil)

Leclerc, Eloi
O cântico das criaturas / Eloi Leclerc; tradução de J.B. Michelotto. – 3. ed. – Petrópolis, RJ : Vozes, 2025.

Título original: Le cantique des créatures.

ISBN 978-85-326-7219-3

1. Francisco, de Assis, Santo, 1182-1226. Cântico de lo frate sole I. Título. II. Título: Os símbolos da união.

25-270856 CDD-271.3

Índices para catálogo sistemático:
1. Franciscanismo : Cristianismo 271.3
Eliete Marques da Silva – Bibliotecária – CRB-8/9380

ELOI LECLERC

O CÂNTICO DAS CRIATURAS

Tradução de J.B. Michelotto, C.SS.R.

EDITORA
VOZES

Petrópolis

Tradução do original em francês *Le cantique des créatures*

Direitos de publicação em língua portuguesa – Brasil:
1977, 2025, Editora Vozes Ltda.
Rua Frei Luís, 100
25689-900 Petrópolis, RJ
www.vozes.com.br
Brasil

Diagramação: Sheilandre Desenv. Gráfico
Revisão gráfica: Nilton Braz da Rocha
Capa: Érico Lebedenco
Ilustração de capa: *Louvado sejas, meu Senhor*. Pedro Pinheiro.

ISBN 978-85-326-7219-3 (Brasil)
ISBN 978-222-002702-9 (França)

Este livro foi composto e impresso pela Editora Vozes Ltda.

Sumário

Siglas usadas para citar as Fontes Franciscanas

Escritos de São Francisco

Ad = Admoestações

2Fi = Carta aos Fiéis (2ª Recensão)

LD = Louvores ao Deus Altíssimo

Mn = Carta a um Ministro

OP = Ofício da Paixão

Ord = Carta a toda a Ordem

PA = Perfeita Alegria

PE = Palavras de Exortação: "Ouvi, pobrezinhas"

PN = Paráfrase ao Pai-nosso

RB = Regra Bulada

RnB = Regra não Bulada

SM = Saudação à Bem-aventurada Virgem Maria

SV = Saudação às Virtudes

Test = Testamento

AP = Anônimo Perusino

CA = Compilação de Assis

1Cel = Primeira Vida, de Tomás de Celano

2Cel = Segunda Vida, de Tomás de Celano

EP = Espelho da Perfeição

Fior = I Fioretti

Lm = Legenda Menor, de São Boaventura

LM = Legenda Maior, de São Boaventura

LTC = Legenda dos Três Companheiros

Slb = Crônica de Salimbene de Parma

Introdução

> Enfim, compreenderam e souberam que a alma do santo pai brilhava com tão grande fulgor (1Cel, 47,6).

O que pretendemos neste ensaio não é outra coisa senão fazer uma nova leitura do *Cântico do Sol* de Francisco de Assis. Este cântico pode ser entendido no seu sentido direto e material. Aparece, então, como um louvor dirigido ao Altíssimo por causa (e através) dos diversos elementos da criação: o sol, a lua e as estrelas, o vento e a água, o fogo e a terra. É assim que ele tem sido compreendido, quase sempre. Esta leitura se fixa no sentido primordial e evidente, isto é, nas coisas expressamente designadas, ou ainda na dimensão cósmica ou cosmo-religiosa do poema. Segundo este nível de compreensão, a inspiração que anima a obra de Francisco de Assis parece ser a mesma que a dos salmos e cânticos bíblicos que celebram Deus nas suas criaturas. Quanto à imagem do universo, expressa nesse cântico, houve quem visse nela um reflexo do sistema cosmológico da época: sistema caracterizado pelo geocentrismo dos antigos e por sua teoria dos quatro elementos fundamentais.

Tal leitura do *Cântico do Sol* é certamente válida. Será, porém, exaustiva? Parece que se pode ler esse poema segundo uma profundeza diferente, concentrando a atenção não simplesmente nas coisas em si mesmas, que nele se celebram, mas na maneira original, singular, como elas são imaginadas, valorizadas e ordenadas. Constatamos, então, que os elementos cósmicos são aqui delicadamente diferenciados, que aparecem em pares fraternos, numa disposição que não reflete nenhuma ordem objetiva nem sistema cosmológico algum. O que mais nos confunde é que a alguns desses elementos se aplicam qualificativos que evidentemente não têm significação objetiva alguma. Isso demonstra uma valorização dos elementos, cujo sentido se deve procurar não somente do lado da coisa em si, nem no contexto cultural da época, mas em razão do próprio assunto. As realidades cósmicas oferecem aqui uma profundeza que se refere a valores íntimos inconscientes.

Daí se conclui que o *Cântico do Sol* exprime não somente uma fraternização com os elementos materiais, mas também com o que simbolizam esses elementos devidamente valorizados, isto é, com os valores inconscientes de que estão impregnados e dos quais constituem uma espécie de linguagem. Quais são esses valores íntimos assim materializados? Qual é a experiência profunda que aqui se exprime de modo simbólico e inconsciente? Afinal, que significado tem cada uma dessas imagens materiais e a ordem em que estão colocadas? Dessa forma, somos levados a uma leitura do *Cântico do Sol,* na qual nos esforçamos por descobrir e interpretar, no seu sentido primordial e cósmico, um outro sentido, um sentido íntimo.

Somos levados a essa leitura por uma maior atenção ao próprio texto e também pelo exame das circunstâncias de sua composição. Já se disse que esse poema acompanha como um estribilho toda a vida de Francisco de Assis e que, a cada passo, em sua conversação ordinária, se encontram alusões a ele. Não é por menos que brote, em sua forma acabada, ao termo dum longo itinerário espiritual. Já haviam se quase vinte anos, desde a conversão de Francisco à vida evangélica. Vinte anos, durante os quais ele se havia aplicado, dia após dia, a seguir as pegadas do Senhor, meditando sem cessar no "acontecimento cheio de doçura" e na paixão do altíssimo Filho de Deus. Ele acabava de receber em sua carne, no Monte Alverne, os estigmas que o tornavam inteiramente semelhante a Cristo crucificado. Perdendo sangue por todas as feridas, esgotado pelos jejuns e pela enfermidade, cego e quase agonizante, Francisco não era, então, "com Cristo senão uma só coisa a sofrer e a remir", no dizer de Claudel. Sofria em todo o seu corpo, e talvez mais ainda em sua alma. Os valores evangélicos de pura simplicidade, de pobreza e de paz, que ele havia considerado como essenciais à revelação do amor, eram postos de lado numa cristandade fascinada pelo poder e dominada pela ideia de cruzada. Eram mesmo contestados, às vezes, entre os seus. A vida de Francisco já estava no seu crepúsculo. E Francisco não conhecia ainda totalmente a paz do crepúsculo.

Foi então que se verificou o acontecimento. Vindo do Alverne, Francisco, esgotado, parou no mosteiro de São Damião, onde viviam Clara e suas irmãs. Foi aí que ele ouvira, pela primeira vez, as palavras de Cristo, que o convidava a restaurar a sua casa que caía em ruínas. Clara o instalou numa casa contígua ao convento. Os sofrimentos, porém, não davam sossego a Francisco. "E, ao permanecer aí acamado por cinquenta dias ou mais, o bem-aventurado Francisco não podia ver a luz do sol de dia nem ver a luz do fogo de noite, [...] também grandes dores nos olhos de dia e de noite, de modo que de noite quase não podia descansar e dormir" (CA 83,8-9). Ora, uma noite, estando a refletir sobre as tribulações que sofria, teve compaixão de si mesmo e disse interiormente: "Senhor, vinde em meu auxílio em minhas enfermidades, para que eu as possa tolerar com paciência!" (CA 83,13). Celano dá a entender que na alma de Francisco se travava, então, um combate e que ele orava para resistir à tentação do desânimo: "*Orans... sic positus in agone...*" (2Cel 213). Durante essa agonia, ouviu subitamente em espírito uma voz:

> "Dize-me, irmão: se alguém por estas tuas enfermidades e tribulações te desse um tesouro tão grande e precioso que, se toda a terra fosse ouro puro, todas as pedras fossem pedras preciosas e toda a água fosse bálsamo, tu porém considerarias e terias tudo isto como nada – como se fossem [apenas] matéria: terra, pedras e água – em comparação com tão grande e precioso tesouro que te seria dado, por acaso não te alegrarias muito?" E respondeu o bem-aventurado Francisco: "Senhor, este tesouro seria grande, e inestimável, extremamente precioso e demasiadamente amável e desejável". E disse-lhe: "Portanto, irmão, alegra-te e rejubila-te bastante em tuas enfermidades e tribulações, porque doravante deves considerar-te tão seguro como se estivesses em meu reino" (CA 83,14-18, cf. 2Cel 213,4-6).

Uma alegria sobrenatural invadiu imediatamente a alma de Francisco: a alegria da certeza do Reino. Agora ele sabia que o caminho que havia palmilhado – o do sofrimento com Cristo – era o caminho "que conduz à terra dos vivos" (RB 6,6). Nesse instante, foi como um esplêndido nascer do sol em sua alma. Pela manhã, chamou os seus companheiros; não se contendo de tanta alegria, começou a cantar-lhes o *Cântico das Criaturas* que acabava de compor.

Desde então, parece impossível compreender esse cântico sem ligá-lo diretamente à profunda experiência de Francisco, aos seus acerbos sofrimentos, à sua paciência heroica, à sua luta cotidiana pelos valores evangélicos, à sua alegria sobrenatural, numa palavra, à sua vida de intimidade com Cristo. Esse cântico brota das profundezas duma existência. É o resultado dela e, sem dúvida, a sua mais alta expressão. Ora, o que à primeira vista surpreende é que esse homem, cujos olhos enfermos já não suportam a luz e não gozam mais da vista das criaturas, esse homem que não pode contemplar senão o esplendor do Reino, exprima a sua alegria, cantando a matéria: a matéria ardente e irradiante, o sol e o fogo; a matéria nutritícia, o ar, a água e a terra, "nossa mãe Terra". E o faz em termos que recordam, de modo estranho, as antigas celebrações pagãs, nas quais o homem dava graças pela dominação do Sol e pela maternidade e fecundidade da Terra. Retoma-se e se fala aqui a velha linguagem do sagrado, a das hierofanias cósmicas, com a espontaneidade, a candura e o calor da língua materna. Nem há em todo esse cântico uma só referência, a menor alusão ao mistério sobrenatural de Cristo nem do seu Reino! Evocam-se e celebram-se aqui, para a glória do Altíssimo, unicamente as realidades materiais.

Seria certamente surpreendente se essas realidades cósmicas, pela própria maneira como são celebradas, pela riqueza afetiva e onírica de que estão inconscientemente impregnadas, não constituíssem, por si mesmas, uma espécie de linguagem: a linguagem da íntima experiência do sagrado. "Manifestar o 'sagrado' no 'cosmos' e manifestá-lo *na* 'psique' é a mesma coisa", escreve P. Ricoeur… "Cosmos e Psique são os dois polos da mesma 'expressividade'; eu me exprimo, exprimindo o mundo;

exploro a minha própria sacralidade, explorando a do mundo"[1]. Este juízo tornou-se como a chave duma leitura interior do *Cântico do Sol* de Francisco de Assis.

Experimentamos essa chave. Interrogamos cada elemento cósmico celebrado, bem como a ordem e a estrutura dessa celebração, aproveitando a múltipla contribuição da hermenêutica contemporânea. Pois bem, à medida que progredíamos na nossa investigação, víamos o *Cântico do Sol* iluminar-se por dentro. Já não se tratava unicamente de uma elucubração poético-religiosa sobre as coisas. As próprias coisas se apresentavam como o revestimento duma elucubração mais profunda. O louvor cósmico revelava-se como a linguagem simbólica, inconsciente, dum caminhar interior, duma exploração da alma nas suas profundezas; dizendo com mais precisão, apresentava-se como uma "poética" da reconciliação do homem com a sua "arqueologia" e da sua abertura a uma existência em plenitude na luz do Ser. Assim como os primeiros discípulos de Francisco que se interrogavam sobre a significação do carro solar que, na ausência do seu mestre, os tinha visitado à noite, compreendemos que no *Cântico do Sol* a "alma do santo pai brilhava com tão grande fulgor" (1Cel 47,6).

Lendo esse cântico como linguagem simbólica duma experiência que acontece na noite da alma não pretendemos absolutamente dar-lhe uma interpretação alegorizante. Pelo contrário, nós nos distanciamos de tal interpretação. Se a celebração franciscana das criaturas pode ser considerada realmente como significativa de valores íntimos, é porque, em Francisco, a comunhão com as coisas é real e profunda a ponto de empenhar a alma

1. P. Ricoeur, *Finitude et Culpabilité II, La Symbolique du Mal,* Paris, 1960, p. 19-20.

com todas as suas potências. Não se trata, pois, de forma alguma, de dulcificar a dimensão propriamente cósmica e realista desse texto: seria ir de encontro a tudo que, aliás, sabemos da atitude de Francisco a respeito das criaturas. O amor de Francisco pelas criaturas é real, profundo e religioso. Estas são para ele, cada uma a seu modo e pelo seu próprio ser, uma manifestação do poder, da beleza ou da bondade do Altíssimo, manifestação que, por vezes, o lança no arrebatamento. Incontestavelmente, há em Francisco uma experiência cósmica do sagrado, uma comunhão com Deus por meio das coisas, na profundeza das coisas. E o seu *Cântico do Sol* exprime, sem dúvida alguma, esta dimensão da sua experiência religiosa.

Contudo, em Francisco, não se pode separar essa dimensão cósmica, por real que seja, da outra dimensão de sua vida espiritual: a da sua união com Deus pelos humildes caminhos da encarnação do Filho Altíssimo de Deus. Toda a originalidade da experiência religiosa de Francisco provém precisamente da síntese que ele soube realizar entre estas duas dimensões: a da mística evangélica mais interior e mais pessoal e a da mística cósmica mais entusiasta. A sua vida de união com a pessoa de Cristo, Francisco incorpora magnificamente a grande emoção religiosa e cósmica das religiões panteístas. Ele une o sol e a cruz. É o que leva o filósofo alemão Max Scheler a dizer na sua obra sobre a natureza e as formas da simpatia: "Foi reservada a um dos maiores modeladores de almas e espíritos da história da humanidade europeia a coragem de realizar a notável tentativa que consiste em efetuar a síntese entre a mística amorosa acósmica [...], inaugurada pelo cristianismo e fundida com o amor de Jesus, de uma parte, e a fusão afetiva cosmovital com o ser e a vida da natureza, de outra parte. Essa foi a obra de Francisco de Assis"[2]. Foi dessa síntese que resultou uma das mais profundas e fascinantes experiências espirituais que o homem já teve na terra.

Louvor cósmico e cântico das profundezas íntimas ao mesmo tempo, o *Cântico do Sol,* lido na plenitude do seu sentido, não é a linguagem dessa experiência espiritual? O que, afinal, nos é significado nessa celebração fraterna das coisas em honra do Altíssimo não é uma focalização do Altíssimo, a qual, por uma comunhão humilde e ardente, passa a todas as criaturas e, ao mesmo tempo, pela abertura da alma, passa às próprias profundezas desta? Ou mais precisamente: não é uma focalização do Altíssimo, pela qual a alma, unindo-se fraternalmente e com "grande humildade" às criaturas, se reconcilia com sua própria totalidade e com a totalidade do que existe?

Cântico do Irmão Sol ou das Criaturas[3]

Altíssimo, onipotente, bom Senhor,
teus são o louvor, a glória e a honra e toda bênção.
Somente a ti, ó Altíssimo, eles convêm,
e homem algum é digno de mencionar-te.
Louvado sejas, meu Senhor, com todas as tuas criaturas,
especialmente o senhor irmão sol,
o qual é dia, e por ele nos iluminas.

2. M. Scheler, *Nature et formes de la sympathie*, Paris, 1950, p. 136.

3. No fim do livro damos, como original, o texto mais antigo conhecido do *Cântico das Criaturas,* tal qual se lê no manuscrito 388 da biblioteca municipal de Assis.

E ele é belo e radiante com grande esplendor,
de ti, Altíssimo, traz o significado.

Louvado sejas, meu Senhor, pela irmã lua e pelas estrelas,
no céu as formaste claras e preciosas e belas.

Louvado sejas, meu Senhor, pelo irmão vento,
e pelo ar e pelas nuvens e pelo sereno e por todo tempo,
pelo qual às tuas criaturas dás sustento.

Louvado sejas, meu Senhor, pela irmã água,
que é muito útil e humilde e preciosa e casta.

Louvado sejas, meu Senhor, pelo irmão fogo,
pelo qual iluminas a noite,
e ele é belo e agradável e robusto e forte.

Louvado sejas, meu Senhor, pela irmã nossa, a mãe terra,
que nos sustenta e governa
e produz diversos frutos com coloridas flores e ervas.

Louvado sejas, meu Senhor, por aqueles que perdoam pelo
teu amor,
e suportam enfermidade e tribulação.
Bem-aventurados aqueles que as suportarem em paz
porque por ti, Altíssimo, serão coroados.
Louvado sejas, meu Senhor, pela irmã nossa, a morte corporal,

da qual nenhum homem vivente pode escapar.
Ai daqueles que morrerem em pecado mortal:
bem-aventurados os que ela encontrar na tua santíssima vontade,
porque a morte segunda não lhes fará mal.

Louvai e bendizei ao meu Senhor
e rendei-lhe graças e servi-o com grande humildade.

I
Quando falam as coisas

"Suponhamos que a verdade seja mulher..."[1] Esta hipótese de Nietzsche não ficou sem eco. Desde então, "toda a filosofia se tornou interpretação"[2], observa Jean Lacroix. A filosofia sabe que a linguagem, quaisquer que sejam as suas formas, jamais se esgota pelo que mostra, e o seu sentido óbvio oculta outra coisa. Dissimulação, máscara ou símbolo? Pouco importa! Qualquer linguagem exige interpretação. A filosofia aprendeu, pois, a "ler lentamente, com penetração, respeito e precaução, com segundas intenções e portas abertas, com dedos e olhos delicados". A hermenêutica se encontra em tensão entre uma "vontade de escutar" e uma "vontade de suspeitar"[3].

Quem hoje deseja reler um texto como o *Cântico do Sol* de Francisco de Assis acha-se numa situação embaraçosa. Duma parte, não pode subtrair-se à exigência de interpretação com sua "dupla vontade de escutar e de suspeitar"; de outra parte, repugna-lhe adotar uma vontade de suspeitar a respeito dum texto que lhe parece perfeitamente transparente. O que, de fato, impressiona nessa obra é justamente a sua admirável simplicidade. Tudo é tão simples! Simplicidade na forma: é tão despida

1. F. Nietzsche. *Par-delà le Bien et le Mal*, Paris, 1951, p. 19.

2. J. Lacroix. *Désir et Langage* (artigo no *Le Monde*, 6-7 de junho de 1965). Cf. P. Ricoeur. *De l'Interprétation*, Paris, 1965, p. 34.

3. Cf. P. Ricoeur. *De l'Interprétation*, Paris, 1965, p. 36.

que chega a desconcertar. Não há nenhum requinte de estilo, nenhuma exuberância. Nada há que excite a imaginação. Simplicidade nas representações: o autor parece apagar-se nas realidades que evoca. Poder-se-á falar de imagens? A expressão nos mostra simplesmente o objeto que ela designa. De que se trata, afinal, nesse poema? Do sol que faz o dia, da lua e das estrelas que brilham no firmamento noturno, do vento e do ar que sustentam as criaturas etc. Tudo isso compõe uma imagem do mundo pouco apurada. Enfim, simplicidade nos sentimentos: nesse texto não transparece nenhuma dramatização, nenhum conflito; do princípio ao fim, esse cântico é uma afirmação serena da fraternidade universal. Tudo nele é direto, claro, luminoso.

Que poderá, então, justificar nesse cântico uma vontade de suspeitar? A interpretação mais simples não será, nesse caso, a mais verdadeira? Não é o próprio Francisco quem no-la recomenda, ao escrever no seu Testamento: "Já que o Senhor me deu a graça de escrever essas coisas de modo puro e simples, entendei-as igualmente de modo puro e simples"?

Contudo, Francisco se retratou totalmente nesse poema. "É uma obra eminentemente característica", escreve Chesterton; "por esta obra só, poder-se-ia reconstituir São Francisco inteiramente"[4]. O olhar com que Francisco vê as coisas aqui abre um caminho à sua própria intimidade. Este cântico apresenta, de fato, certos aspectos que traem muito particularmente a personalidade do autor. Assim, por exemplo:

– a escolha e a valorização dos elementos cósmicos;

– o apelativo "irmão" ou "irmã", dado às coisas;

---

4. G.K. Chesterton. *Saint François d'Assise*. Paris, 1925, p. 132-133. Cf. trad. brasileira de J. Carvalho, Ed. Vecchi, Rio de Janeiro, 3. ed., p. 93.

– a dimensão arquetípica das imagens;

– a estrutura do poema;

– o acréscimo das duas últimas estrofes.

São algumas questões que exigem ser examinadas, se queremos penetrar o sentido "íntimo" da obra.

1. Escolha e valorização dos elementos cósmicos

No *Cântico do Sol,* que é um louvor a Deus por meio e por causa de todas as criaturas, são evocadas e celebradas nomeadamente diversas realidades cósmicas: o sol, a lua e as estrelas, o vento, a água, o fogo e a terra. Não faltou quem comparasse essa celebração dos elementos cósmicos a certos cânticos bíblicos, como o dos três jovens na fornalha, ou mesmo a certos hinos litúrgicos. Brown cita um hino litúrgico do século XI, *Jubilemus omnes,* que, durante o Advento, convida os homens a se regozijarem por causa de todas as criaturas de Deus: sol, lua, estrelas, ar, ventos etc.[5] E, no entanto, apesar duma inspiração comum, há uma diferença notável entre a obra de Francisco e esses cânticos bíblicos ou litúrgicos: no cântico dos três jovens, como no hino litúrgico apontado, os diversos elementos cósmicos são apenas mencionados, enumerados, enquanto no *Cântico do Sol* são, além disso, qualificados e qualificados ricamente. Não somente é cada um deles galardoado com o nome de irmão ou irmã, como veremos mais adiante, mas ainda é acompanhado duma sequência de qualificativos que lhe dão valor.

Devemos observar com a maior atenção esse fluxo de qualificativos. Eles significam uma valorização da matéria. O adjetivo

5. R. Brown. Apêndice II a *Saint Francis of Assisi,* por Omer Englebert, Chicago, 1965, p. 441.

"precioso" que aparece duas vezes no poema é muito significativo a esse respeito. O universo cantado por Francisco é de natureza "preciosa": as estrelas são "preciosas" no céu, a água é "preciosa" na terra. Cada elemento cósmico irradia em profundidade aqui. O irmão Sol, belo, majestoso, é aureolado de esplendor divino; é considerado como símbolo do Altíssimo. A Terra, que nos sustém e produz toda espécie de frutos, é saudada como Mãe: nela reside um mistério de vida. No irmão Fogo, cheio de força, anuncia-se uma alegria invencível: a alegria da luz que triunfa sobre a noite. E na irmã Água, "muito útil e humilde e preciosa e casta", delineia-se a imagem duma presença íntima e sagrada: todo o mistério das profundezas não violadas da alma, no coração da matéria!

Vê-se, sem dificuldade, que essas imagens materiais do sol, da lua e das estrelas, do vento e da água, do fogo e da terra, não são simples cópias ou descrições duma realidade exterior. Certos qualificativos dos quais Francisco se serve a fim de caracterizar os elementos cósmicos, como, por exemplo, "humilde e casta", ditos da água, ou "preciosas", aplicado igualmente à água e às estrelas, nem mesmo podem adquirir um sentido objetivo. O mínimo que se pode dizer a respeito deles é que implicam uma escolha. A água, na realidade, nem sempre é "humilde"; águas há que são torrenciais, impetuosas e furiosas. O mesmo se diga do fogo: não só alumia e alegra; queima também e destrói, e são espantosas as suas devastações. O vento não é sempre uma aragem vivificante; sopra, às vezes, com violência, provocando tempestades e redemoinhos e, então, arranca e destrói tudo à sua passagem. Em realidade, este cântico nos apresenta uma seleção de imagens materiais, cujo caráter "imaginário", sendo discreto e delicado, não deixa de ser muito profundo.

Uma educação literária por demais calcada exclusivamente na imaginação das formas e no seu papel criador não nos habituou a tomar suficientemente em consideração as imagens materiais, as das substâncias, nem a ver a parte de criatividade que elas ocultam. Muito frequentemente elas se nos manifestam como matéria recebida passivamente de fora na percepção. Nos seus trabalhos de estética literária, que são outros tantos ensaios sobre a imaginação das substâncias, o filósofo Gaston Bachelard se esforçou por mostrar que existe uma imaginação fundamentalmente criadora. Contrariamente ao preconceito comum, a imagem material não é sempre a simples reprodução, nem mesmo a combinação de elementos da realidade percebida. Ao lado da imagem material percebida há a imagem material imaginada, criada. A primeira provém da percepção e da memória; ela se liga à função do real. A segunda, ao contrário, pertence à função do irreal; seu domínio é o do imaginário; sua matéria é uma matéria onírica.

Essas imagens materiais, imaginadas ou sonhadas, têm raízes na alma. Não se esperou, certamente, por Bachelard para se saber que "toda paisagem amada é um estado de alma". Mas a descoberta do filósofo "foi compreender que, na natureza, nem todos os aspectos são igualmente reveladores. As linhas, as formas e as cores correspondem, antes, às zonas racionalizadas do psiquismo. O substrato do *eu* encontra propriamente o seu homólogo no substrato das coisas, nas substâncias, nos quatro elementos que a antiga física, arraigada profundamente na imaginação coletiva, apresenta como constitutivos da matéria. Essa imaginação do ar, da água, da terra e do fogo, abre, portanto, as entradas ocultas da alma. É ela que permite descobrir as propensões secretas"[6].

É, portanto, do íntimo do homem que as imagens materiais tiram a sua substância. A bem-dizer, essas imagens têm "uma dúplice realidade: uma realidade psíquica e uma realidade física"[7]. A realidade psíquica, porém, determina de antemão a realidade física. A atividade imaginativa precede, de alguma forma, a própria percepção; antecipa-se a ela. É essa atividade que faz "ver" a realidade física, determinando-a de antemão, numa palavra, dando-lhe o seu ser propriamente imaginário.

Diante de tais imagens materiais devemos perguntar-nos o que é que elas significam e aprender a interpretá-las. E é aqui que devemos prestar a máxima atenção à valorização das substâncias ou dos elementos. Toda matéria valorizada é uma matéria que se torna abundante sob a ação de valores íntimos inconscientes. Nem é necessário que a valorização apareça bruscamente. Pode ser muito discreta; não deixa de ser, por isso, muitas vezes, mais profunda e mais significativa. Consideremos, por exemplo, a maneira como Francisco louva o Senhor no seu cântico, por "irmã Lua e as Estrelas": "No céu formaste-as claras, preciosas e belas". Aparentemente nada mais simples. Dizer que as estrelas são "claras, preciosas e belas" pode parecer muito natural e inocente. Não dependem tais expressões de uma simples constatação? Deter-se para ver nisso algo diferente não será gastar tempo inutilmente? E, no entanto, devemos observar atentamente o qualificativo "preciosas"; não é tão "natural" quanto se poderia pensar. Só ele, como dissemos, já indica um trabalho de

---

6. M. Mansuy. *Gaston Bachelard et les Eléments*, Paris, 1967, p. 354.

7. G. Bachelard. *La Terre et les Rèveries de la volonté,* Paris, 1948, p. 5.

valorização. Evoca, imediatamente, a imagem de um tesouro ou duma grande riqueza. E na boca do *Poverello* adquire essa imagem ainda maior relevo. Francisco não costumava considerar as coisas sob este ângulo. Quase nunca, nos seus escritos, emprega ele o adjetivo "precioso", a não ser nas cartas em que trata do respeito devido ao Corpo do Senhor no seu Sacramento. O termo "precioso" parece vir-lhe, então, muito naturalmente ao espírito, a fim de caracterizar a qualidade do lugar onde deve ser colocado o Corpo do Senhor, como também a qualidade de todos os objetos que se usam para o Sacramento do Altar:

> ...Neste mundo, nada temos de visível ou sensível do Altíssimo, a não ser seu Corpo e seu Sangue, seus nomes e suas palavras, pelos quais fomos criados e resgatados da morte para a vida... Em toda parte, onde o Santíssimo Corpo de Nosso Senhor Jesus Cristo estiver colocado com desprezo de todas as leis, ou abandonado, seja retirado desse lugar e seja colocado e guardado num "lugar precioso, *in loco pretioso"* (*Carta a todos os clérigos*).
>
> Peço-vos mais instantemente do que se se tratasse de mim mesmo: quando puderdes fazê-lo razoavelmente e se o julgardes útil, suplicai humildemente aos clérigos que venerem mais que tudo o Corpo e o Sangue santíssimos de Nosso Senhor Jesus Cristo... Tenham eles os cálices, os corporais, os ornamentos do altar e tudo que serve ao Santo Sacrifício, como "preciosos" (*pretiosa habere debeant*). E se em algum lugar o santíssimo Corpo do Senhor estiver colocado muito pobremente (*paupertime collocatum*), os clérigos, segundo o mandamento da Igreja, devem colocá-lo e guardá-lo num "lugar precioso, *in loco pretioso..."* (*Carta a todos os guardiães*).
>
> Quero que este Sacramento santíssimo seja honrado e venerado mais que tudo e seja colocado em "lugares preciosos" (*in locis pretiosis*) (*Testamento*).

Assim, as únicas vezes que Francisco usa, em seus escritos, o adjetivo "precioso", são para ligá-lo a coisas que estão em estreita relação com a realidade sagrada do Corpo e do Sangue do Senhor. A bem-dizer, a coisa verdadeiramente preciosa aos seus olhos é essa realidade sagrada. Nesse contexto, o termo "precioso" adquire um novo significado. Designa ainda algo de grande preço, designa um tesouro. Contudo, não se trata, nesse caso, de uma riqueza que se possa amontoar socialmente e se possa ambicionar; é uma riqueza misteriosa, sagrada, que escapa ao domínio do haver.

Se, na linguagem de Francisco, é tão denso o sentido do qualificativo "precioso", admiramo-nos de que seja por ele aplicado à lua e às estrelas. E temos, na verdade, o direito de perguntar-nos o que significa essa valorização sacral dos astros. Trata-se, é certo, de uma imagem poética. A estrela "preciosa" é uma estrela imaginada, sonhada. Essa qualidade não depende duma observação objetiva. Veem-se as estrelas cintilar no céu. Dessa cintilação passa a imaginação do poeta ao caráter de "precioso". Torna-se, então, uma matéria preciosa a estrela que cintila. Mas, para ver esta matéria "preciosa", é necessário olhar não somente as estrelas; é preciso sonhá-las e sonhá-las a tal ponto que não se vejam mais as próprias estrelas, mas, em lugar delas, uma abundância feérica de pedras preciosas. Bachelard cita a frase de Mallarmé: "De quantas pedras preciosas o céu está marchetado!"[8] E só o sonhar que pode unir, dessa forma, a estrela e a pedra preciosa e transformar uma na outra. As estrelas tornam-se "diamantes do céu". Imagem poética, imagem onírica, a estrela "preciosa" procede do sonhar e leva a sonhar. Tem sempre

8. G. Bachelard. *La Terre et les Rèveries de la volonté, op. cit.*, p. 291.

algo daquela estrela misteriosa, fascinante e maravilhosa, ligada às profundezas da alma. Quem gosta de contemplar as estrelas "preciosas" nas alturas do céu tem algum tesouro escondido nas profundezas de sua alma. O brilho "precioso" do céu é o reflexo dum grande brilho interior. E assim voltamos à nossa pergunta: O que significa essa linguagem?

Não é somente a propósito das estrelas "preciosas" que se levanta a questão; é também a respeito de todos os elementos cósmicos celebrados por Francisco. O sol, belo e radiante como um Deus, o vento que sustém a vida, a água, "muito útil e humilde e preciosa e casta", o "fogo, belo e jucundo e robusto e forte" e a mãe terra, tão fecunda, todos esses elementos são valorizados e imaginados. Essas imagens cósmicas, de que forças íntimas, de que arquétipos do inconsciente são a linguagem? Numa palavra, que significa tudo isso?

Para responder a essa questão, é-nos necessário examinar atentamente cada uma dessas imagens materiais e sua respectiva posição no poema. Procuraremos ver em que sentido se orienta a valorização dos elementos. Há diversas maneiras de sentir uma substância e, portanto, de sonhá-la. É preciso separar as linhas de valores. Investigaremos ainda se o texto não mostra uma preferência especial por este ou aquele elemento cósmico. Essa espécie de preferência pode ter grande importância; revela um "temperamento onírico fundamental". Desse modo, "ligar-se ao fogo denota um temperamento particular, diferente daquele que leva a escolher a terra ou o ar ou a água"[9].

Vê-se, desde já, que estamos diante de um texto, cuja significação não se esgotou com seu sentido material imediato. As

9. M. Mansuy. *Gaston Bachelard et les Eléments, op. cit.*, p. 354.

realidades cósmicas que são aqui evocadas e celebradas são, ao mesmo tempo, coisas e símbolos. São coisas, realmente. Não se deve perder de vista este aspecto realista do *Cântico das Criaturas*. Quando canta o sol, a lua e as estrelas, o vento, a água, o fogo e a terra, Francisco tem, realmente, em vista realidades que todos podem ver. Mas o sentido desse cântico não acaba numa enumeração de elementos materiais. Devidamente valorizadas, estas realidades cósmicas exprimem uma outra coisa; elas mesmas são uma linguagem inconsciente. Aqui, o universo cósmico simboliza também um universo interior. O sentido pleno desse poema deve ser procurado, portanto, na relação que une intimamente esses dois universos.

Antes, porém, de nos lançarmos à busca de uma solução, convém alargar o campo de nossa interrogação e recolher todos os dados do problema.

2. O apelativo "irmão" ou "irmã"

O que mais surpreende nesse cântico, numa leitura mesmo superficial, é talvez a maneira inteiramente familiar e fraternal com que Francisco fala das diversas realidades cósmicas. Chama cada uma de "irmão" ou "irmã". Não conhece o sol, a lua, o vento, a água etc., mas o irmão Sol, a irmã Lua, o irmão Vento, a irmã Água etc. Aqui, estamos certamente bem longe do universo cartesiano e daquela "filosofia prática pela qual, conhecendo a força e as ações do fogo, da água, do ar, dos astros, dos céus e de todos os outros corpos que nos cercam, tão distintamente como conhecemos os diversos ofícios dos nossos artífices, poderíamos empregá-los da mesma maneira para todos os usos aos quais são próprios e, assim, nos tornaríamos como senhores e possuidores da natureza"[10]. Os próprios qualificativos "irmão" e "irmã", aplicados às realidades infra-humanas, já nos introduzem numa presença no mundo totalmente diferente daquela que é marcada por uma vontade de dominação e de posse das coisas. Aqui, as próprias coisas, sem nada perderem de sua utilidade, se tornam o objeto duma simpatia respeitosa e fraterna.

Contudo, essa linguagem não deixa de surpreender, sobretudo quando se considera que não se trata, para Francisco, duma forma de estilo ou duma simples maneira alegórica de exprimir-se. Mesmo na vida ordinária, Francisco chamava todas as criaturas de "irmão" ou "irmã". E ele entendia com isso exprimir a própria realidade das coisas.

Que realidade? Não faltará, sem dúvida, quem se esforce por fazer notar que esse modo de tratar as criaturas se liga, em Francisco, a uma intuição essencialmente religiosa: a da paternidade universal de Deus. Se nele há uma intuição fundamental, é justamente esta. E não se deixará de citar a esse propósito o testemunho de São Boaventura: "Em cada criatura, como nas suas diversas formas derivadas, ele via com grande piedade um reflexo singular da Bondade de Deus" (LM 9,2). Tudo isto é muito exato.

Contudo, não nos devemos esquecer de que, em Francisco, essa intuição teológica nunca foi uma simples visão intelectual. Era uma intuição que se encerrava e radicava numa experiência afetiva e estética muito profunda. Na sua boca, os nomes de "irmão" ou "irmã" exprimem não só uma verdade dogmática, mas ainda uma verdade psicológica; traduzem uma verdadeira "emoção amorosa", "uma fusão afetiva cósmica". Em suma,

10. Descartes. *Discours de la Méthode,* parte 6a.

essa declaração de fraternidade é também o reconhecimento duma intimidade e duma espécie de consanguinidade vivida, experimentada.

Mas, intimidade com quem ou com quê? A pergunta poderá surpreender. O sentido do cântico de Francisco não será bastante claro? No seu sentido direto, imediato, esta declaração de fraternidade visa incontestavelmente os próprios elementos materiais: o sol, a lua, as estrelas, o vento etc. Exprime, portanto, uma intimidade, uma familiaridade com as próprias coisas. E a linguagem dum homem que vivia junto às coisas, que as sentia existirem com ele, ligadas e aparentadas misteriosamente com o seu destino e a quem as coisas inspiravam verdadeiros sentimentos fraternos.

Todavia, para que um homem chegue, na idade madura, a considerar as diversas realidades materiais como irmãos ou irmãs e as considere como tais da maneira mais espontânea e mais verdadeira, é necessário que com elas tenha contraído laços que se radicam muito profundamente no seu passado. Deve encontrar nelas algo da matéria dos seus primeiros sonhos. Chesterton percebe-o exatamente, quando escreve que esse poema de Francisco está "cheio da alegria da juventude e das recordações da infância"[11]. Um homem a quem faltasse essa experiência primeira de intimidade com os elementos, essa alegria infantil de sonhar ao contato das coisas e com as coisas, poderia elevar-se, um dia, à ideia metafísica da origem comum de todos os seres e da fraternidade universal que daí decorre; não conheceria, no entanto, a alegria inocente de existir no meio das coisas, numa

11. G.K. Chesterton. *Saint François d'Assise, op. cit.*, p. 135. Cf. trad. brasileira de J. Carvalho, Ed. Vecchi, 3. ed., p. 95.

comunhão fraterna com tudo que existe. Em todo caso, não sentiria certamente a cordial necessidade de chamar pelo nome de "irmão" ou de "irmã" as realidades materiais. E se se arriscasse a fazê-lo, seria duma maneira artificial, fingidamente ingênua e fria. Às suas palavras faltariam o calor da vida e a profundidade da emoção. Seria má poesia. "É necessário, durante muito tempo, impregnar-se da alma das coisas para dar-lhes vida", gostava de repetir Debussy.

A imaginação poética da matéria não se improvisa. Tem humildes origens e preparações que vêm de longe. "Há momentos", escreve Bachelard, "em que o sonhar do poeta criativo é tão profundo, tão natural, que ele reencontra, sem querer, as imagens de seu tempo de criança"[12]. É na experiência onírica infantil que a imaginação poética da matéria mergulha as suas mais vivas raízes. É daí que ela tira as suas substâncias fraternas e preciosas, do meio das impressões orgânicas e das imagens materiais que marcaram e encantaram o despertar da criança para a vida.

Mas, se assim é, os termos "irmão" e "irmã", que Francisco emprega em relação aos elementos da natureza, visam, ainda mais que esses elementos, a uma matéria imaginária; dirigem-se a certas imagens materiais primordiais. É com essa matéria imaginária, com essas imagens materiais, que Francisco fraterniza. Em outras palavras, os qualificativos "irmão" e "irmã" se referem, através do próprio elemento material, a tudo o que este, devidamente valorizado e imaginado, representa e significa. A partir daí, o sentido desses qualificativos não é mais tão simples quanto parecia numa primeira leitura. Ao sentido

---

12. G. Bachelard. *L'Eau et les Rêves*, Paris, 1942, p. 13.

primordial e explícito que é o de fraternização e de intimidade com o próprio elemento material, acrescenta-se um segundo sentido, um sentido oculto que diz respeito a uma fraternização e a uma intimidade mais profundas com os valores íntimos inconscientes, significados pelo elemento material. Por isso, não se pode separar essa declaração de fraternidade cósmica da valorização dos elementos, da qual falamos acima. Por bem-dizer, fraternização e valorização andam juntas aqui; uma reforça a outra. E o sentido último de uma está estreitamente ligado ao sentido último da outra.

Aliás, se Francisco, no seu cântico, se declara igualmente "irmão" de cada criatura, fá-lo, no entanto, com delicado instinto de diferenciação e precisamente em relação com a valorização do elemento material. Vê-se isso especialmente na escolha do sexo. Numa leitura superficial do texto, pode parecer que esta escolha é devida simplesmente ao gênero gramatical do elemento. Na realidade, porém, as coisas não são tão simples assim. O sentido do sexo transcende, neste caso, a simples questão arbitrária do gênero gramatical. Está ligado, na realidade, à maneira como a substância mesma é sonhada, imaginada e valorizada. O sentido do sexo depende do jogo da imaginação material; é reclamado pela valorização e concorda com ela. E, para dizer a verdade, ele se fixa nessa valorização. Assim, por exemplo, não é sem motivo que Francisco chama de "irmão" o fogo, que ele nos diz ser "belo e jucundo e robusto e forte"; a imagem é sonhada aqui no sentido de vigor e de dinamismo. Pelo contrário, a chamada "irmã Água" é celebrada como "muito útil e humilde e preciosa e casta". Estamos claramente em presença de dois tipos de valorização: a primeira se volta para o sentido da ação, do arrojo e do dinamismo; a segunda, para o sentido da profundidade e da intimidade. A primeira apresenta uma imagem essencialmente masculina; a segunda, uma imagem inteiramente feminina.

Vê-se, portanto, que a denominação de "irmão" ou "irmã", aplicada por Francisco aos diferentes elementos cósmicos, se dirige, através desses elementos, à realidade imaginária, à própria imagem e a tudo o que ela pode significar. Essa denominação faz propriamente parte da imagem "imaginada"; compõe esta imagem; completa-a, tirando do anonimato das coisas a substância material e dando-lhe figura humana; ela a introduz no universo das relações humanas e familiares. Consequentemente, o seu sentido é inseparável do da imagem material. Como esta, a denominação de "irmão" ou "irmã" tem certamente um sentido cósmico: exprime uma abertura ao mundo e uma presença fraterna nele, uma comunhão afetiva com todas as criaturas. Mas esse sentido cósmico encerra outro sentido, um sentido íntimo que se relaciona com as profundezas afetivas e imaginativas.

Contudo, ainda é cedo para tratar francamente da questão a respeito desse sentido. Temos que continuar, primeiro, com a exploração do texto.

3. Dimensão arquetípica das imagens

A reflexão sobre a valorização dos elementos cósmicos celebrados no *Cântico do Sol* nos faz ver que estamos aqui em presença de imagens materiais "imaginadas" e carregadas de sentido. São imagens-símbolos. Um dos aspectos deste simbolismo é posto em evidência pelo próprio texto. Assim o "senhor irmão Sol" é reconhecido explicitamente como um símbolo do

Altíssimo: "De ti, Altíssimo, traz significação". Aos olhos de Francisco, a imagem esplêndida do sol tem uma riqueza de significação transcendente; tem uma "expressividade" sagrada. A mesma coisa pode-se dizer de todas as outras imagens cósmicas contidas no poema. A valorização delas é essencialmente religiosa; propende a mostrar, para além da própria coisa, uma realidade sagrada: uma realidade soberanamente poderosa, boa e bela. Cada uma dessas imagens materiais é uma incitação ao louvor do Altíssimo. A sua matéria "preciosa" deve ser posta em íntima relação com a sua própria "expressividade" sagrada. As estrelas do céu e a água na terra são "preciosas" para quem sabe vê-las como uma linguagem sagrada.

Contudo, não se pode deixar de fazer uma pergunta aqui. Qual é a profundeza desse símbolo religioso do ponto de vista psicológico? Emana duma experiência onírica original e profunda? Ou não é senão um jogo de reminiscências ou de referências bíblicas e litúrgicas? Esse simbolismo franciscano tem suas raízes em nossa "arqueologia" íntima, em nossas forças afetivas e imaginativas, inconscientes e originais? Ou não é mais que a diversão duma imaginação piedosa e ardente? Numa palavra, este simbolismo não é senão uma maneira alegórica de falar, dependente da literatura edificante, ou é a linguagem das profundezas da alma, a linguagem dos grandes arquétipos?

Dando-se crédito ao testemunho dos primeiros biógrafos de Francisco, percebe-se que o simbolismo franciscano da natureza apresenta vários níveis. Na sua leitura mais imediata e mais clara, este simbolismo se liga à tradição escriturística e litúrgica, da qual Francisco estava impregnado. Por isso, pôde Celano escrever: "Para não extinguir com suas mãos as luzes que são o símbolo da Luz eterna, ele (Francisco) deixava consumirem-se os círios, os lampiões ou as tochas. Andava com respeito sobre as pedras, por consideração para com Aquele que é chamado "Pedra" (2Cel 165,9). O autor do *Speculum* [Espelho da Perfeição], mais explícito, observa "que na Escritura o Senhor é chamado de sol da justiça, por isso, ao dar um nome aos Louvores das criaturas do Senhor, que havia composto quando o Senhor lhe garantiu a posse de seu Reino, chamou-os de *Cântico do Irmão Sol*" (EP 119,6-7). "Depois do fogo, amava particularmente a água, porque ela simboliza a penitência e a tribulação, pelas quais se lava a miséria da alma e porque a primeira purificação da alma é feita pela água do batismo" (EP 118,1). Recordando a ternura de Francisco pelas criaturas, explica, por sua parte, São Boaventura que "ele era inclinado a ter mais ternura e mansidão por aquelas que, por sua natureza ou pelo ensinamento simbólico da Escritura, nos recordam o amor e a mansidão de Cristo" (LM 8,6).

Não se pode duvidar da inspiração escriturística e litúrgica do simbolismo franciscano. Ela é primordial no nível da clara consciência. As imagens e os símbolos que Francisco emprega aludem, numa primeira leitura, à Revelação do Senhor na história. Francisco compartilha a mentalidade simbólica de seu tempo. Temos que reconhecer, porém, que, sob a inspiração escriturística e litúrgica, se oculta uma outra fonte, uma fonte inteiramente original e profunda. De fato, o *Cântico do Sol* nos mostra uma valorização dos elementos cósmicos que não se explica somente por referências escriturísticas ou litúrgicas. Tal valorização não pode depender senão duma experiência onírica fundamental. E isso é confirmado pelo que nos dizem os seus primeiros biógrafos. "Nós que vivemos com ele vimos que ele tanto se alegrava interior e exteriormente com quase todas as criaturas que, tocando-as ou vendo-as, parecia que seu espírito não estava na terra, mas no céu" (EP 118,10). Há, em Francisco, uma experiência encantadora do mundo, que faz vibrar com as forças mais profundas de sua alma e o põe em contato com o sagrado. É uma comunhão direta com o sagrado, na profundeza sonhada do elemento. Escreve Celano: "Quem seria capaz de narrar a doçura que fruía ao contemplar nas criaturas a sabedoria, o poder e a bondade do Criador? Na verdade, a partir desta consideração, enchia-se muitas vezes de admirável e inefável alegria" (1Cel 80,3-4). Ora, as imagens das coisas que o *Cântico das Criaturas* nos apresenta são justamente a expressão dessa experiência maravilhosa e sagrada do mundo. São imagens que simbolizam "com" as forças afetivas e imaginativas as forças mais profundas da alma: imagens "imaginadas" sob a ação dos grandes arquétipos. As imagens do "senhor irmão Sol", símbolo do Altíssimo, e de "nossa irmã, a mãe Terra" são particularmente significativas a esse respeito. Devemos considerá-las com a maior atenção. Têm um sabor arcaico muito pronunciado e deixam transparecer a sua origem arquetípica. Essas imagens são uma retomada inconsciente do mais primitivo simbolismo. E certo que este está carregado aqui dum novo sentido. Mas o novo sentido não deve fazer que se desconheça o antigo sentido. Como observa Louis Beirnaert a respeito do sacramentalismo cristão: "Retomando as grandes figuras e simbolizações do homem religioso natural, o cristianismo retomou as virtualidades e as forças dessas figuras e simbolizações sobre a psique profunda. A dimensão mítica e arquetípica não se torna menos real, pelo fato de ser, daí em diante, subordinada a uma outra"[13].

13. Louis Beirnaert. *Expérience chrétienne et psychologique,* Paris, 1964, p. 386.

Mas esse simbolismo cósmico, que se apresenta como uma leitura do sagrado no mundo, não será também a expressão duma leitura do sagrado na própria alma? O que é, afinal, essa profundeza sonhada dos elementos cósmicos, nos quais se percebe o Altíssimo, senão a alma do poeta com suas grandes forças de comunicação? Os poetas autênticos não podem encontrar os seus símbolos, senão onde eles mesmos estão realmente: nas profundezas oníricas e arquetípicas da alma. É aí que está a vida com seus sóis radiantes em forma de deuses; é aí que brilham insondáveis céus noturnos, cheios de estrelas preciosas; é aí que o vento canta em todas as fontes da criação. É aí também que ronda a morte; contudo, é aí que já desponta a luz invencível, a eterna infância das manhãs claras: manhãs maravilhosas "para ser criança eternamente".

Essa dimensão onírica e arquetípica do *Cântico do Sol* somente agrava a nossa interrogação: O que significa essa linguagem? Quais são as realidades, quais são as profundas experiências das quais essas imagens cósmicas são símbolo?

4. Estrutura do poema

O *Cântico do Sol* continua decididamente a excitar a nossa curiosidade, não somente por causa das suas imagens materiais, mas ainda devido à sua estrutura. Esse poema, em verdade, não é uma simples sucessão de imagens. Estas estão ligadas entre si e formam um todo ordenado. Omitindo, no momento, as duas últimas estrofes, aquelas que se referem ao perdão e à "nossa irmã morte", compostas mais tarde, como se apresenta a obra?

Nesse cântico podem-se ver sete estrofes. A primeira é uma estrofe de oferecimento, uma espécie de dedicatória; indica a quem o louvor é destinado:

Altíssimo, onipotente, bom Senhor,
teus são os louvores, a glória e a honra
e todas as bênçãos;
a ti somente, Altíssimo, eles convêm
e nenhum homem é digno de dizer teu nome.

Em seguida vem o *Cântico das Criaturas* propriamente dito, dividido em seis estrofes que se sucedem na seguinte ordem:

Primeira estrofe: *O senhor irmão Sol.*

Segunda estrofe: *Irmã Lua e as Estrelas.*

Terceira estrofe: *Irmão Vento.*

Quarta estrofe: *Irmã Água.*

Quinta estrofe: *Irmão Fogo.*

Sexta estrofe: *Nossa irmã, a mãe Terra.*

Basta considerar atentamente essa disposição dos elementos cósmicos para nos convencermos de que o poema obedece a uma lei de construção que, embora seja muito provavelmente inconsciente no seu autor, não deixa de ser rigorosa e altamente significativa. Há duas coisas que realmente surpreendem nessa composição.

Em primeiro lugar, é a alternância regular das denominações "irmão" e "irmã". Estas denominações não foram distribuídas casualmente. Apresentam-se aos pares. Temos assim três pares fraternos que seguem uns aos outros:

O senhor irmão Sol e irmã Lua e as Estrelas.
Irmão Vento e irmã Água.
Irmão Fogo e nossa irmã, a mãe Terra.

Esses pares cósmicos não se formaram arbitrariamente. São combinações imaginárias que obedecem às leis da imaginação material. A esse respeito, consideremos a observação pertinente de Bachelard sobre a associação das imagens materiais: "Um traço surpreende imediatamente: essas combinações imaginárias não reúnem senão dois elementos, nunca três [...]. Quando aparece uma união ternária, pode-se estar certo de que não se trata senão duma imagem artificial, duma imagem elaborada com ideias. As verdadeiras imagens, as imagens da fantasia, são unitárias *ou* binárias [...]. Se desejam uma combinação, é uma combinação de dois elementos. Há uma razão decisiva para esse caráter dualista da mistura dos elementos pela imaginação material: é que essa mistura é sempre um matrimônio. Na verdade, desde que duas substâncias elementares se unem, desde que se fundem uma na outra, elas se sexualizam [...]. No reino da imaginação material, toda união é matrimônio e não existe matrimônio de três"[14].

Um segundo traço nos chama a atenção na estrutura desse poema. É o envolvimento de todos os elementos pelas duas grandes imagens cósmicas do "senhor irmão Sol" e da "nossa irmã, a mãe Terra". A celebração das criaturas começa com a nobre imagem, viril e celeste, do Senhor Sol, cuja dominação e esplendor simbolizam o Altíssimo e o Pai. E tudo termina na imagem feminina e materna por excelência de nossa mãe a Terra, que sustenta e nutre todos os viventes. Entre estas duas grandes imagens da paternidade e da maternidade se intercalam todos os outros elementos cósmicos.

Uma tal estrutura não reflete certamente nenhuma ordem objetiva do mundo. Nem se explica por referências a um dado sistema cosmológico. Não resta dúvida de que se pode aludir à cosmologia da Idade Média, com seu geocentrismo e sua teoria dos quatro elementos, ambos herdados dos antigos. Esta cos-

---

14. G. Bachelard. *L'Eau et les Rêves, op. cit.*, p. 129-130.

mologia forneceu ao *Cântico do Sol* a sua forma exterior. Contudo, não basta para explicar as diferentes combinações ou o emparelhamento dos elementos com sua valorização própria. De outro lado, como já se observou[15], a ordem dos elementos, seguida por Francisco, transtorna a dos antigos físicos. Segundo estes, a ordem dos elementos fundamentais era, de acordo com a lei do mais pesado, a seguinte: Terra-Água-Ar-Fogo; ou então, de acordo com a lei do mais leve: Fogo-Ar-Água-Terra. O *Cântico do Sol* ignora essa teoria; coloca à frente dos quatro elementos fundamentais o vento, o ar. Por que essa prioridade dada ao vento, ao ar? Temos que reconhecer que estamos diante duma ordem e de combinações que não se situam no plano das significações racionais, mas que são propriamente imaginárias.

Contudo, essas combinações imaginárias não são arbitrárias. A imaginação sempre gostou de emparelhar certos elementos cósmicos; por exemplo: Sol-Lua, Vento (Espírito)-Água, Fogo-Terra. Os mitos e as religiões primitivas oferecem numerosos exemplos de semelhantes emparelhamentos. O par cósmico "Céu-Terra", recordado por Hesíodo, é um dos temas da mitologia universal. É, na verdade, o par primordial. Aliás, ele se concretiza às vezes no par "Sol-Terra". No seu *Traité d'Histoire des Religions,* M. Eliade refere exemplos de culto solar, em que o "Senhor Sol" é considerado como o esposo da "Senhora Terra"; da união deles nasceu o mundo inteiro[16]. Segundo a tradição bíblica, o par "Água-Espírito (Sopro)" desempenha um papel primordial, desde a primeira imagem do Gênesis ao evocar o Sopro criador por sobre as águas, até a imagem profé-

15. Erhard-W. Platzeck. *Das Sonnenlied des heiligen Franziskus von Assisi,* München, 1957, p. 44.

16. M. Eliade. *Traité d'Histoire des Religions,* Paris, 1964, p. 122.

tica do renascimento pela Água e pelo Espírito. Encontram-se semelhantes combinações imaginárias em todas as tradições religiosas, na literatura ou na arte de todos os tempos e de todas as civilizações.

Isso quer dizer que essas combinações de elementos que compõem o *Cântico do Sol* pertencem ao simbolismo universal. Dependem de estruturas imaginativas fundamentais, que são os arquétipos do inconsciente coletivo. Foi apoiado nessas grandes estruturas que o homem sempre representou espontaneamente para si mesmo as suas mais profundas e mais decisivas experiências a respeito do seu destino. Desse modo, a reflexão sobre a estrutura do cântico corrobora o que já observamos a propósito das diferentes imagens materiais: trata-se aqui duma linguagem simbólica de dimensão propriamente arquetípica. O que é expresso nesse texto de maneira inconsciente, sob a capa de louvor cósmico, atinge as profundezas do homem.

5. Acréscimo das duas últimas estrofes

Um último ponto requer a nossa atenção. É o acréscimo das duas últimas estrofes. É sabido que não faziam parte do cântico primitivo. Enquanto que o louvor das criaturas surgiu durante o outono de 1225, a penúltima estrofe, que é uma celebração do perdão e da paz, só foi composta em julho de 1226[17], no palácio episcopal de Assis, para pôr fim à luta entre o Bispo e o "podestà" da cidade. Quanto à última estrofe, é uma saudação de boas-vindas à "nossa irmã morte"; foi composta pouco antes da morte de Francisco, acontecida nos primeiros dias de outubro de 1226.

17. Cf. *Saint Franqois d'Assise, Documents, op. cit.*, p. 195.

Estas duas últimas estrofes contrastam com o conjunto da obra, já do ponto de vista literário. É verdade que são introduzidas pela mesma fórmula: "Louvado sejas, meu Senhor..." Contêm, porém, modos de dizer inéditos, como, por exemplo: "Bem-aventurados os que... ai daqueles que..." O estilo é mais áspero, mais pesado. As proposições relativas são frequentes. Mas é sobretudo do ponto de vista do seu objeto que essas duas estrofes contrastam com o resto da obra: concentram-se direta e exclusivamente no homem, nas suas relações com os semelhantes, na sua atitude diante da enfermidade e da morte. Somente a dimensão propriamente humana do destino do homem é conservada aqui. O aspecto cósmico do louvor desapareceu. Enfim, essas duas últimas estrofes apresentam um caráter dramático que não aparece naquelas que são consagradas à celebração da grande fraternidade cósmica; descrevem, com efeito, os nossos conflitos humanos, inclusive a desgraça da morte acerba. São, é certo, um hino à paz e à serenidade; mas a paz e a tranquilidade de que se trata aqui são as que são conservadas em meio ao sofrimento, graças a um amor que sobrepuja todo ódio e a angústia da própria morte.

Contudo, apesar de todas essas diferenças, quis Francisco acrescentar essas duas estrofes ao seu *Cântico do Sol;* quis que fossem cantadas em seguida ao seu louvor das criaturas, como se fossem, para ele, verdadeiramente a sequência e a conclusão desse louvor. Em verdade, não era isso, no seu pensamento, um simples acréscimo casual, reclamado por circunstâncias exteriores. Essas duas últimas estrofes faziam parte, também elas, de seu *Cântico das Criaturas.* Provinham da mesma inspiração fundamental. Nelas, como nas outras, não se afirmava uma presença fraterna no mundo, uma presença total, cósmica e humana ao mesmo tempo?

Mas, se é assim, essas duas últimas estrofes, com seu caráter essencialmente humano, não nos obrigam a interrogarmo-nos sobre o sentido último do louvor cósmico propriamente dito? Este louvor, abrindo-se finalmente ao mundo do homem, aos seus conflitos, ao seu destino total e transformando-se num louvor do homem pacificado, não deixará ver algo de sua orientação e de sua significação profundas? Esse cântico cósmico que se prolonga e termina numa celebração do homem plenamente reconciliado com os seus semelhantes e com o seu destino total não oculta, sob grandes imagens cósmicas, um sentido propriamente antropológico? Sob a presença fraterna das coisas não se deve "ler" o enfoque de algo diferente, da busca duma reconciliação do homem com o homem nas suas profundezas?

II
Hipótese de leitura

Em nossas análises precedentes do *Cântico do Sol*, apresentamos uma seleção de imagens materiais, cujo sentido não se esgotou com as realidades objetivas que pretendemos indicar. No seu conteúdo imediato e claro, essas imagens se referem, de fato, a realidades cósmicas: o sol, a lua e as estrelas, o vento, a água etc. Contudo, elas contêm e dizem algo mais. A matéria delas é uma matéria imaginária, sonhada em profundidade e carregada de valores íntimos inconscientes; é, numa palavra, uma matéria "preciosa". Um exame mais atento fez aparecer a dimensão mítica e arquetípica dessas imagens cósmicas e de sua combinação. Enfim, o acréscimo das duas últimas estrofes, com um caráter tão profundamente humano, se apresentou a nós como um convite para levantarmos a questão sobre o laço que, une a parte propriamente cósmica do cântico e seu desfecho humano. Não seria esse desfecho o alvo profundo e oculto da parte cósmica?

Após este primeiro exame, tudo nos leva a pensar que o *Cântico do Sol* constitui uma linguagem simbólica no sentido próprio. Empregamos aqui o termo "símbolo" no seu pleno sentido. "Há símbolo quando a linguagem produz sinais de grau composto, em que o sentido, não se satisfazendo em designar alguma coisa, designa outro significado, que não poderia ser atingido senão no seu objetivo e através dele"[1]. "Chamo símbolo, escreve P. Ricoeur, qualquer estrutura de significação em que um sentido direto, primário, literal, designa, por acréscimo, outro sentido indireto, secundário, figurado, que não pode ser apreendido senão através do primeiro"[2].

No ponto a que chegamos de nossas investigações, ainda não nos é possível determinar esse "outro sentido" do *Cântico do Sol*. Fica por descobrir. Contudo, há duas coisas que aparecem já com bastante clareza. A primeira é que esse cântico não pode ser senão obra de um temperamento onírico particularmente rico, dotado de grandes forças imaginativas e afetivas, aberto ao mundo dos arquétipos e, por isso mesmo, aos grandes sonhos do homem. Lippert escreve: "Deve haver nele (em Francisco) algo que pertence a todos, que seduz e comove a todos. O esplendor do homem e a tragédia do homem devem ter achado nele um intérprete privilegiado"[3]. A segunda é a constatação de que essas grandes forças imaginativas e afetivas, com suas estruturas arcaicas, encontraram aqui uma abertura para a luz e a serenidade. Nas diferentes imagens cósmicas que as exprimem, não se nota vestígio algum de angústia ou de conflito. Tudo nele é luminoso, a ponto de alguém poder equivocar-se e não ver nesse cântico mais do que a expressão duma visão idílica do mundo e da existência. Guardemo-nos de semelhante equívoco. Seria esquecer as circunstâncias em que nasceu esse cântico e desconhecer o que foi a vida de Francisco de Assis: um combate cotidiano, um acerbo sofrimento. Esse cântico que surge no fim dum longo iti-

1. J. Lacroix. *Désir et Langage* (artigo no *Monde,* 6-7 de junho de 1965).

2. P. Ricoeur. *Le Conflit des interprétation,* Paris, 1969, p. 16.

3. P. Lippert. *Bonté,* Paris, 1946, p. 106.

nerário de provações e de lutas não deixa, antes, entrever, através da luz e da serenidade que irradia, a reconciliação profunda, total, dum homem com as forças vivas e primitivas da sua alma? Estas grandes forças oníricas e afetivas, libertadas do seu lado perturbador e de toda ambiguidade, recreiam-se aqui na luz; tornaram-se forças fraternas, que conduzem o homem ao Altíssimo e à comunhão com tudo o que existe.

O nosso espírito, então, concebe naturalmente uma hipótese: não será o *Cântico do Sol* a linguagem simbólica da reconciliação profunda do homem com a totalidade de sua alma? Não será a linguagem figurada dum "encontro inteiramente singular, único no seu gênero, entre 'Eros' e 'Ágape' [...], numa alma originalmente santa e genial, encontro que terminou numa interpenetração tão íntima que dele resultou o caso mais extraordinário e mais sublime, jamais conhecido, de 'espiritualização da vida' e de 'vivificação do espírito'"?[4] Ou, para nos exprimirmos de outra forma, não será o *Cântico do Sol,* no homem, uma como "poética" da reconciliação do mais alto objetivo (a aspiração ao Altíssimo) com os afetos inferiores e obscuros, com a "mãe Terra", uma como "poética" da reconciliação da nossa "teologia" com a nossa "arqueologia"? Esta reconciliação coincidida com uma extraordinária experiência de Deus: encontrar o Altíssimo nas profundezas, na comunhão com o que há de mais simples, mais humilde.

Admitindo essa hipótese, releiamos o nosso texto, procurando entrar no seu movimento íntimo.

O *Cântico do Sol* começa com o qualificativo "altíssimo", dado a Deus. É de se notar que, dos três qualificativos que compõem

4. M. Scheler. *Nature et Formes de la Sympathie, op. cit.*, p. 144-145.

a invocação inicial, só este foi conservado para designar o próprio Deus na sequência do texto. O termo "altíssimo" repete-se por quatro vezes nesse cântico, sendo que, só nas duas primeiras estrofes, aparece três vezes. Não há dúvida de que ele traduz um intento profundo da alma, a sua mais alta aspiração, o seu impulso para o divino. Esse movimento vertical é afirmado vigorosamente na primeira estrofe:

> Altíssimo, onipotente, bom Senhor,
> teus são os louvores, a glória e a honra
> e todas as bênçãos;
> a ti somente, Altíssimo, eles convêm,

Mas eis que esse movimento esbarra numa tomada de consciência: "E nenhum homem é digno de dizer teu nome". Não se trata de uma frase edificante, dita de passagem. Essas poucas palavras exprimem uma atitude fundamental: uma pobreza essencial diante da transcendência de Deus. Louvor algum, por mais elevado que seja, poderá exprimir o mistério de Deus. Francisco tem consciência disso; ele o reconhece e o aceita.

Francisco volta-se, então, para as criaturas: "Louvado sejas, meu Senhor, com todas as tuas criaturas". Renunciando a falar do Transcendente, ele fala das coisas, canta o louvor desse mundo. E falando e cantando "sobre" as coisas e "sobre" o mundo, ele fala do Indizível e o canta. O universo visível é o caminho do seu louvor, é o seu caminho para o Sagrado. "De ti, Altíssimo, ele é imagem", diz Francisco após ter expressado o seu entusiasmo diante desse puro jorramento de luz. Ele vê, do mesmo modo, o Sagrado em todos os elementos cósmicos, acolhidos e celebrados no seu sabor fundamental. Cada um deles é, a seu modo, uma realidade "preciosa", uma hierofania: uma linguagem do Altíssimo.

O movimento inicial do cântico, que é puramente vertical e inteiramente orientado para a Transcendência, se desdobra, então, de alguma forma, em um movimento horizontal de abertura a todas as criaturas e de comunhão fraterna com elas. O homem que se reconheceu indigno de dizer o nome do Altíssimo reconhece-se agora "irmão" de todas as criaturas. Examinemos brevemente esse segundo movimento. É um movimento descendente. O termo "Altíssimo", empregado pela última vez na estrofe dedicada ao irmão Sol, desaparece completamente no louvor cósmico.

É um abandono significativo. Não que Francisco deixe de ser sensível e disponível ao apelo do Altíssimo. Mas o seu caminho para ele é paradoxalmente um caminho que vem do Céu à Terra. Das alturas do céu, onde brilha o senhor irmão Sol, o louvor de Francisco desce gradualmente às realidades cada vez mais próximas, mais acessíveis e também mais humildes. Esse caminho não é somente o do sol a brilhar e o das estrelas "preciosas"; é também um caminho do vento e da água e, finalmente, da terra: é um caminho humilde de volta à mãe Terra. Este itinerário do louvor nos recoloca no meio das coisas, no próprio coração das coisas; reconduz-nos às nossas humildes origens: "Louvai e bendizei ao meu Senhor... com grande humildade", diz Francisco no final do seu cântico.

Mas esse caminho cósmico é também um caminho de intimidade. Como já observamos, todos os elementos cósmicos com os quais Francisco fraterniza revelam profundeza. Imaginados convenientemente, carregados de valores inconscientes, eles abrem de algum modo para si, diante da alma, como que um caminho para a própria intimidade desta. Sob o véu dessas realidades sensíveis, belas e desejáveis, nas quais descobre um parentesco próximo e misterioso, não é a si mesma que a alma se refere inconscientemente? Abrindo-se às coisas, não é a tudo o que essas coisas simbolizam para ela, que a alma se abre? Celebrando elementos cada vez mais humildes, mais obscuros, e cantando, finalmente, a "mãe Terra, a qual nos sustenta e governa", não é às suas próprias profundezas que a alma desce?

De fato, é "no" cosmos que Francisco louva a Deus; mas seria possível essa celebração se as diversas realidades cósmicas não repercutissem profundamente nele e não simbolizassem "com" as forças primitivas de sua alma? Um olhar positivista nunca contemplará o sagrado "no" mundo. Para que o mundo manifeste o sagrado é preciso que, ao vê-lo, a alma vibre nas suas profundezas e, de algum modo, se ponha em movimento para si mesma, para o seu mistério, para o seu sagrado. Sob a dimensão cósmica do louvor aparece a dimensão psíquica. Estas duas dimensões não podem dissociar-se. São como o anverso e o reverso duma mesma coisa. Como diz muito bem Paul Ricoeur: "Manifestar o 'sagrado' *no* cosmos e manifestá-lo *na* 'psique' é a mesma coisa [...]. Cosmos e Psique são os dois polos da mesma 'expressividade'; eu me exprimo, exprimindo o mundo; eu exploro minha própria sacralidade, descobrindo a do mundo"[5]. O mundo é para mim manifestação e sinal do sagrado somente quando eu o perscruto com uma certa profundeza de alma, e a imagem que eu formo dele me põe em relação com a parte mais profunda do meu ser. O homem que vê o sagrado "no" mundo assemelha-se um pouco aos pastores de Belém, dos quais diz Pierre Emmanuel:

---

5. P. Ricoeur. *Finitude et Culpabilité II, La Symboliquevdu mal, op. cit.*, p. 19-20.

Perscrutam
As alturas do céu em suas almas
E suas almas
Mais além[6].

Desse modo, a exploração do sagrado no mundo concorda com uma exploração mais secreta do sagrado na própria alma. Uma simboliza inconscientemente a outra. Imaginando as coisas, sonhando-as no sentido da profundeza ou do dinamismo, a alma explora a si mesma nas próprias forças ocultas, como se o homem não pudesse abrir um caminho para si e suas profundezas, senão pelo humilde desvio das coisas, vivendo "em união com o conjunto do mundo que o carrega – cosmicamente"[7].

Por isso não se deverá ver – na celebração franciscana das diversas realidades cósmicas – ao mesmo tempo que a expressão duma comunhão profunda com o mundo, a linguagem simbólica duma aventura espiritual que se passa na noite da alma, a linguagem dum caminhar da alma em busca do seu sagrado? "A alma, escreve Jung, é uma sequência de imagens no mais lato sentido; não é, porém, uma justaposição ou uma sucessão casual: pelo contrário, é uma construção prudente, orientada para o ponto mais alto, é uma espécie de visão em imagens das atividades da vida"[8]. Não teríamos justamente nesta sequência ordenada de imagens cósmicas, como é o *Cântico do Sol,* uma espécie de visão (retrospectiva) em imagens dum íntimo devir? Esse cântico em que Francisco louva a Deus "nos" diversos elementos da criação e no qual ele se reconhece sucessivamente irmão do sol, da lua e das estrelas e, em seguida, do vento, da

---

6. P. Emmanuel. *Evangéliaire,* Paris, 1961, p. 74.
7. P. Teilhard de Chardin. *Ecrits du temps de la guerre,* Paris, 1965, p. 18.
8. C.G. Jung. *L'ame et la Vie,* Paris, 1963, p. 18.

água, do fogo e, por fim, da mãe Terra, não seria, à sua maneira, a expressão daquilo que Jung denomina "um processo de metamorfose da alma e de seus símbolos", processo pelo qual a alma se abre à sua totalidade, ao seu profundo eu? Partindo da mais alta e mais ambiciosa contemplação, da contemplação do Altíssimo, reconhecendo-se, porém, "indigna de dizer-lhe o nome", a alma se volta, sob a figura de grandes imagens cósmicas, acolhidas fraternalmente, para si mesma, para as suas profundezas inconscientes, para as suas mais humildes origens, para as forças obscuras do desejo, para o *Eros.* Permanecendo inteiramente "disponível ao apelo do céu mais elevado", ela aceita a comunhão fraterna com "nossa mãe, a Terra, que nos sustenta e nos governa"; embrenha-se, assim, no seu arcaísmo e nas suas rudes forças. O caminho de "grande humildade" e de comunhão fraterna com as criaturas torna-se o caminho duma reconciliação total da alma consigo mesma: as forças obscuras do desejo se deixam penetrar pela mais alta finalidade do espírito e o espírito consente humildemente em ser vivificado por essas forças.

Não é de admirar, pois, que esse cântico seja também o cântico da grande misericórdia e da paz: "Louvado sejas, meu Senhor, por aqueles que perdoam por amor de ti..." As duas últimas estrofes não aparecem mais, nesse contexto, como um simples acréscimo acidental ao louvor cósmico. Elas manifestam o auge desse louvor. Celebram o homem plenamente reconciliado, em quem *Eros* e *Ágape* se encontraram e se fundiram num desejo imenso de perdão e de paz. O *Cântico do Sol* tornou-se o cântico do homem solar, benevolente e misericordioso com todas as coisas, à imagem do Altíssimo, que faz brilhar o sol sobre os maus e os bons.

Essa reconciliação conduz a um encontro autêntico do homem com Deus. Aquele que antes se reconheceu indigno de pronunciar o nome do Altíssimo e que aceitou louvá-lo com todas as criaturas, colocando-se humildemente entre elas e comungando fraternalmente com elas e com tudo o que elas significam, encontra finalmente o Altíssimo. Encontra-o precisamente nesse caminho de reconciliação profunda: "Bem-aventurados os que guardam a paz, pois serão coroados por ti, ó Altíssimo". O termo "Altíssimo", abandonado desde a segunda estrofe do cântico, reaparece aqui no final da peregrinação da alma. Mas, agora, já não designa uma transcendência longínqua, inacessível. A transcendência está aqui em relação direta com a vontade de misericórdia e de paz que se afirma no homem; ela coroa essa vontade; confunde-se com a plenitude do amor universal e misericordioso, ao qual o homem aceitou abrir-se.

Essa leitura do *Cântico do Sol,* se é verdadeira, como tentaremos mostrar mais adiante, projeta uma grande luz sobre o segredo dessa sabedoria franciscana que tão maravilhosamente une a mística evangélica mais despojada e a mística cósmica mais entusiasta, o sentido do desapego espiritual e a mais profunda comunhão com a Terra. A dizer a verdade, Francisco contemplava plenamente realizado em Cristo esse movimento, pelo qual a alma, renunciando a igualar-se ao Altíssimo, concorda com o seu humilde enraizamento cósmico e psíquico, por uma presença fraterna no mundo, do qual ela faz o caminho de sua ascensão espiritual. Para ele, Cristo era realmente o arquétipo, pois "Ele, subsistindo na condição de Deus, não entendeu reter para si o ser igual a Deus, mas despojou-se a si mesmo, [...] pelo que Deus o exaltou" (Fl 2,6.9). A humilhação do altíssimo Filho de Deus e sua exaltação eram o tema central da meditação de Francisco; ao redor desse tema construiu-se toda a sua vida. Foi ele mesmo quem resumiu o seu ideal religioso nestes simples termos: "... Seguir as pegadas de teu Filho, nosso Senhor Jesus Cristo e, só por tua graça, chegar a ti, Altíssimo..."[9] Por isso, não se pode pensar que este tema, que inspirou toda a vida de Francisco, não tenha inspirado igualmente o seu *Cântico do Sol,* na sua contextura mais profunda. Deve haver um nexo secreto e muito forte entre o que constituía o assunto da meditação constante de Francisco e a sua obra mais original. Na verdade, tudo leva a crer que, se não há no *Cântico do Sol* nenhuma referência particular ao mistério de Cristo, é porque o cântico está inteiramente impregnado desse mistério. É o cântico duma alma que, no fim de sua viagem, encontrou em si, como se encontram em Cristo, o finito e o infinito, as profundezas da terra e a imensidão do céu. Ele exprime as culminâncias da iluminação da alma, de que fala São Boaventura, ao terminar a sua obra *Itinerário da mente para Deus:*

> Do mesmo modo como no sexto dia, o homem aparece feito à imagem de Deus. De fato, sendo a imagem uma semelhança expressiva, quando fixa seus olhares em Jesus Cristo, Filho de Deus, que é por natureza a imagem do Deus invisível, quando nele contempla a nossa humanidade tão admiravelmente exaltada e tão inefavelmente unida, vendo numa só pessoa o primeiro e o último, o transcendente e o ínfimo, a circunferência e o centro, o alfa e o ômega, a causa e o efeito, o criador e a

9. Carta, p. 127.

> criatura, "o livro escrito por dentro e por fora", a nossa alma chega ao termo...[10]
> É aí que o homem realmente tranquilo goza do repouso na calma de sua alma...[11]

E São Boaventura conclui:

> Foi isso que foi revelado a São Francisco[12].

---

10. *Itinéraire de l'Esprit vers Dieu,* Paris, 1960, p. 99.

11. *Id.*, p. 101.

12. *Id.*, p. 103.

III
O louvor inacessível

> Altíssimo, onipotente, bom Senhor, teus são os louvores, a glória e a honra e todas as bênçãos; a ti somente, Altíssimo, eles convêm e nenhum homem é digno de dizer teu nome.

Esta primeira estrofe, inspirada numa doxologia do Apocalipse de São João (4,1), é um hino à transcendência divina. É inteiramente dominada pela imagem do "Altíssimo", que aí aparece duas vezes.

O "Altíssimo", que é também o "onipotente, bom Senhor", aparece aqui como o polo supremo da alma, como aquele que mobiliza e orienta todas as energias de adoração e de louvor da alma. Reconhece-se que só Ele é digno de louvor, de glória, de honra e de bênção e, consequentemente, só Ele é o Bem total, absoluto.

É uma visão familiar a Francisco. Encontramo-la expressa em muitas passagens de seus escritos. Nos louvores que ele compôs e rezava nas diferentes horas canônicas de cada dia, lemos esses versículos: "Vós sois digno, Senhor nosso Deus, de receber o louvor, a glória, a honra e a bênção [...] Onipotente, santíssimo, altíssimo e sumo Deus, todo o bem, sumo bem, bem total, que unicamente sois bom, nós vos rendemos todo louvor, toda glória, toda graça, toda honra, toda bênção e todos os bens" (LD 2.11).

Essa homenagem à transcendência divina manifesta um interesse fundamental. Designando o "Altíssimo" como o único termo do seu louvor, a alma indica de modo bastante claro que ele é para ela o único Bem ao qual ela aspira, o único Bem que corresponde às suas esperanças. Com isso, ela exprime, portanto, o seu mais elevado objetivo: chegar até o Altíssimo, estar em total relação com Ele. Esta aspiração era realmente essencial em Francisco; encontramo-la claramente expressa na oração com que ele termina a *Carta a toda a ordem*: "Onipotente, eterno, justo e misericordioso Deus, [...] dai-nos a nós [...], chegar a vós".

A primeira estrofe do *Cântico do Sol* traduz, portanto, o movimento ascendente da alma de Francisco em direção ao objeto supremo do seu desejo, o único digno do seu louvor. Seríamos tentados a acrescentar: o único que convém à sua estatura, se o impulso da alma não esbarrasse numa profunda tomada de consciência, a mesma que é expressa no último verso da estrofe: "E nenhum homem é digno de dizer teu nome". Devemos ter o cuidado de não tomar estas palavras de modo superficial, não vendo nelas senão uma forma edificante de expressar-se, uma espécie de piedoso exagero. Elas brotam duma experiência. "O Altíssimo, escreve M. Eliade, é uma dimensão inacessível ao homem como tal"[1]. Foi isso que Francisco experimentou. E se a primeira estrofe exprime a mais alta aspiração da alma, o último verso é a confissão duma limitação absoluta, radical, limitação vivida, experimentada e aceita. "Nós todos, miseráveis e pecadores, não somos dignos de proferir [o nome do Senhor]", escreve Francisco na Regra Não Bulada (12,5). Deus tem o seu mistério

1. M. Eliade. *Le Sacré et le Profane*, Paris, 1965, p. 101.

próprio que nos escapa. O Altíssimo não existe no mesmo plano que nós. Nenhum homem pode dizer o seu mistério.

Mas, dessa forma, não estará condenado ao silêncio todo e qualquer louvor? E qualquer desejo de chegar até o Altíssimo não estará votado ao fracasso e à insatisfação? Sentimos que, no final da primeira estrofe, há uma tal ou qual hesitação no movimento da alma. A alma se lança como uma flecha em direção ao Altíssimo, reservando o seu louvor e a sua adesão entusiasta a Ele somente; mas eis que ela mede a inacessibilidade do objeto ao qual ela se volta totalmente. Então a alma parece condenada a hesitar entre o céu e a terra. Ela não pode renunciar à sua mais alta ambição, nem pode tampouco pretender realizá-la.

Será uma contradição? Seríamos tentados a crê-lo. Mas nada no texto deixa ver a mínima tensão entre o objetivo da alma e a consciência da inacessibilidade do seu objeto. Haveria certamente tensão, se o impulso da alma para o Altíssimo encobrisse o desejo inconsciente de identificar-se com Deus, de apropriar-se do divino. Não é quimérica essa vontade possessiva; está latente no coração de todo homem; é a tentação dos "espirituais". Mais que nenhum outro, Francisco estava consciente disso. É o que há de notável, realmente: durante toda a sua vida, Francisco não cessou de reagir contra esta vontade de possuir que há no homem; compreendeu bem depressa que as exigências dela ultrapassam os bens materiais e exteriores e se estendem ao que há de mais íntimo, de mais profundo e também de mais inalcançável no homem: a própria vontade do bem, o impulso do seu ser para os mais altos valores. Francisco escreveu a esse respeito reflexões bem profundas. Evocando o pecado original, anota: "[...] come da árvore da ciência do bem aquele que se apropria de sua vontade e se exalta dos bens que o Senhor diz e opera nele; e assim, por sugestão do demônio e pela transgressão do mandamento, veio a existir o pomo da ciência do mal (Ad 2,2-4).Há no homem uma vontade de possuir a si mesmo que vai até uma vontade de autocriação espiritual. Ser como Deus é o velho sonho do homem, a sua eterna tentação. Ser como Deus, quer dizer, ser o seu próprio princípio, não depender senão de si mesmo e, por isso mesmo, escapar à própria condição cósmica, à própria condição de criatura ligada a outras criaturas. Desse modo, a suprema finalidade do homem pode tomar a forma luciferiana duma apropriação do divino, duma identificação com o Altíssimo. O Altíssimo não é mais, então, do que a dimensão do projeto do homem; não exprime senão a estatura que o homem quer dar a si mesmo. É conhecida a invocação de Nietzsche: "Ó céu acima de mim, céu claro, céu profundo, abismo de luz! Contemplando-te, estremeço de desejo divino. Arremessar-me à tua altura é minha profundidade!"[2] Francisco o sentiu profundamente. Percebeu nitidamente que mesmo o homem religioso não escapa a essa tentação e, sob a capa do mais elevado e mais puro ideal, pode ser arrastado secretamente pela paixão de "ter", pela vontade de possuir o próprio Infinito.

Nos seus escritos, Francisco não cessa de prevenir seus irmãos contra uma tal vontade de posse espiritual. Pede-lhes com insistência não se arroguem o bem que o Senhor opera neles e por eles, mas atribuam toda a honra ao Altíssimo, fonte de todo bem: "suplico a todos os meus irmãos que pregam, que rezam e que trabalham, tanto aos clérigos quanto aos leigos, que se

---

2. *Ainsi parlait Zarathoustra*, "Avant le lever du soleil", Paris, 1944, p. 189. Cf. trad. brasileira de Mário da Silva, Civil. Bras., Rio, p. 172.

esforcem por humilhar-se em tudo e por não se gloriar nem se regozijar consigo mesmos nem se exaltar interiormente das boas palavras e obras, e menos ainda, de nenhum bem que Deus muitas vezes faz ou diz e opera neles e por eles, segundo o que diz o Senhor: Não vos alegreis, no entanto, porque os espíritos se vos submetem" (RnB 17,5-6). "Bem-aventurado o servo que atribui todos os bens ao Senhor Deus, porque quem retiver algo para si esconde em si o dinheiro do Senhor, seu Deus, e aquilo que julgava ter lhe será tirado (Ad 18,2). "Nada de vós retenhais para vós, a fim de que totalmente vos receba aquele que totalmente se vos oferece" (Ord 29).

Francisco bem sabia que os homens, as mais das vezes, nem mesmo têm consciência dessa vontade possessiva que os domina e como é fácil enganar a si mesmo. Tanto mais fácil é a ilusão e tanto maior quanto mais elevado e mais puro é o fim colimado. Por isso, Francisco se esforçou, como educador de seus irmãos, por desfazer essa ilusão. Em cada página dos seus escritos, sobretudo em seus avisos, manifesta-se o cuidado de situar os seus na verdade. Denuncia as contrafações da vida espiritual; indica os sinais pelos quais se pode descobrir com certeza, sob as aparências mais virtuosas e religiosas, o mal da vontade própria, da vontade possessiva. Os sinais são a perturbação, a irritação, a impaciência, a agressividade que o homem manifesta nas contrariedades (cf. as Admoestações 4, 13, 14 e 15). São esses, a seus olhos, os sintomas certos dessa vontade quase sempre inconsciente. Essas reações de defesa traem uma atitude possessiva até mesmo nas mais elevadas aspirações da alma.

Tudo isso revela não somente uma grande acuidade quanto ao aspecto espiritual, mas ainda uma preocupação essencial: a mais alta tendência do homem, sua aspiração do divino deve ser purificada na própria raiz. O homem que pretende dizer o nome de Deus deve interrogar-se sobre esse Deus do qual diz o nome. Talvez descubra que esse Deus, na realidade, não é senão um outro nome do seu desejo, de sua vontade de posse ou de poder. Um outro nome de si mesmo.

Quanto a si mesmo, Francisco abriu-se a uma purificação cada vez mais profunda de seu desejo do divino. Certamente não é impossível e é mesmo muito provável que ele, com o temperamento de fogo que nele conhecemos, se tenha voltado imediatamente para o Altíssimo, com o entusiasmo e a paixão de quem identifica, de uma vez, o divino com a mais alta aspiração do seu ser, com a mais elevada expressão de suas possibilidades espirituais. Quando jovem, Francisco alimentava uma imensa ambição. Queria assombrar o mundo. Sonhava em tornar-se ilustre por algum alto feito e até em tornar-se um grande príncipe. Depois a sua ambição voltou-se para outras grandezas; espiritualizou-se. Continuou forte, porém. "Que pensas de mim?", declarou ele certa vez, "Ainda serei venerado por todo o mundo" (LTC 2,4,4). Mesmo tomando-se como gracejo, esta afirmação não deixa de ser reveladora. Alegrar-se com o pensamento de tornar-se um dia o ídolo do mundo mostra a grandeza duma ambição. Convertendo-se, o jovem Francisco não renunciou a mirar muito alto; e, na realidade, ele visava ao mais elevado. Pode-se perguntar o que significava, então, realmente para ele o "Altíssimo", relativamente a uma tal ambição. Uma coisa é certa: em toda a sua existência, o movimento de sua vida interior se orientou, de maneira cada vez menos possessiva, para uma relação com Deus. Foi este o sentido profundo de sua prática da pobreza. Esta consistiu, afinal de contas, numa renúncia a apropriar-se do que pertence a Deus e do próprio Deus. Não é uma renúncia ao apelo do Altíssimo, mas à posse do Altíssimo. No final de seu itinerário espiritual, Francisco permanece inteiramente disponível ao apelo do céu altíssimo, mas se reconhece "indigno de dizer o nome do Altíssimo".

É esse o sentido dessa primeira estrofe do *Cântico do Sol*. Nela sente-se todo o entusiasmo da alma, todo o seu desejo de elevar-se até o Altíssimo, num louvor único. Esse desejo, porém, é purificado aqui de toda ambiguidade, libertado de toda vontade possessiva. Encontra-se com a maior pobreza diante de Deus: a da alma que encontra todo seu gozo no fato de que só Deus é Deus. É por isso que podem coexistir aqui, sem a menor tensão e na maior serenidade, a mais alta aspiração da alma e a mais clara consciência da inacessibilidade do seu objeto:

> Teus são os louvores, a glória e a honra...
> a ti somente, Altíssimo, eles convêm
> e nenhum homem é digno de dizer teu nome.

Esta profunda aceitação da transcendência de Deus domina todo o *Cântico do Sol*. É ela que abre o caminho das criaturas para o louvor: caminho de humildade e de encarnação, à imitação do altíssimo Filho de Deus:

> Onipotente, eterno, justo e misericordioso Deus,
> dai-nos a nós que possamos seguir os passos de vosso
> dileto filho e chegar a vós, ó Altíssimo
> "et ad te, Altissime, sola tua gratia pervenire" (Ord 50-52).

IV
A mediação das criaturas

Após a doxologia inicial, vem o verso de transição que introduz o louvor cósmico propriamente dito:

> *Laudato sie, misignore, cum tucte le tue creature.*
> Louvado sejas, meu Senhor, com todas as tuas criaturas.

Este verso é, em verdade, bem mais do que uma simples transição; indica uma virada decisiva no movimento do cântico. A primeira estrofe terminou com o reconhecimento da indignidade do homem de dizer o nome do Altíssimo, de dizer o Sagrado. Contudo, Francisco não renuncia a cantar o louvor inacessível. Mas seu olhar se volta, então, para o mundo aqui embaixo, para as criaturas. É com elas que ele louvará o Altíssimo e dirá o Sagrado. O caminho do seu louvor será o caminho das coisas. Reconhecendo-se indigno de dizer o nome do Altíssimo, Francisco cantará a seu Senhor o louvor desse mundo. Somos levados a pensar aqui na Nona Elegia de Duino, de Rilke:

> Canta ao anjo o louvor do mundo, não, porém, do mundo indizível [...]. Mostra-lhe a coisa simples que, tendo tomado forma de geração em geração, se tornou nossa e existe junto à mão e no olhar,
>
> Dize-lhe as coisas...
>
> Mostra-lhe como uma coisa pode ser feliz, inocente e nossa[1].

---

1. R.M. Rilke. *Les Elégies de Duino* e *Les Sonnets à Orphée,* Paris, 1943, p. 93-94 (tradução brasileira, Petrópolis, Vozes, 1994, p. 191s.).

Dessa forma, o louvor do Altíssimo torna-se também o das criaturas. Ao movimento ascensional de toda a alma, atraída pela imagem do Altíssimo, sucede um largo movimento de abertura ao mundo das criaturas. Para bem compreendermos o alcance desse movimento devemos considerar atentamente a expressão de Francisco: "com todas as tuas criaturas – *cum tucte le tue creature*" – e esforçar-nos por penetrar-lhe o sentido.

"Com todas as tuas criaturas" significa em primeiro lugar que, frente ao inacessível Altíssimo, a alma aceita o ser contada entre as criaturas. A sua pobreza essencial diante de Deus libertou-a de todo ressentimento contra a sua condição. Francisco não tem dificuldade em aceitar-se plenamente como criatura no meio das outras criaturas e ligado às mais humildes entre elas. Muitos homens religiosos e pensadores espirituais, que exaltaram a transcendência divina, fizeram-no, ficando a uma certa distância em relação à criação, sobretudo em relação à criação material. Chegaram, por vezes, a demonstrar altivez a respeito desta e, até mesmo, desdém e desprezo. Desvalorizando o mundo material e não se solidarizando com ele, pensavam que se aproximavam do Altíssimo. Em Francisco não há nada disso. Pelo contrário, é com todas as criaturas, fraternizando com elas, que ele se propõe a louvar o Altíssimo e a estar em conexão com Ele. No seu impulso para a transcendência, ele não se furta à sua condição cósmica; consente humildemente em gozar da matéria de que foi feito e em acolhê-la como companheira. A expressão do cântico "com todas as tuas criaturas" traduz, portanto, em primeiro lugar, um consentimento cordial com nossa condição de criatura frente ao Altíssimo, ao Único cujo nome o homem não pode dizer.

Colocando-se, porém, ao lado das criaturas, Francisco espera delas alguma coisa: espera precisamente que elas o ajudem a louvar o Altíssimo, a dizer o Sagrado e a se referir a Ele. "Com todas as criaturas" exprime, portanto, a busca duma mediação. Francisco pede às criaturas que lhe revelem alguma coisa do Criador, de seu poder, de sua bondade, de sua beleza; pede-lhes que lhe inspirem o louvor inacessível. Importa, contudo, compreender bem essa mediação. Reduzir-se-ia consideravelmente o alcance do *Cântico das Criaturas* se não se visse nelas senão um simples pretexto para o louvor divino. É profunda, de outra forma, a relação de Francisco com as criaturas. Toda a sua vida no-lo mostra. É certo que não é fácil ao homem atual compreender na sua verdadeira profundeza a relação franciscana com as realidades subumanas, sobretudo com as realidades materiais. Vivemos num mundo em que a ciência nos ensinou a olhar as coisas como simples objetos, dos quais se podem desmontar todas as peças, a fim de conhecer-lhes o segredo, de dominá-los e de explorá-los a fundo. Nossa atitude diante das realidades cósmicas é uma atitude de conquista e de posse; inspira-se na vontade de poder e quase não deixa lugar para os instintos de simpatia.

Totalmente diferente é a atitude de Francisco. Apresenta-se inteiramente sob o signo da simpatia. "Abraça todas as coisas com o afeto de inaudita devoção", escreve Celano (2Cel 165,4).

"Quem seria capaz de narrar a doçura que fruía ao contemplar nas criaturas a sabedoria, o poder e a bondade do Criador? Na verdade, a partir desta consideração, enchia-se muitas vezes de admirável e inefável alegria, quando olhava o sol, quando via a lua, quando contemplava as estrelas e o firmamento" (1Cel 80,3-4). Esta simpatia e esta alegria não ficavam na superfície; penetravam até o íntimo mais profundo: "chamava todas as criaturas com o nome de irmão e, de maneira eminente e não experimentada por outros, percebia com agudeza as coisas ocultas do coração das criaturas, como quem já tivesse alcançado a liberdade gloriosa dos filhos de Deus" (1Cel 81,5-6).

Isso significa que a mediação que Francisco busca junto às criaturas não existe sem uma profunda comunhão com elas. A expressão que ele emprega no seu cântico, "com todas as tuas criaturas", traduz, portanto, também uma comunhão fraterna, uma fusão afetiva cósmica. Na sua obra fundamental *Natureza e formas da simpatia*, o filósofo alemão Max Scheler aplicou-se a analisar esta forma franciscana de simpatia, que ele considera como um fenômeno inteiramente original. "Creio que São Francisco não teve, de fato, a esse respeito, precursor nem predecessor em toda a história do cristianismo ocidental", escreve ele. "A mística do amor e dos esponsais, de São Bernardo, é de natureza inteiramente diferente. Em vão procuraríamos nesta vestígios da fusão afetiva cósmica"[2]. Segundo Scheler, essa fusão afetiva franciscana com os diversos elementos do universo não poderia ser considerada como sendo a simples extensão à natureza subumana dum amor acósmico, de inspiração propriamente sobrenatural, de Deus e das pessoas espirituais[3]. Essa fusão deriva duma fonte emocional original. Abstraindo-se do particular temperamento de Francisco, essa fonte seria, no dizer de Scheler, o movimento erótico provençal, "movimento cujo lado emocional deve ter exercido forte e profunda influência em São Francisco, na sua infância e juventude, isto é, antes das suas "conversões"[4]. "Aquele que dava a si mesmo o nome de 'tro-

---

2. M. Scheler. *Op. cit.*, p. 137.
3. Cf. *idem*, p. 144.
4. *Idem*, p. 143.

vador de Deus' e, até a morte, gostava de cantarolar as cantigas dos trovadores franceses, que achava deliciosas, aquele que, no seu relacionamento de indefinível ternura com Santa Clara, parecia conformar-se ao ideal do passado, mesmo depois de se ter tornado o rigoroso e heroico asceta que era – numa palavra, São Francisco soube despojar de toda indolência, de todo apego à terra e à mulher, com uma *arte* psíquica sem exemplo, involuntária e inconsciente, a grande emoção histórica do movimento provençal, da qual ele estava profundamente penetrado, a ponto de não conservar dela senão o *ritmo,* libertado de toda sensação, o ritmo imaterial. E soube unir, em seguida, essa emoção assim espiritualizada ao amor pessoal, acósmico, de Deus e de Jesus [...]; fê-lo de tal modo que esta herança cristã se tornou uma fonte de feitos extraordinários, vivificando-se à medida que a emoção de origem provençal se espiritualizava e cristianizava. Espiritualizando-se e cristianizando-se, a emoção assumiu, cada vez mais, um papel 'funcional' e, ao desprender-se da *mulher,* que era o seu objeto primitivo, estendeu-se a toda a natureza e tornou-se como uma chave psíquica que abria a entrada de seus mistérios"[5].

Esta análise de Scheler lança uma viva luz sobre a relação de Francisco com as criaturas. Ilumina-a a partir de baixo. Ligando essa fusão afetiva cósmica às raízes da alma, ao *Eros,* mas a um *Eros* purificado, livre de todo fardo carnal e aberto ao *Ágape,* ela explica não somente a universalidade dessa fusão, mas nos mostra também toda a sua profundidade psíquica e religiosa. Faz-nos compreender melhor a expressão do *Cântico do Sol* "com todas as tuas criaturas". As criaturas não eram, para Francisco, apenas um "livro escrito por fora". Ele estava em comunhão com

5. M. Scheler. *Op. cit.*, p. 143-144.

elas por dentro; e elas lhe falavam, através das profundezas do ser, através das forças primitivas da alma. É por isso que essa comunhão com as coisas era também um encontro com o Sagrado. A menor realidade cósmica, acolhida e amada com essa profundeza, tornava-se uma realidade "preciosa", uma realidade fascinante; revestia-se de uma "expressividade" sagrada. A emoção que Francisco experimentava então podia chegar ao arrebatamento e ao êxtase. "Nós que vivemos com ele vimos que ele tanto se alegrava interior e exteriormente com quase todas as criaturas que, tocando-as ou vendo-as, parecia que seu espírito não estava na terra, mas no céu" (EP 118,10). Há incontestavelmente em Francisco uma comunhão com Deus através das próprias criaturas, uma experiência cósmica do Sagrado. Teilhard de Chardin perguntava: "Qual será, pois, o cristão ideal, o cristão novo e antigo ao mesmo tempo, que resolverá, enfim, na sua alma o problema do equilíbrio vital, fazendo passar toda a seiva do mundo ao seu empenho por chegar à Trindade divina?"[6] Francisco de Assis parece ter realizado esse equilíbrio; ele reconcilia o impulso sobrenatural do cristianismo e o entusiasmo cósmico. E o faz com a simplicidade que o caracteriza, propondo-se louvar o Altíssimo e unicamente o Altíssimo, mas "com todas as criaturas", em comunhão intensa com o universo inteiro que o sustém.

Já dissemos tudo a respeito do sentido da expressão do cântico: "com todas as tuas criaturas"? Com Scheler observamos que, se as coisas põem Francisco em contato com o Sagrado, é porque elas falam às profundezas de sua alma. Essa mediação cósmica tem, pois, uma significação psíquica. As

6. P. Teilhard de Chardin. *Ecrits du temps de la guerre, La Maîtrise du Monde et le Règne de Dieu,* Paris, 1965, p. 81.

criaturas são aqui uma linguagem do Sagrado, porque põem a alma em relação consigo mesma, com as suas forças primitivas. São o revestimento de um raciocínio profundo. "Louvado sejas, meu Senhor, com todas as tuas criaturas": este verso exprime, realmente, um movimento de comunhão com todas as criaturas, mas este movimento de simpatia cósmica encerra uma outra coisa; ele mesmo é uma linguagem: é a linguagem duma alma em busca do seu próprio sagrado, na abertura à sua totalidade e na comunhão com ela, na reconciliação com todas as suas potências e na integração destas na mais alta aspiração da alma.

O modo como as criaturas são designadas, qualificadas e celebradas na sequência do cântico, confirma este ponto de vista. Como veremos, essas imagens das coisas não designam unicamente as realidades cósmicas; são, elas próprias, uma linguagem; simbolizam com as forças primitivas da alma. São o espelho das energias inconscientes. O que se anuncia, portanto, aqui nesse verso de transição, além do seu sentido propriamente cósmico, é um movimento de reconciliação da mais alta aspiração da alma com todos os seus enraizamentos obscuros, com todos os seus humildes começos. Francisco quer louvar o Altíssimo e referir-se a Ele; o seu louvor, porém, não é o dum puro espírito; é o duma alma que se conforma inteiramente com as suas profundas origens, com as suas vinculações inferiores e que intenta associá-las ao seu louvor, "com grande humildade", como ele mesmo diz no final do seu cântico.

Já observamos bem esta última expressão do cântico: "com grande humildade"? Ela corresponde exatamente à primeira, mas de modo antitético: "altíssimo". Uma e outra exprimem os dois polos desse louvor: "Só a humildade, escreve Lavelle, é capaz de prender-nos ao chão, onde nos fixamos; ela nos obriga a apoiar-nos nele"[7]. A humildade é o contrário da nossa "arqueologia"; é a disposição interior pela qual nos aceitamos na totalidade de nós mesmos, em nossa mais alta aspiração e, ao mesmo tempo, em nossas mais profundas e mais inconscientes vinculações cósmicas e psíquicas. O caminho das criaturas pelo qual Francisco envereda aqui revela-se, portanto, como um caminho de reconciliação.

---

7. L. Lavelle. *L'Erreur de Narcisse,* Paris, 1939, p. 152.

V
A celebração do sol

> ...o senhor irmão Sol,
> o qual faz o dia e pelo qual tu nos iluminas;
> ele é belo e radiante com grande esplendor:
> de ti, Altíssimo, ele é imagem.

Da filosofia de Platão diz Alano que é uma "filosofia de descontente, quer dizer, descontente de si mesmo". Platão queria cogitar a ideia pura, queria defender o inteligível puro. Ora, ele sabia que não o podia. Há matéria até nos nossos pensamentos mais elevados. E para Platão a matéria era o reino das sombras.

O idealismo de Platão continua sendo uma tentação constante do espírito. Muitos filósofos procuraram escapar à matéria. Poucos duvidaram de que a própria matéria, a matéria sonhada e imaginada pelo homem, pudesse ser uma linguagem diferente do espírito. Uma linguagem secreta que exige ouvidos delicados para ser ouvida. "Irmãos, dizia Nietzsche, ficai atentos aos momentos em que vosso espírito quer falar em símbolos: é aí que está a origem de vossa virtude"[1]. "Pode-se compreender hoje, escreve Eliade, uma coisa que no século XIX nem mesmo se podia pressentir: o símbolo, o mito, a imagem, pertencem à substância da vida espiritual... É poder e missão das imagens mostrar tudo

1. *Ainsi parlait Zarathoustra,* "De La Vertu qui donne", Paris, 1944, p. 86. Cf. trad. brasileira de Mário da Silva, p. 90.

que permanece refratário à ideia"[2]. De fato não há conhecimento senão simbólico das profundezas. Teremos o cuidado de não esquecer isso em nossa exploração metódica da ladainha de imagens materiais que constitui o *Cântico das Criaturas.*

A primeira dessas imagens é a do "senhor irmão Sol". O autor do *Speculum* diz a esse respeito: "Porque considerava e dizia que o Sol é mais belo que as outras criaturas e pode ser comparado a Deus, já que o próprio Senhor é chamado na Escritura "Sol de justiça", ele (Francisco) o colocou no início dos louvores que celebrou sobre as criaturas do Senhor, quando este lhe assegurou que ele estaria no seu Reino, e os intitulou *Cântico do irmão Sol* (EP 119,6-7). Por aí se vê a importância da imagem do sol. Não somente está em primeiro lugar, mas todo o *Cântico das Criaturas* é colocado sob o seu signo.

Antes de estudar a imagem franciscana do sol temos que fazer uma observação preliminar; refere-se ao nosso método e se estende por todo o nosso trabalho. Este texto é uma celebração das diversas realidades cósmicas. Se quisermos explorar o sentido próprio dessas realidades nesse texto, deveremos cuidar de não as isolar da sua celebração, de não entendê-las independentemente da valorização da qual são objeto, numa palavra, de não entendê-las fora do contexto em que são consideradas. Seria, certamente, entendê-las mal. É necessário, portanto, considerar cada uma dessas realidades na plenitude da imagem que nos é oferecida. Esta imagem é apresentada numa sequência de palavras que se encadeiam numa espécie de exuberância e de encantamento. Assim, por exemplo, Francisco canta "irmã Água que é muito útil e humilde e preciosa e casta". Não queiramos destruir

2. M. Eliade. *Images et Symboles,* Paris, 1952, p. 12-13.

o encantamento. O verdadeiro sentido aí está. Está justamente na combinação das palavras que se reclamam umas às outras, desde a primeira até a última, a fim de formarem a imagem em sua plenitude: uma imagem material, é certo, mas cuja matéria sonhada, imaginada, se abre a valores invisíveis e íntimos, sem nada perder, contudo, de sua cor habitual. Na realidade, lidamos nesse texto com imagens poéticas. Ora, não se explica uma imagem poética reduzindo-se essa imagem ao seu lado unicamente empírico. Como não se explica, aliás, substituindo-se uma ideia, da qual ela não seria senão o revestimento sensível e alegórico. A verdadeira imagem poética tem o seu ser próprio, irredutível, que subsiste inteiramente no reino imaginário por ela criado. Ela é essencialmente uma potencialidade de sonho. Compreendê-la é penetrá-la até o seu cerne onírico. É nesse sentido que diz alguma coisa e que é necessário saber ouvi-la. É nisso justamente que ela significa um conhecimento que não passou pelo conceito e que, para dizer a verdade, nem poderia passar. A missão dela, como diz Eliade, é mostrar o que permanece refratário ao conceito.

Acrescentemos que cada imagem particular não revela o seu pleno sentido senão através de suas relações com as outras imagens e por sua posição no conjunto do poema. A sequência das imagens, a sua disposição, tem, portanto, grande importância. Devemos prestar muita atenção à estrutura e ao movimento de conjunto do poema.

"O sol é a mais bela de todas as criaturas", dizia Francisco (EP 119,6). A César o que é de César. É, portanto, pelo sol que ele começa o seu louvor cósmico. A celebração franciscana do sol é, antes de mais nada, a expressão dum encantamento ante a "coisa esplêndida". O homem que "em grande humildade" renunciou a dizer o nome do Altíssimo e se voltou para as realidades materiais para fazer delas o caminho do seu louvor encontra a substância inesgotável e saborosa das coisas. Ninguém compreenderá o *Cântico do Sol* se não vir nele a expressão duma alegria inocente e profunda, considerada na realidade das coisas. Ora, essa alegria foi para Francisco sobretudo a alegria da luz. Poucos amaram tanto a luz como Francisco a amou. Coisa notável: o qualificativo "belo" que aparece três vezes no cântico é atribuído cada vez a uma realidade cósmica que, de uma forma ou de outra, é fonte de luz, o sol, a lua e as estrelas, o fogo. Desse modo, todas as imagens de luz são explicitamente qualificadas por ele como belas. Para Francisco, a matéria bela por excelência é a matéria radiante. O cosmos para ele é, antes de mais nada, uma epifania de luz. Nessa epifania, o sol tem o papel principal.

O sol que Francisco acha tão belo é, de fato, aos seus olhos, um puro jorro de luz:

> *Louvado sejas, meu Senhor, com todas as tuas criaturas,*
> *especialmente o senhor irmão Sol,*
> *o qual faz o dia e pelo qual tu nos iluminas;*
> *ele é belo e radiante com grande esplendor...*

Essa celebração do sol é, em primeiro lugar, sem dúvida alguma, a expressão dum reconhecimento visual. Segundo o autor do *Speculum*, o próprio Francisco dizia: "De manhã, quando nasce o sol, todos os homens deveriam louvar a Deus que o criou para a nossa utilidade, porque é por ele que nossos olhos são iluminados durante o dia" (EP 119,1). Poderíamos pôr na boca de Francisco o *Lied* que Linceu, o vigia, canta do alto da torre do castelo, no segundo Fausto de Goethe:

> Nascido para ver,
> colocado aí para olhar,
> ligado por juramento à Torre,
> alegro-me com o espetáculo do universo.

Ó meus olhos em festa,
aconteça o que acontecer,
o que vistes era tão belo!

Aconteça o que acontecer! Sabe-se que, durante a sua viagem ao Oriente, Francisco contraiu uma grave doença da vista que o fez sofrer muito e o tornou quase cego. Apesar disso, ele conservou todo o seu entusiasmo pelo brilho do sol até o fim da vida. Prova disso é o seu cântico. Agora que seus olhos sofrem intensamente e não são mais capazes de suportar a luz do dia, o olhar interior do *Poverello* se volta mais uma vez para a imagem esplêndida com o mesmo encantamento e a mesma gratidão. Mas nessa imagem que habita nele e o encanta existe uma outra coisa que não a simples recordação duma realidade material percebida. "O senhor irmão Sol" não é somente um objeto em que se detém o olhar e que todos podem ver; é uma imagem que sobe das profundezas da alma e faz com que o olhar se dirija para outra coisa. Para que coisa? Para sabê-lo é preciso entrar na "intimidade" do elemento e penetrar, se possível, até a medula onírica da imagem.

O sol é saudado, em primeiro lugar, como fonte de luz: é dele que brota o dia. Como todas as fontes, esta faz sonhar. O que nela impressiona é a sua magnificência, isto é, o seu esplendor e a sua profusão, ao mesmo tempo: "O irmão Sol é belo e radiante com grande esplendor". O irmão Sol tem o gesto largo; não é mesquinho; não calcula o dom. É um grande senhor. Participa da nobreza do mundo. É aqui precisamente que começa o sonho que confere à imagem o seu surrealismo. O título singular que Francisco dá ao sol é significativo a esse respeito; confere-lhe uma espécie de personalidade à parte: "O senhor irmão Sol, *Messor lo frate Sole*". Voltaremos, mais adiante, a falar sobre o apelativo "irmão". Fiquemos aqui com o de "senhor". O termo "messor", com todos os matizes que Francisco nele colocou, é difícil de traduzir. Sendo mais discreto e mais familiar que o de "misignore" que Francisco reserva para Deus, não expressa menos que este a consideração e o respeito. A expressão que, em nossa língua, talvez mais se aproxime dela seria a que, às vezes, empregamos para traduzir a nossa admiração por um homem excepcional; dizemos, então, de bom grado: "É um grande senhor". Pois bem, aos olhos de Francisco, o sol tinha a aparência de "grande senhor".

Tal imagem do sol já não é uma simples cópia da realidade exterior. A imaginação de Francisco encontra, inconscientemente, uma imagem muito antiga, a do "Senhor Sol". Isto é ainda acentuado pela posição eminente que a imagem do sol ocupa na estrutura do cântico. Como já observamos, todos os elementos cósmicos celebrados no poema são diferenciados, são sexuados, de acordo com uma alternância ordenada, formando pares. Temos, assim, três pares fraternos sucessivos: irmão Sol-irmã Lua, irmão Vento-irmã Água, irmão Fogo-irmã Terra. Mas essa distribuição exige ser completada pela representação seguinte: a procissão das imagens começa por uma imagem masculina dominante, a do "senhor irmão Sol", e termina por uma imagem feminina e materna por excelência, a da "nossa irmã, a mãe Terra". O par cósmico "Sol-Terra" abrange, desse modo, toda a criação. Trata-se duma imagem mítica bastante antiga. Encontramo-la em certos cultos solares das religiões arcaicas, nos quais o Senhor Sol é o esposo de Dama Terra: da sua união nasce o mundo inteiro[3]. É certo que Francisco

3. Cf. M. Eliade, *Traité d'Histoire des religions, op. cit.*, p. 122. Devemos observar que, entre certos povos, o sol é um símbolo feminino e materno. "O simbolismo

nada tinha a ver com essas crendices míticas. Talvez mesmo as ignorasse. O que acontece aqui não pode ser senão uma repetição totalmente inconsciente duma estrutura imaginativa básica, dum arquétipo. Mas, mesmo tomando-se em consideração essa infraestrutura mítica do *Cântico do Sol,* ver-se-á que o sol não é somente imaginado e valorizado aqui como fonte de luz; ele o é mais profundamente – embora de maneira menos explícita – como fonte fundamental da vida, como fecundador e genitor universal, numa palavra, como símbolo paterno. Ele é a imagem do Pai, imagem do poder e da generosidade criadores. E isso é confirmado e reforçado pelo último retoque de Francisco na imagem do "irmão Sol": "De ti, Altíssimo, ele é o símbolo". A imagem agora está completa. Atingiu toda a sua dimensão: uma dimensão hierofânica.

A essa altura, a imagem não fala mais somente aos olhos. Fala também à alma. O esplendor e a generosidade que ela irradia das alturas do céu são para a alma como que o encanto e o símbolo duma realidade soberana. Unindo-se pela imaginação a essa alta imagem de luz, a alma recebe o benefício duma revelação transcendente; vê aí a manifestação e o sinal do Altíssimo, o

---

do sol é tão polivalente quanto a realidade solar é rica de contradições" (*Dictionnaire des symboles,* direção de J. Chevalier, edit. Robert Laffont, Paris, 1969, p. 710). Assim, por exemplo, "entre os Dogons do Mali – cujo sistema cosmogônico é inteiramente dominado pelo sistema lunar – o sol não é masculino, mas feminino. É figurado como um vaso de barro em brasa, cercado por uma espiral de cobre vermelho com oito voltas. É, assim, o protótipo da madre fecundada. (*Idem,* p. 712). "O sol é feminino (*mãe-sol*) e a lua, masculina (*pai-lua*) nas civilizações pastorais nômades. É o caso da maior parte das tribos turco-mongóis da Ásia Central..." (*Idem,* p. 713). Como se sabe, em alemão o nome do sol, "die Sonne", é feminino; também o era na língua celta e em todas as línguas indo-europeias antigas. Contudo, "entre os povos de mitologia astral, o sol é o símbolo do pai, como o é também nos desenhos das crianças e na fantasia dos adultos. Para a astrologia o sol sempre foi, igualmente, o símbolo do princípio gerador: masculino e do princípio de autoridade, do qual o pai é a primeira encarnação..." (*Idem,* p. 713).

símbolo daquele cujo nome ela se julgava indigna de dizer, mas ao qual ela não cessa de aspirar e de referir-se em seu louvor.

Haverá quem se admire, talvez, ao ver que o sol representa aqui semelhante papel. Para muitos cristãos, o sol perdeu toda "expressividade" sacral. O sacramentalismo natural que ocupa tão grande lugar nas religiões pagãs desapareceu entre eles, pelo menos no nível da consciência esclarecida, diante dum sacramentalismo sobrenatural, centrado na pessoa e nas ações históricas de Cristo. A humanidade de Cristo não é a grande manifestação de Deus, manifestação que eclipsa todos os símbolos e hierofanias cósmicos? "Cristão, escreve o Cardeal Daniélou, é aquele que se sente de tal modo fascinado pela luz de Cristo que já não se detém diante dos símbolos cósmicos, não porque estes símbolos não tenham o seu valor, mas porque esses sinais são infinitamente sobrepujados pelo brilho dum novo sacramento. [...] O brilho do novo sol que é Cristo é tão forte que obscurece de alguma forma o brilho do sol da criação visível"[4]. Acrescentemos que as ciências naturais embotaram consideravelmente a nossa receptividade a respeito do conjunto das hierofanias cósmicas; particularmente, dessacralizaram por completo a nossa imagem do sol. Fato é que, para os próprios crentes, o sol não é mais, atualmente, objeto duma experiência hierofânica; não é mais "a coisa esplêndida, a eterna Epifania, na qual foram admitidos para viver"[5].

Com Francisco é diferente. É certo que para ele, talvez mais do que para qualquer outro cristão, Cristo é o grande sacramento de Deus, é aquele que nos revela de modo incomparável o

---

4. J. Daniélou. *Mythes païens, Mystère chrétien*, Paris, 1966, p. 13.
5. P. Claudel. *Oeuvre poétique*, La Pléiade, Paris, 1957, p. 110.

amor do Pai. Esta fé, porém, não destrói nele, nem mesmo atenua as significações pré-cristãs das coisas; pelo contrário, ela as reforça, acrescentando-lhes um novo valor. Ela retoma as simbolizações do homem religioso natural e as completa. Para ele, Cristo é o sentido de todas as coisas; é aquele que nos permite ler a criação na sua mais profunda contextura, na plenitude do sentido. Assim como Ele nos abre o sentido das Escrituras, assim também nos abre o sentido da criação. E este sentido é um sentido sagrado.

Há, inegavelmente, em Francisco, uma experiência cósmica do sagrado. É necessário, porém, ter uma ideia exata da profundeza dessa experiência. Não se pode separar essa experiência duma exploração do sagrado na própria alma. Para nos convencermos disso, voltemos ao nosso texto. Vemos aí uma coisa surpreendente, paradoxal: logo depois de se reconhecer indigno de dizer o nome do Altíssimo, Francisco se considera irmão do Sol e nos diz que ele é o símbolo do Altíssimo. Que significa, pois, essa declaração de fraternidade a respeito duma tão elevada imagem? Saudar um irmão no "senhor Sol" – e isto, de modo tão espontâneo – não será reconhecer um parentesco profundo entre ambos? Não será reconhecer que existe uma espécie de consanguinidade entre eles? Fraternizando-se com esta matéria, feita toda de luz e transferida à categoria do divino, não será a si mesma, à sua totalidade, ao seu "si mesma" profundo e divino, que a alma definitivamente se reporta?

Esta íntima relação entre a alma do poeta e o elemento cósmico nos introduz no coração da imagem. Unir-se amorosamente, religiosamente, pela imaginação a esse foco de luz é receber nas profundezas do ser os seus benefícios iluminadores e purificadores. Existe uma dinâmica própria da imagem. Uma imagem poética, vivida intensamente, "nos exprime, fazendo de nós o que ela exprime[6]. Quem imagina o sol numa certa profundeza de intimidade sente a "coisa esplêndida" a lhe correr por todo o sangue e a penetrá-lo com sua claridade e generosidade, a dilatá-lo e elevá-lo até essa região, onde o fogo é pureza, a matéria é luz, o desejo é dom. A imagem que o alegra e com a qual ele se une intimamente exprime o que ele profundamente deseja ser, o que ele está para se tornar: solar! Solar até as profundezas, até a raiz do desejo. Solar como o Altíssimo, que faz brilhar o sol sobre todos indistintamente. No dizer de Jung, o sol expressa a energia psíquica em sua plenitude. "Foram os místicos que no-lo ensinaram: quando o recolhimento os mergulha nas profundezas do seu mais íntimo ser, eles encontram 'no seu próprio coração' a imagem do sol"[7]. Na sua caminhada interior, fala diversas vezes Santa Teresa desse "sol divino" que fica "no meio" ou "no centro" da alma, designando com isso ao mesmo tempo o "si mesmo" profundo e Deus[8].

Desse modo, esse sol que Francisco acha tão belo e com o qual descobre ter um estreito parentesco não desce somente das alturas do céu cósmico; irradia do meio de si mesmo, a partir das profundezas da alma, como uma profecia do seu total devir. Esse sol poderia dizer também: "Sou uma estrela que caminha convosco e que ilumina desde as profundezas"[9]. Ele é a expressão dum porvir íntimo e pleno, manifesta o movimento da alma, cujas forças primitivas e obscuras – as do desejo e do *eros* – se transfiguraram em forças de luz e de dom e, daí em

6. G. Bachelard. *La Poétique de l'Espace,* Paris, 1964, p. 7.

7. C.G. Jung. *Métamorphoses de l'Ame et ses symboles,* Genève, 1967, p. 224.

8. C. Baudouin. *De l'Instinct à l'Esprit,* Paris, 1950, p. 287.

9. Texto da pseudoliturgia de Mithra, citado por C.G. Jung, em *Métamorphoses de l'Ame et ses symboles, op. cit.*, p. 168, nota 12.

diante, participam da mais elevada aspiração da alma. Ele simboliza a mais alta metamorfose da alma. Quem celebra o sol como irmão e, ao mesmo tempo, como o símbolo do Altíssimo, sonha secretamente com o seu mais sublime destino.

Em sua *História das religiões*, M. Eliade cita diversos exemplos de relações de parentesco próximo entre o deus solar e certas pessoas ou certas categorias de pessoas, entre os povos antigos ou primitivos. Estas relações filiais ou fraternas com o deus sol são sempre um privilégio de algumas pessoas somente; são reservadas a uma minoria de eleitos. A eleição é realizada ou por um ritual de iniciação ou por soberania. Desta forma, "em diversas partes do mundo, os chefes eram vistos como descendentes diretos do sol"[10]. Os chefes polinésios, os dos povos natchez e incas, como os reis hititas ou babilônios ou o rei indiano, ostentam o nome e a qualidade de "Sóis", "Filhos do Sol", "Descendentes do Sol". Na religião solar egípcia, o soberano era identificado com o próprio sol. Também os reis sassânidas se diziam irmãos do sol e da lua. E não só os iniciados e os soberanos, mas muitas vezes também os heróis e os filósofos têm relações de parentesco próximo com o sol. Tanto em uns como em outros, estas relações sempre manifestam a consciência duma eleição, a consciência duma vocação ou dum destino superiores[11].

Em Francisco não estava, certamente, ausente essa consciência duma vocação superior, muito embora tivesse um aspecto inteiramente diferente. Não nos devemos esquecer de que ele, certa vez, se declarou "arauto do grande Rei". "Arauto do grande Rei", à imitação do sol que anuncia nas alturas a magnificência do

10. M. Eliade. *Traité d'Histoire des religions, op. cit.*, p. 125-126.

11. Cf. M. Eliade, *Traité d'Histoire des religions, op. cit.*, p. 123, 125, 126.

Altíssimo. O homem que tem tal consciência de sua eleição e de sua vocação é capaz de ver, sem hesitação, no astro esplêndido o seu irmão.

Se quisermos, porém, captar toda a riqueza de expressão dessa relação fraterna com o sol e, finalmente, o que significa essa imagem de esplendor no cântico de Francisco, temos que colocar essa celebração do sol no seu contexto psicológico e espiritual. À luz dos fatos que citamos em nossa introdução, vê-se claramente, logo de início, que esta celebração é consequência duma experiência muito profunda, em que se acha empenhado o sentido duma vida. Arrasado por sofrimentos de todo gênero, Francisco estava à beira do desânimo: "Uma noite, estando a refletir sobre todas as tribulações que sofria, ele teve compaixão de si mesmo e disse interiormente: 'Senhor, socorre-me nas minhas enfermidades, a fim de que eu tenha a força de as suportar com paciência!' E, subitamente, ouviu em espírito uma voz: 'Dize-me, irmão, se, em compensação de teus sofrimentos e tuas tribulações, te dessem um tesouro imenso e precioso: a terra inteira transformada em ouro puro, os pedregulhos em pedras preciosas e a água dos rios em perfume, não considerarias como um nada a terra, os pedregulhos e as águas, em comparação com tal tesouro? Não te alegrarias?' O bem-aventurado Francisco respondeu: 'Senhor, este tesouro seria grande, e inestimável, extremamente precioso e demasiadamente amável e desejável' E disse-lhe: 'Portanto, irmão, alegra-te e rejubila-te bastante em tuas enfermidades e tribulações, porque doravante deves considerar-te tão seguro como se estivesses em meu reino'" (CA 83,17-18). Para necessitar de tal consolo, Francisco devia ter passado por um terrível momento, por um desses momentos de crise, em que a alma não sabe mais em que se apoiar. Note-se, no texto que acabamos de citar, a importância das imagens, sobretudo a do "tesouro imenso e precioso", que resulta da metamorfose da terra inteira em ouro puro, imagem com que a voz celestial dá a entender a Francisco o destino que o espera, isto é, a metamorfose dele mesmo, a transfiguração de todo o seu ser no Reino da luz. "Os grandes problemas vitais, observa Jung, estão sempre em relação com as imagens primitivas... Todos os grandes acontecimentos da vida, todas as mais fortes tensões se relacionam com o tesouro dessas imagens, fazem-nas surgir como fenômenos interiores conscientes, depois que o indivíduo adquiriu bastante reflexão e bastante capacidade de compreensão para pensar também no que ele vive..."[12] O próprio dessas grandes imagens é afastar a consciência do seu isolamento e de recolocá-la em contato com uma plenitude de vida que a transcende.

Continuemos, porém, a leitura do texto da *Compilação de Assis*, que nos relata o acontecimento:

> E, levantando-se de manhã, disse aos seus companheiros: "Se o imperador desse um reino inteiro a algum servo seu, acaso não deveria alegrar-se muito? Mas, se [lhe desse] todo o império, acaso não se alegraria muito mais?" E disse-lhes: "Portanto, é necessário que eu agora muito me alegre em minhas enfermidades e tribulações, me conforte no Senhor e sempre dê graças a Deus Pai e a seu Filho único, Nosso Senhor Jesus Cristo, e ao Espírito Santo por tanta graça e bênção a mim concedida, porque, vivendo eu ainda na carne, Ele por sua misericórdia se dignou dar-me a certeza do reino a mim, seu pequeno e indigno servo. Por isso, para o seu louvor, para nossa consolação e para a edificação do próximo, quero compor novo Louvor do Senhor pelas suas criaturas de que nos servimos a cada dia".

12. C.G. Jung. *L'Ame et la Vie, op. cit.*, p. 66.

> [...] E, sentando-se, começou a meditar e depois a dizer: "Altíssimo, onipotente, bom Senhor" (CA 83,19-23).

Não há dúvida de que, após a crise da noite, Francisco vive, nesse instante, um daqueles momentos de plenitude, como raramente é dado a um homem conhecer. Ele está absolutamente certo do "tesouro imenso e precioso" e vibra com isso. A luz do dia que começa brilha para ele com o mesmo fulgor que a luz da primeira manhã do mundo. Francisco está radiante. Participa da manhã. Quer cantar a sua alegria ao Senhor, fazendo o elogio de toda a criação, cuja misteriosa metamorfose ele acaba de entrever. Foi então que se apresentou a ele a primeira grande imagem cósmica: a imagem esplêndida e fraterna do sol, símbolo do Altíssimo.

Na sua famosa noite de novembro de 1654, também Pascal, surpreendido até o mais fundo do seu ser pela certeza do Deus vivo, ficou fascinado por uma dessas grandes imagens primitivas e hierofânicas que, segundo Jung, pertencem ao tesouro da alma e que as mais fortes tensões fazem surgir na consciência: "Mais ou menos desde as dez e meia da noite até cerca de meia hora depois da meia-noite. *Fogo...*" escreveu ele no início do seu *Memorial.* A imagem do fogo é bastante conhecida em todas as tradições religiosas e, em particular, na tradição bíblica da qual estava impregnado Pascal. Francisco, por sua parte, sente-se empolgado pelo sol, outra imagem primitiva e hierofânica. Um sol, símbolo do Altíssimo e, no entanto, fraterno. Um sol, ao mesmo tempo sagrado e íntimo. Francisco não contempla esse sol unicamente com seus olhos enfermos, por sobre a planície de Assis. Ele o experimenta em todo o seu ser. A grande imagem cósmica eleva-se das profundezas de sua alma. É ela a expressão duma plenitude interior. Como não ver nela a réplica inconsciente da imagem do "tesouro imenso e precioso" em que toda a terra é metamorfoseada em ouro puro? A imagem do sol exprime a mesma realidade profunda. É nessa imagem que a alma de Francisco reconhece e celebra simbolicamente, ainda que de modo inconsciente, a sua própria transfiguração, a sua grande metamorfose do Reino. "Como se já participasses do meu Reino...", disse-lhe a voz. A substância maravilhosa do sol, toda feita de luz, tão fraterna, marcada, porém, com o selo do Altíssimo, é a imagem inconsciente, mas quão expressiva, da alma que se surpreende na plenitude das suas energias e do seu destino, aberta à totalidade do seu mistério, reconciliando, enfim, em si mesma as forças inferiores e obscuras da vida e da matéria com a consciência do seu altíssimo destino e com a certeza irradiante da eleição divina.

É interessante notar que essa imagem franciscana do sol nada tem de espantoso nem mesmo de humilhante, não obstante o seu caráter hierofânico. Exprime, na verdade, uma força que transcende a consciência. Contudo, não se vê nela sinal algum de angústia nem de simples tensão. Pelo contrário, o homem que a contempla sente-se cheio de alegria fraterna e de luz. Isto é tanto mais surpreendente quanto, nos diversos mitos ou cultos solares, a imagem hierofânica do sol demonstra uma ambivalência. Na Índia, por exemplo, o sol, que é considerado como o verdadeiro princípio gerador do homem, é às vezes identificado com a morte, pois devora seus próprios filhos da mesma forma como os gera[13]. Em outros povos, o sol se relaciona com a morte e com as trevas de onde sai e aonde volta, arrastando consigo os homens, seja para perdê-los, seja para fazê-los renascer com

13. Cf. M. Eliade. *Traité d'Histoire des religions, op. cit.*, p. 131-132.

ele[14]. Por si mesma, a imagem do sol é ambígua; simboliza uma força que engendra tanto o mal como o bem, que pode fazer viver ou morrer. Tudo depende do contexto em que aparece. Na imagem franciscana foi eliminada essa ambivalência. Nela, o sol não é senão um jorro de luz. A alma está em íntima consonância com essa plenitude. Não é justamente essa consonância que é significada pelo nome de "irmão", dado por Francisco ao sol, símbolo do Altíssimo? "Irmão Sol": com esta simples expressão, a alma reconhece implicitamente uma riqueza essencial, uma totalidade que, por ser transcendente, não lhe é menos profundamente aparentada. A bem-dizer, o que a alma celebra duma maneira inconsciente, sob imagem cósmica, é o seu lado mais profundo, o seu lado divino. Pensamos aqui nos versos de Claudel:

> Que eu deixe totalmente de ser falto de luz!
> [...]
> Saí, enfim,
> todo o sol e toda a capacidade de vossa luz
> que há em mim,
> que eu vos veja
> não mais com meus olhos somente, mas
> com todo o meu corpo e minha substância
> e toda a minha quantidade resplandecente e sonora![15]

Torna-se, portanto, possível identificar o arquétipo que fala nessa imagem do sol e que lhe dá pleno sentido. Símbolo de consonância, de união e de totalidade, o sol aparece aqui como imagem do "ser-si-mesmo"*. Não é fácil, certamente, definir o "ser-si-mesmo" como arquétipo. Sobretudo, devemos ter o cuidado de não identificar o "ser-si-mesmo" com o "eu" consciente e individual, com a nossa pequena pessoa. O "ser-si-mesmo"

---

14. Cf. *Idem,* p. 124-125.

15. P. Claudel. *Oeuvre poétique,* La Pléiade, *op. cit.*, p. 244.

nos transporta ao fundo primordial da Psique, mas é também o fim último do seu desenvolvimento. Ele contém, ao mesmo tempo, o germe e o todo da alma. É o centro em torno do qual se constrói a verdadeira personalidade; é a força modeladora que tende a dar ao nosso ser o seu completo desenvolvimento. "Os princípios de toda a nossa vida psíquica parecem brotar desse ponto inextricável e todos os fins superiores e supremos parecem terminar aí"[16]. Este centro abrange, portanto, a nossa totalidade psíquica. Em suma, o "ser-si-mesmo" designa o ser total que aspira por nascer em nós e que corresponde à nossa personalidade plena e autêntica. Não esqueçamos, porém, que essa totalidade é uma totalidade aberta para a plenitude do ser. O "ser-si-mesmo", escreve Jung, "é a nossa totalidade psíquica, formada pela consciência e pelo oceano infinito da alma, no qual a consciência flutua: minha alma e minha consciência, é isso que é o meu 'ser-si-mesmo', no qual estou incluído como uma ilha no mar, como uma estrela no céu. Dessa forma, o 'ser-si-mesmo' é infinitamente mais vasto que o 'eu'. Amar a si mesmo deveria ser amar essa totalidade, através da qual se amaria toda a humanidade"[17]. O "ser-si-mesmo" é uma imensa intimidade em que o homem se sente fraternalmente unido a todo o conjunto do ser e da vida.

O "ser-si-mesmo", porém, nunca se apresenta à consciência a não ser através de certas imagens fundamentais em raros e grandes símbolos unificadores e iluminadores. Quando um

---

* No original está: "image du *soi*". Não encontramos equivalente, em nossa língua, para traduzir o termo *soi* neste sentido. Traduzimo-lo por "ser-si-mesmo", que nos parece exprimir bem o pensamento do autor (*Nota do tradutor*).

16. C.G. Jung. *Die Beziehungen zwischen dem Ich und dem Unbewunsten,* Zurich, 1945, p. 202-203.

17. *Idem. L'homme à la découverte de son âme,* Paris, 1963, p. 335.

desses símbolos se apresenta à consciência e a ilumina com todo o seu clarão, a ponto de esta se encontrar, de repente, posta em relação com uma plenitude de vida que a transcende, pode-se dizer, então, que se dá um processo de maturação e de aperfeiçoamento espirituais nas profundezas da alma: a psique está a caminho do seu completo desenvolvimento, do seu Oriente divino; opera-se, então, um novo nascimento. O símbolo se apresenta como anúncio e prefiguração do novo ser, de sua beleza irradiante e fascinadora. A manifestação simbólica do "ser-si-mesmo" à consciência marca sempre um momento decisivo, capital, na vida do homem; esse momento é uma iluminação. "É por esse motivo que a maior parte dos heróis míticos tem como atributo o sol e que esse instante em que começa a sua grande personalidade se chama iluminação"[18]. Não é esse também o sentido profundo da imagem do sol com a qual começa o *Cântico das Criaturas* de Francisco de Assis, imagem que o domina inteiramente? Essa primeira grande imagem cósmica corresponde perfeitamente ao acontecimento interior que Francisco vive nesse momento, a essa revelação profética que ele acaba de receber e que diz respeito ao seu destino eterno. Como, portanto, não ver na imagem resplandecente do "irmão Sol" a expressão simbólica desse "tesouro de glória" que acaba de lhe ser prometido e que não é outra coisa senão a sua própria alma com todas as suas energias, plenamente libertada e tendo em si, em traços de fogo, a marca do Altíssimo?

Não faltarão, sem dúvida, objeções a essa interpretação. A primeira objeção poderia ser esta: Interpretando a imagem franciscana do sol num sentido psicológico e antropológico,

18. C.G. Jung. *Wirklichkeit der Seele, Psych. Abhandlungen,* vol. IV, Zurique, 1939, p. 208.

não se cairá forçosamente numa interpretação restritiva, "intimista", em que desaparecem a dimensão cósmica e a dimensão transcendente do "irmão Sol"? O que deixamos entrever da natureza do "ser-si-mesmo" permite-nos responder a essa primeira objeção, mostrando que as três dimensões, a psicológica, a cósmica e a religiosa, são, de fato, inseparáveis aqui. A experiência do "ser-si-mesmo" é a do homem aberto ao seu mistério total. Numa tal experiência, o homem se abre, realmente, a uma fonte de energia que, embora seja intimamente sua própria, o transcende, contudo, infinitamente e o coloca em relação com o todo: com o todo do homem e, além disso, com o todo do ser e da vida. O seu centro de gravidade se desloca: abandonando o "eu" individual e a zona de seus interesses limitados, o homem tende a situar-se numa profundeza em que o segredo do ser pessoal coincide com o do universo. Tal experiência é necessariamente cósmica. O homem aberto ao "ser-si-mesmo" não se sente em seu lugar se não estiver em comunhão fraterna "com todas as criaturas". A manifestação simbólica do "ser-si-mesmo" toma sempre o caráter duma teofonia. Nascer ao "ser-si-mesmo" é nascer à vida divina, à parte sagrada de si mesmo. É certo que "o 'ser-si-mesmo' nunca é colocado em lugar de Deus, mas pode ser", diz Jung, "um receptáculo da graça divina"[19], o espaço onde se manifesta a glória do Altíssimo. Isto explica, aliás, por que na fenomenologia psicológica "a imagem divina e o 'ser-si-mesmo' estão tão intimamente ligados que podem parecer idênticos"[20], e que o mesmo símbolo, como o sol por exemplo, pode significar tanto uma coisa como a outra, ao mesmo tempo.

19. C.G. Jung. *Gut und Böse in der Psychoterapie*, Stuttgart, 1959, p. 37.

20. Ch. Baudouin. *L'Oeuvre de Jung*, Paris, 1963, p. 228.

Fazendo do sol o símbolo do "ser-si-mesmo", não o privamos, pois, de seu significado religioso, do mesmo modo como não lhe retiramos o seu significado cósmico. Com P. Ricoeur, unicamente pensamos que "manifestar o 'sagrado' *no* 'cosmos' e manifestá-lo *na* 'psique' é a mesma coisa..."[21] A exploração do sagrado no mundo simboliza a exploração do sagrado na alma. "Exploro a minha própria sacralidade, descobrindo a do mundo"[22]. "O Deus que disse: 'Do seio das trevas brilhe a luz', foi quem fez brilhar a luz em nossos corações, para que demos a conhecer a ciência da glória de Deus, que está na face de Cristo" (2Cor 4,6). Em suma, uma imagem arquetípica, como a do Sol no *Cântico das Criaturas,* é a linguagem simbólica duma experiência que apresenta de modo indissociável as três dimensões, a cósmica, a íntima e a religiosa, pois põe a alma em comunhão com o mundo, consigo mesma e com Deus, ao mesmo tempo. E falando mais precisamente: tal imagem é o símbolo da concordância profunda e vivida do "ser-si-mesmo" interior, do mundo e de Deus. Daí o seu brilho incomparável e o seu poder de fascinação.

A segunda objeção que se pode fazer é a seguinte: Como é possível que essa imagem do sol que se julga simbolizar o "ser-si-mesmo", isto é, o fim supremo do desenvolvimento da alma, seja a primeira a aparecer nesse cântico, se é verdade que esse, no seu conjunto, é uma sequência de imagens que exprimem um processo de metamorfose da alma e de seus símbolos? Em tal processo, os símbolos de "união" e de "totalidade" não são normalmente os últimos a manifestar-se? É verdade. Mas, precisamente quando compõe o seu cântico, Francisco está no

---

21. P. Ricoeur. *Finitude et Culpabilité II, La Symbolique du Mal, op. cit.*, p. 19-20.
22. *Idem, ibid.*, p. 20.

término de seu itinerário espiritual. Está em plena experiência da totalidade; e é justamente nessa experiência que lhe é dado captar mais uma vez todo o sentido de sua caminhada anterior com suas etapas decisivas. Por isso, não nos devemos admirar de que a imagem simbólica do sol seja a primeira duma sequência que é ordenada a partir dela. O *Cântico do Sol* merece, realmente, o seu nome, pois, para dizer a verdade, sob as diversas imagens cósmicas que sucedem umas às outras, não se trata senão de uma única e mesma realidade, aquela que a imagem brilhante do sol já designa, isto é, a alma de Francisco em sua plenitude irradiante e em suas diversas metamorfoses. De outro lado, não devemos esquecer que a imagem do sol pode significar tanto o ponto de partida de uma nova ascensão da alma como o termo do seu desenvolvimento. Os grandes problemas nunca são resolvidos definitivamente. Não dizia Francisco no fim de sua vida: "Nada fizemos até agora. Comecemos a fazer alguma coisa"? É bem provável que a experiência de plenitude que ele exprimiu na celebração do sol fosse vivida por ele como um ponto de partida, como a fonte dum novo impulso da alma para o seu completo desenvolvimento. A imagem fraterna do sol brilhava no seu caminho como uma profecia do seu devir total. Esse devir – Francisco sabia-o agora com certeza íntima – era uma caminhada para o sol: para o coração luminoso do Ser.

VI
As claridades da noite

> Louvado sejas, meu Senhor, pela irmã Lua e pelas Estrelas; no céu formaste-as claras, preciosas e belas.

O *Cântico do Sol* é também o cântico da noite. Imediatamente após ter celebrado o esplendor do dia, Francisco se volta para as "flores da escuridão": a "Irmã Lua e as Estrelas... claras, preciosas e belas". Observemos logo: o que atrai a atenção do *Poverello* para a noite não é o seu lado tenebroso, mas os seus esplendores. Dessa forma, continua Francisco a buscar luz nas criaturas. Ao lermos essa estrofe consagrada à Lua e às Estrelas, achamo-la tão simples à primeira vista, que parece que o seu sentido não suscita questão alguma. Contudo, não podemos deixar de observar que a lua e as estrelas, da mesma forma que o sol antes, são objeto duma afeição fraterna: são chamadas de "irmãs"; esta expressão significa alguma coisa para Francisco; deixa transparecer que há laços íntimos entre ele e essas realidades cósmicas. De outro lado, essas realidades não são simplesmente evocadas; são também imaginadas, sonhadas. Já o qualificativo "precioso" diz muita coisa a esse respeito; revela uma valorização da matéria cósmica que, reconheçamo-lo, tem pouco sentido objetivo. "Estrelas preciosas" é uma junção de palavras que realça o seu sentido habitual e cria uma matéria imaginária, rica de valores inconscientes.

Temos o direito de perguntar-nos o que significa essa matéria, de que realidade ela é linguagem.

Francisco louva a Deus por "irmã Lua e as Estrelas". A primeira coisa que o seu louvor enfoca é o lugar privilegiado que essas realidades cósmicas ocupam no conjunto da criação: "No céu formaste-as..." O céu, na linguagem poética e religiosa, designa a esfera do Altíssimo. "A irmã Lua e as Estrelas" pertencem a essa esfera celeste. Como tais, elas já nos fazem olhar para além desse mundo. Mas é sobretudo pela maneira como Francisco sabe vê-los e contemplá-los que estes elementos cósmicos aparecem aqui como expressões duma realidade transcendente: "No céu formaste-as claras, preciosas e belas".

Observemos esses qualificativos. Na sua simplicidade, exprimem uma experiência maravilhosa. Para Francisco, a lua e as estrelas são irmãs luminosas. É, sobretudo, o brilho delas que o encanta. Já tivemos ocasião de acentuar o estreito laço que liga o caráter luminoso das coisas à sua beleza no *Cântico do Sol.* Mas dos três qualificativos aplicados aqui à lua e às estrelas merece particular atenção o de "preciosas"; é o mais misterioso, o mais impregnado de valores secretos. Este qualificativo evoca uma realidade à qual está ligado um grande valor: um tesouro. Francisco, como sabemos, não o emprega senão para designar a qualidade que devem ter os objetos que se usam na celebração do mistério eucarístico, como também para designar os lugares onde se conserva o santíssimo Corpo do Senhor. Estes objetos e estes lugares devem ser "preciosos". É o qualificativo que Francisco emprega cada vez que toca nesse assunto, particularmente grato ao seu coração. Foi ele mesmo que o disse: "Nada vejo corporalmente neste mundo do mesmo altíssimo Filho de Deus, a não ser o seu santíssimo corpo e seu santíssimo sangue que eles recebem e só eles ministram aos outros. E quero que estes santíssimos mistérios sejam honrados e venerados acima de tudo e colocados em lugares preciosos" (Test 10)[1]. Portanto, na linguagem dos escritos de Francisco, a qualidade "preciosa" das coisas é sempre evocada em estreita relação com uma realidade sagrada. É exigida por essa realidade: deve expressá-la de alguma forma. O objeto sagrado não é desejado por causa de si mesmo, mas é considerado como um sinal do sagrado. Retomando o qualificativo "precioso" no *Cântico do Sol* e aplicando-o à lua e às estrelas, Francisco valoriza estes elementos num sentido religioso; com isso, ele nos quer dizer que essas realidades cósmicas para ele estão revestidas duma "expressividade" sacral, que elas são uma linguagem do sagrado.

Mas será possível indicar com exatidão o sentido dessa valorização da lua e das estrelas? No seu estudo fenomenológico das diversas hierofanias cósmicas primitivas, M. Eliade conseguiu descobrir o sentido particular da valorização religiosa da lua: à diferença das hierofanias solares que "mostram os valores religiosos da autonomia e da força, da soberania e da inteligência", as celebrações lunares exprimiriam a tomada de consciência do valor religioso do declínio e da morte, como passagem ou como etapa para um novo nascimento. Celebrar religiosamente a lua significaria abrir-se ao mistério dum devir que não alcançará a sua plenitude senão através das fases de decrescimento e de morte. "Poder-se-ia dizer que a lua revela ao homem a sua condição humana; que, em certo sentido, o homem se 'vê' e se encontra na vida da lua"[2]. "Foi devido às fases da lua, isto

---

1. No Testamento, "*In locis pretiosis*". Na Carta aos Clérigos, "*In loco pretioso*", Na Carta aos Custódios, "*Pretiosa habere debeant. In loco pretioso*".

2. M. Eliade. *Traité d'Histoire des religions, op. cit.*, p. 162.

é, ao seu 'nascimento', à sua 'morte' e à sua 'ressurreição', que os homens tomaram consciência do seu próprio modo de ser no cosmos e, ao mesmo tempo, de suas chances de sobreviver ou de renascer… O que a lua revela ao homem religioso não é só que a morte está indissoluvelmente ligada à vida, mas que, também e sobretudo, a morte não é definitiva, que ela é sempre seguida dum novo nascimento. A lua valoriza religiosamente o devir cósmico e reconcilia o homem com a morte"[3]. Esse simbolismo lunar foi empregado, aliás, no plano da apologética cristã para ilustrar profeticamente a ressurreição. Assim, por exemplo, escreve Santo Agostinho: "Todos os meses, a lua nasce, cresce, atinge a sua perfeição, diminui, morre, renova-se. O que acontece cada mês com a lua, dá-se uma só vez na ressurreição, em todo o curso dos tempos"[4].

Encontrar-se-á esse sentido das hierofanias lunares primitivas na imagem franciscana da lua e em sua valorização religiosa? Aparentemente não, é mister reconhecê-lo. Essa imagem não contém em si nenhuma alusão às fases lunares de crescimento e de morte. Convém, todavia, recolocá-la no conjunto do cântico e compreendê-la em função do movimento global dele. Ora, esse movimento, como já observamos, parte da contemplação da imagem do Altíssimo e do seu símbolo, nosso régio irmão Sol, e vai até o encontro com "nossa irmã, a mãe Terra". Trata-se, portanto, dum movimento descendente. Esse movimento é ainda reforçado pelo acréscimo das duas últimas estrofes que celebram de maneira explícita o valor religioso da negatividade,

3. *Idem. Le Sacré et le Profane, op. cit.*, p. 133-134.

4. *Luna per omnes menses nascitur, crescit, perficitur, minuitur, consumitur, innovatur. Quod in luna per menses, hoc in resurrectione semel in tolo tempore* (Sermo 361, *De resurr.*; P.L., 39, col. 1605).

do sofrimento, da diminuição física e da morte, como caminho de acesso ao Altíssimo e à Vida que não conhece declínio. Assim, esse cântico, todo cheio de sol e de amor aos seres, acolhe e integra o declínio e a morte no mistério total da vida e do ser. Reconcilia o homem com o seu destino, valorizando a própria morte, nossa irmã.

É nesse contexto que devemos reler e meditar a estrofe dedicada ao louvor da irmã Lua e das Estrelas. A valorização da qual elas são o objeto revela, então, o seu próprio sentido. Vindo imediatamente depois do louvor do sol, essa valorização manifesta, sem dúvida alguma, uma atitude inicial de acolhida e de abertura ao mistério das coisas e do mundo, considerados do seu lado noturno; diz-nos que também nesse lado há luz. Não é dado a todos os homens contemplar estrelas "preciosas" no céu noturno. A noite não brilha desse modo senão ao olhar de quem aceita o mistério total da existência e se confia a ele. O homem que se encolhe sobre o banco de areia do seu destino e quer conduzir absolutamente por si mesmo a sua vida como senhor soberano, organizando tudo segundo seus pontos de vista claros e racionais, nada tem a ver com o mistério da noite. A noite não tem para ele nenhum valor; não tem resplendores e, muito menos, estrelas preciosas. Como observa Baudouin na sua obra *Psychanalyse du symbole religieux,* a sobrevalorização do "dia" está ligada ao desejo de poder, ao ódio de sonhar e ao desdém da meditação[5]. Significa uma recusa ao que há de propriamente insondável e de sagrado no ser. A valorização religiosa da noite, ao contrário, está ligada a uma atitude de acolhimento e de confiança diante de uma profundeza da vida e do ser, profundeza

5. C. Baudouin. *Psychanalyse du symbole religieux*, Paris, 1957, p. 153.

que nos transcende. Um claro exemplo disso temos em Péguy, no seu poema *Porche du Mystère de La deuxième Vertu.* O autor põe na boca de Deus este elogio da noite:

> Ó Noite, minha filha Noite, a mais religiosa das minhas filhas,
> A mais piedosa.
> Das minhas filhas, das minhas criaturas a que mais está nas minhas mãos, a mais abandonada,
> Tu me glorificas no Sono, ainda mais que teu irmão Dia me glorifica no Trabalho[6].
> A ti, que deitas o homem nos braços de minha Providência Maternal,
> Minha filha cintilante e sombria, eu te saúdo...[7]

Valorizada religiosamente, sonhada em profundidade, a noite torna-se o símbolo das profundezas inconscientes e nutritícias do ser: símbolo feminino e materno. É ainda Peguy que escreve:

> Como o mar é o reservatório da água, assim a noite é o reservatório do ser...[8]
> Ó Noite, mãe de olhos negros, mãe universal...[9]
> Noite, ó minha filha Noite, ó minha filha silenciosa,
> No poço de Rebeca, no poço da Samaritana,
> És tu que tiras a água mais profunda
> No poço mais profundo[10].

Esse significado cósmico e religioso da noite nos introduz na dimensão propriamente psíquica do símbolo. De fato, é fácil ver como, sob o símbolo materno e nutritício da noite, a alma se refere às suas próprias profundezas noturnas, que são as do

---

6. C. Péguy. *Oeuvres poétiques,* La Pléiade, Paris, 1948, p. 303.
7. *Idem, ibid.,* p. 305.
8. *Idem, ibid.,* p. 301.
9. *Idem, ibid.,* p. 302.
10. *Idem, op. cit.,* p. 303.

seu inconsciente e as do seu total mistério. O homem se "vê" e se reencontra na imagem que ele faz a si mesmo da noite e dos seus esplendores. Sobretudo, dos seus esplendores. Estes são um espelho. "As trevas escondem toda dor, todo prazer; mas a lua e as estrelas revelam o que habita no meu coração"[11]. Dirigindo-se à luz da lua, Goethe declara: "Tu libertas, enfim, inteiramente a minha alma"[12]. Que é que esta luz lhe mostra?

> O que o homem não sabe
> ou em que nem pensou,
> caminha de noite
> pelo labirinto do coração[13].

Do ponto de vista psíquico, podemos nos perguntar que é que a celebração franciscana da lua e das estrelas revela no *Cântico do Sol.* A imagem cósmica da "irmã Lua e das Estrelas", cuja valorização religiosa é incontestável, não terá também um significado íntimo, propriamente psíquico? Não podemos evitar esta pergunta. Nessa imagem de encantadora beleza, cuja matéria "preciosa", "formada por Deus", resplandece no fundo das noites com o brilho das hierofanias, Francisco contempla um tesouro imenso, que não lhe é estranho. É ele mesmo quem o reconhece, designando com o nome de "irmã" essa matéria "clara, preciosa e bela". Não é reconhecer um estreito parentesco? Inconscientemente, a alma encontra algo de sua profunda substância nessa imagem valorizada, sacralizada, dos esplendores da noite; ela explora a sua própria sacralidade, descobrindo a do mundo. As realidades da noite são aqui a linguagem de

---

11. C. Brentano. "Dunkelheit muss tief verschweigen/ Alles Wehe, alle Lust;/ Aber Mond und Sterne zeigen,/ Was mir wohnet in der Brust".

12. "Lösest endlich auch einmal – Meine Seele ganz". *An den Mond.*

13. Goethe. *An den Mond:* "Was von Menschen nicht gewusst/ Oder nicht bedacht,/ Durch das Labyrinth der Brust/ Wandelt in der Nacht".

certas forças ocultas da alma; e o seu brilho "precioso" simboliza algum grande brilho interior.

Procuremos entrar na intimidade do sentido. "*Amar* uma imagem é sempre *ilustrar* esse amor. Amar uma imagem é encontrar, sem o perceber, uma nova metáfora para um amor antigo"[14]. Esta observação de Bachelard nos convida a simpatizar mais profundamente com a imagem da "irmã Lua e das Estrelas", a fim de identificar, se possível, o amor que ela ilustra. Observe-se, desde já, que, diferentemente do "senhor irmão Sol", valorizado no sentido de ação e de dinamismo – ele faz o dia, ele brilha com grande esplendor –, a "irmã Lua e as Estrelas" são objeto duma valorização que se refere unicamente ao seu ser, à sua substância. Nenhuma função precisa, nenhuma utilidade particular lhes é reconhecida. São celebradas simplesmente como sendo "claras e preciosas e belas". Esta qualificação transcende o plano da eficácia e da rentabilidade; traduz uma abertura para uma nova dimensão, para um mundo interior de valores que não pertencem ao domínio do "fazer", mas, antes, ao do ser.

Analisemos, porém, mais de perto esta valorização da substância. Devemos prestar atenção à associação dos qualificativos "claras e preciosas". "Claras" (*clarite*) é o primeiro qualificativo feminino de todo o cântico. É seguido imediatamente pelo de "preciosas", que, como já vimos, tem uma ressonância sagrada na linguagem de Francisco[15]. Daí que se pode perguntar qual o laço secreto que une esses dois qualificativos para que a imaginação de Francisco os associe tão espontaneamente, ao tratar da primeira imagem feminina do seu cântico.

14. G. Bachelard. *L'Eau et les Rêves*, Paris, 1942, p. 157.

15. Cf. *supra*, cap. I, 1.

O adjetivo "clara" (*clarita*) não podia deixar de ter uma ressonância profunda na alma de Francisco. "Clara" era o nome da jovem de nobre linhagem que, muito cedo, havia sido atraída pelo ideal evangélico de Francisco e que ele próprio havia consagrado ao Senhor. Foi ele, refere-nos Celano, quem "animou Clara a desprezar o mundo [...], persuadindo-a a guardar para o divino Esposo, que por amor de nós se encarnou, a pérola 'preciosa' de sua virgindade"[16]. Na primavera do ano de 1211, na noite seguinte ao Domingo de Ramos, Clara, contando apenas 18 anos, deixou muito secretamente a casa paterna; trajava seus mais belos ornatos. Dirigiu-se a Santa Maria da Porciúncula, onde foi recebida por Francisco e por seus irmãos ao clarão de tochas. Lá, tendo abandonado todas as suas joias, foi consagrada ao Senhor.

Senhora Clara, oriunda da cidade de Assis, pedra preciosíssima (*lapis pretiosissimus*) e fortíssima, fundamento de outras pedras sobrepostas. [...] Nobre pela estirpe, mas mais nobre pela graça; virgem no corpo, castíssima no espírito; jovem na idade, mas madura no espírito; firme no propósito e ardentíssima no desejo do amor divino; dotada de sabedoria e de especial humildade: Clara de nome, mais clara pela vida, claríssima pelos costumes (1Cel 18,5.7-8). Nesses dois textos de Celano, o adjetivo "precioso" é aplicado a Clara, ao seu ser consagrado. Comparando esses textos ao do cântico, àquele em que encontramos associados os dois qualificativos "claras e preciosas", não pretendemos absolutamente dizer que haja, na imagem da "irmã Lua e das Estrelas", a menor alusão à irmã Clara, o mínimo indício de alegoria. Situamo-nos em outra profundeza e orientamos a nossa pesquisa em outra direção. Perguntamos simplesmente o

16. Celano. *Vie de Sainte Claire d'Assise*, Paris, 1953, p. 30.

seguinte: A valorização da "irmã Lua e das Estrelas" não simbolizará inconscientemente certos valores íntimos, aos quais não são estranhos o nome e a vida de Clara?

A entrada de Clara no universo de Francisco não foi um simples episódio. O acontecimento significa na vida de Francisco uma acolhida em profundidade, uma abertura no plano do ser. Para pertencer totalmente a Deus, Francisco havia renunciado radicalmente à mulher. E eis que ele a encontra no seu caminho, mas sob os traços da virgem consagrada. E a acolhe, não em função ou como complemento do homem, mas na sua vocação pessoal e transcendente, no seu ser consagrado, para além do desejo carnal. Do ponto de vista psicológico e espiritual, não se poderia exagerar a importância desse acontecimento na vida de Francisco; pois ele atinge o que há de mais profundo no homem. Desde então, uma mulher estará sempre presente na vida espiritual de Francisco. Clara representou um grande papel na caminhada interior dele. Quando ele hesitou a respeito do caminho a tomar, foi a ela que ele se dirigiu (LM 12,2; Fior 16). Mais tarde, quando toda luz havia desaparecido de sua alma e de seus olhos, na mais densa escuridão de sua noite, ele voltou o seu olhar para ela, em busca de luz. Ela foi para ele irmã Clara, em toda a acepção da palavra. Ela o foi não só por seus conselhos, mas o foi mais profundamente pela irradiação espiritual do seu ser sobre as íntimas potências da alma de Francisco. No homem – por mais dedicado que seja ao serviço de Deus – não é possível nenhum acesso à maturidade espiritual, não somente fora de alguma influência feminina que sensibilize a sua inteligência e a sua vontade e complete de algum modo a sua alma, mas sobretudo fora dum acolhimento da mulher como tal, dum reconhecimento do seu ser próprio, da sua vocação pessoal e da sua dignidade espiritual. A mulher, assim acolhida e amada por causa dela mesma, para além do desejo carnal, deixa de ser um mito para tornar-se o símbolo dum mistério que se situa mais alto que ela, mas cuja luz, inacessível em si mesma, passa através dela. É nessa profundeza, no nível das primitivas potências afetivas, que se deve situar a ação de Clara na vida de Francisco. O fato de a vida de Francisco nos apresentar "um encontro inteiramente singular, único em seu gênero, entre 'Eros' e 'Ágape'", diz Scheler, "encontro que terminou numa interpenetração de tal modo íntima que daí resultou o caso mais extraordinário e mais sublime que jamais se conheceu, de 'espiritualização da vida' e de 'vivificação do espírito'"[17], foi certamente devido em grande parte à presença nela duma fonte profunda e feminina de luz. Clara foi essa fonte, fonte "mais clara que a luz do dia, *Clara clarior luce*".

Ora, foi justamente em São Damião (EP 100, CA 2-43)[18], junto à irmã Clara, que Francisco teve a revelação do "tesouro imenso e precioso" (EP 100, 2Cel 213) e que ele compôs, em sua alegria, o *Cântico do Sol*. Não se pode duvidar de que a presença de Clara, nesse momento decisivo de sua vida, não tenha contribuído para fazer brotar nele a fonte poética. Nem se pode duvidar tampouco de que, nesse cântico em que Francisco pôs toda a sua alma e expressou toda a sua gratidão, Clara não tenha estado, de algum modo, presente. Não queremos dizer, repetimos, que se possa ver, nesse cântico, a menor alusão a ela. Mas, na maneira de imaginar e de valorizar certas substâncias cósmi-

17. M. Scheler. *Op. cit.*, p. 144-145.

18. Cf. Sp. p. 1119; LP, p. 916-917 (cf. A. Fortini, *Nova Vita* 11, Assisi, 1959. p. 471-543 e R. Brown, Apêndice VIII, p. 441-458 a *Saint Francis of Assisi*, por Omer Englebert, Chicago, 1965).

cas, especialmente a lua e as estrelas, e na forma de se referir a elas como a "irmãs", Francisco inconscientemente cria símbolos: símbolos femininos em que se pode ver não a imagem de irmã Clara, mas a expressão de certas forças primitivas da alma de Francisco, forças que Clara ajudou a atrair para a luz e a cuja espiritualização ela não é estranha.

O louvor da irmã Lua e das Estrelas seria, portanto, a linguagem inconsciente e simbólica de uma das experiências mais profundas que o homem já teve, a experiência da espiritualização de suas forças obscuras, da transfiguração do *Eros* em *Ágape.* A noite, a lua, as estrelas, foram sempre símbolos femininos. Esse simbolismo transcende a simples questão do gênero gramatical; refere-se à repercussão da imagem nas profundezas da alma, ao seu poder onírico, numa palavra, aos grandes arquétipos que ela evoca. A noite resplandecente e sombria, a lua com suas fases de crescimento e de decrescimento, a estrela cintilante e inacessível, sempre fascinaram os homens e os fizeram sonhar. Na imaginação e no sonhar dos homens, essas realidades noturnas, com seu duplo aspecto insondável e fascinante, simbolizam espontaneamente a parte noturna, ao mesmo tempo misteriosa e atraente, do seu ser: simbolizam o seu outro "eu". Ora, para o homem, o outro "eu" se manifesta essencialmente no semblante da mulher. Através desse semblante, da mãe ou da esposa, o homem se defronta com o mais obscuro, o mais temível e também o mais precioso de si mesmo e daquilo que existe: o nascimento, o sexo, o amor, Deus, a morte e a necessidade. "É através da visão da mulher", escreve Jean Guitton, "que a inteligência humana toma uma primeira e vaga consciência da existência, de sua súbita origem, de seu desenvolvimento, de suas metamorfoses; da sexualidade, de suas paixões; do amor, do pecado por amor, da queda por amor; queremos dizer: da obscura relação entre o espírito e o corpo"[19]. O semblante da mulher volta o homem, através do seu mais profundo desejo, para o seu outro "eu", para o mundo obscuro de suas origens: para o seio materno, a vida inconsciente, a mãe terra e a noite cósmica. Por isso, não é de admirar que, na imaginação e no sonhar dos homens de todos os tempos, as imagens da noite e da mulher se simbolizem mutuamente. "Terias, tu também, alguma complacência conosco, noite sombria? – pergunta Novalis. – O que é que trazes sob o teu manto? Que atração é essa que se apodera de minha alma?... Uma inquietação obscura, inefável nos domina – cheio de medo e de alegria, vejo inclinar-se para mim um semblante grave, todo impregnado de doçura e recolhimento e, no meio de uma floresta de anéis de cabelos emaranhados, reconheço os traços da mãe em sua graciosa primavera [...]. Mais divinos do que as estrelas cintilantes nos parecem os olhos infinitos que a noite abriu em nós. O olhar deles vai mais longe do que os mais pálidos astros de teus inumeráveis exércitos"[20].

Na realidade, o que é simbolizado por essas imagens femininas da noite, da lua ou das estrelas, não é esta ou aquela pessoa humana, esta ou aquela forma individualizada, mas o arquétipo feminino na sua sobre-humanidade. Também em sua polivalência e sua ambiguidade. O simbolismo feminino da noite e de seus esplendores pode figurar igualmente a vida e a morte, o dom e o desejo, a alma e a animalidade, a salvação e a perdição, o progresso espiritual e a regressão. Exprime sempre um confronto do homem com a sua "noite", a de suas origens

19. Jean Guitton. *Mythe et Mystère de Marie,* comunicação ao Congresso Mariológico Internacional de Lisboa, 1967.

20. Novalis. *Hymnes à la Nuil,* Paris, 1943, p. 79-81.

instintivas, a do desejo e do "eros". Isto, porém, pode acontecer, ou para fechá-lo nessa "noite", ou, pelo contrário, para iluminá-lo com a luz do espírito. Neste último caso, a imagem dos esplendores da noite manifesta a metamorfose da alma que se abre ao seu mistério total numa assunção e numa transfiguração das suas forças noturnas. A volta ao nosso arcaísmo e ao da humanidade torna-se, então, o caminho "duma descoberta, duma prospecção, duma profecia de nós mesmos"[21].

No *Cântico do Sol* de Francisco de Assis foi afastada essa ambiguidade do símbolo. Para nos convencermos disso basta recolocarmos a imagem em sua constelação. A imagem da irmã Lua e das Estrelas segue a do "senhor irmão Sol", e esta mesma sucede à do Altíssimo. Todo o movimento do cântico parte, como já dissemos, dessa primeira imagem, na qual é expressa a finalidade mais elevada da alma, a sua busca do Sagrado, mas também a consciência da sua incapacidade. Não se julgando "digna de dizer o nome do Altíssimo", mas não abandonando, por isso, o desejo de se referir a Ele no seu louvor, a alma se volta "em grande humildade" para as criaturas, para todas as criaturas. É com elas que ela dirá o louvor do Altíssimo e que se referirá a Ele. A primeira imagem cósmica que se apresenta é, então, a do irmão Sol. O irmão Sol representa todo o dinamismo interior da alma, as suas energias vitais, as suas forças criadoras, o seu poder de expansão, de irradiação e de conquista. Representa a força do dia, da inteligência empreendedora e conquistadora. Esta imagem está bem próxima da imagem do Altíssimo; é saudada por Francisco como o seu símbolo. A alma que fraterniza com uma tal imagem fica fascinada pelas alturas inacessíveis. E eis que a esta imagem

21. P. Ricoeur. *Finitude et Culpabilité II, op. cit.*, p. 20.

de esplendor segue a dos resplendores da noite: "irmã Lua e as Estrelas". Não se pode separar estas duas imagens; elas se reclamam, se completam e formam juntas um par fraterno cósmico, altamente significativo. Como escreveu Baudouin, "a íntima adesão ao mito solar só tem valor quando é total. É o mito do dia e da noite, e o símbolo da noite [...] não é menos essencial que o símbolo do dia"[22]. "A supremacia absoluta das hierarquias solares, concebida duma maneira unilateral e simplista, observa por sua vez M. Eliade, acaba dando nos excessos daquelas seitas ascéticas indianas, cujos membros não param de fixar o sol até ficarem totalmente cegos. E o caso de se falar de 'aridez' e de 'esterilidade' dum regime exclusivamente solar, isto é, dum racionalismo (no sentido profano) limitado e excessivo. Antítese disso é a 'decomposição' pela 'umidade' e a transformação final do homem em 'sementes', no sistema das outras seitas que, com o mesmo simplismo excessivo, pretendem conhecer a excelência do regime noturno, lunar ou telúrico. Um fatalismo quase mecânico leva à 'cegueira' e à 'aridez' aqueles que não valorizam senão um aspecto das hierofanias solares e conduz à orgia permanente, à dissolução e à regressão a um estado larvar [...] aqueles que se condenam exclusivamente ao 'regime noturno do espírito'"[23].

Não podemos deixar de pensar aqui naquele outro cantor do Sol: Nietzsche, que queria saltar "por cima de sua sombra": "no seu Sol"[24]. Ele também visava o "Altíssimo": "O céu sobre a minha cabeça, céu claro, céu profundo! Abismo de luz! Ao contemplar-te eu estremeço de desejo divino. Arremessar-me à tua

---

22. C. Baudouin. *Psychanalyse du symbole religieux, op. cit.* p. 153.

23. M. Eliade. *Traité d'Histoire des religions, op. cit.*, p. 133.

24. Op. cit. "Des Hommes sublimes", Paris, 1944, p. 135. Na tradução brasileira de Mário da Silva, Editora Civilização Brasileira, Rio de Janeiro 1977, p. 130.

altura é a minha profundidade!"[25] Nietzsche, porém, ofuscado pela imagem do seu próprio sol, confessa não poder cantar as estrelas: "Luz, eis o meu ser; ah! por que não sou noite! Mas este cinturão de luz é a minha solidão.

> Ah! por que não sou sombra e trevas? Como eu beberia nas fontes de luz e vos bendiria, a vós também, pequenas centelhas e pirilampos do céu! e me alegraria com vossos presentes de luz!
> Mas eu vivo na minha luz e reabsorvo em mim as chamas
> que dardejam de mim[26].

Totalmente diverso é o destino de Francisco de Assis. Ele não se fecha no seu sol. Não se identifica, de uma vez, com a parte mais consciente, mais elevada, do seu ser. Reconhece-se irmão de todas as criaturas, ligado intimamente a elas, enraizado nelas, procedente do mesmo Amor. E é com todas elas que ele se eleva até o Altíssimo. Une-se estreitamente às mais humildes e, desde o primeiro momento, àquelas da noite: à "irmã Lua e às Estrelas". A celebração dos resplendores da noite, vinda após a celebração do esplendor do dia, é a linguagem duma alma que se recusa a monopolizar o sol, a dele se apropriar e instalar-se nele como em sua casa, e que se abre, na sua pobreza, ao mistério do ser em toda a sua amplitude. É a linguagem duma abertura às profundezas, à parte noturna do nosso ser. Mas essa abertura já é uma metamorfose da alma, é uma transfiguração tal, que não se pode exprimir senão com um grande símbolo cósmico feminino. No homem, realmente, a evolução espiritual

25. *Ibid.* "Avant le lever du soleil", Paris, 1944, p. 188. Cf. trad. brasileira de Mário da Silva, p. 172.

26. *Idem.* "Chant de la Nuit", *Anthologie bilingue de la poésie allemande,* 2, Verviers (Belgique), 1967, p. 97. Cf. trad. brasileira de Mário da Silva, p. 118-119.

"passa pela experiência vivida da *Anima,* do princípio terrestre, que ele encontra na mulher. A sua inteligência objetiva, o seu mundo racional das ideias, a sua atividade, são por ela animados e libertados de sua inflexibilidade e parcialidade. É somente quando o homem toma contato com o seu *Eros* não racional que o seu *Logos* se torna Espírito vivo. Para isso, o homem tem de descer do trono de sua inteligência e de seu orgulho e reconhecer em si o princípio feminino"[27].

> Louvado sejas, meu Senhor, pela irmã Lua e as Estrelas;
> formaste-as no céu,
> claras, preciosas e belas.

Este louvor sobe das profundezas da alma. É o eco duma pobreza íntima, mas aqui "a pobreza é um grande brilho interior" (Rilke):

> Semelhante à terra é a casa do pobre:
> é o brilho de algum cristal futuro,
> ora luz, ora noite na sua fuga vertical;
> pobre como a pobreza quente dum estábulo,
> e, contudo, há noites em que ela é tudo,
> e dela saem todas as estrelas[28].

Estrelas "claras, preciosas e belas".

---

27. Ania Teillard. *Le Symbolisme du rêve,* Paris, 1944, p. 202.

28. R.M. Rilke. *Le livre de la Pauvreté et de la Mort,* 3e livre, trad. G. Marcel *Homo Viator,* Paris, 1944, p. 320.

VII
A canção do vento e da água

> Louvado sejas, meu Senhor, pelo irmão Vento,
> e pelo ar e nuvem
> e sereno e todo tempo
> pelos quais às tuas criaturas dás sustento.
>
> Louvado sejas, meu Senhor, pela irmã Água,
> a qual é muito útil e humilde,
> e preciosa e casta.

Insensivelmente o *Cântico do Sol* toma a cor da Terra. Torna-se o canto das coisas simples, estranhamente aparentadas. O vento, o ar são, de fato, elementos que deixam a alma entre o céu e a terra. Mas poderemos separar o irmão Vento da irmã Água? Os dois formam um par fraterno. É assim, pelo menos, que os poetas os veem. Não é por acaso que o irmão Vento e a irmã Água seguem um ao outro e se dão as mãos no louvor de Francisco. Na evocação poética ou religiosa dos elementos cósmicos, o vento e a água são muitas vezes estreitamente associados. Teremos o cuidado de não separá-los em nossa leitura do *Cântico das Criaturas.* Aqui, mais do que em qualquer outra parte deste livro, o sentido da imagem deve ser procurado na combinação dos elementos.

Na Bíblia encontram-se numerosos exemplos de associação do vento e da água. No início do Gênesis, por exemplo, está escrito: "O sopro (Espírito) de Deus movia-se sobre as águas" (Gn 1,2). Também no Êxodo o Vento e a Água estão unidos e conjugam seus esforços para libertar o povo: "O Senhor, soprando toda a noite um vento forte e ardente, o retirou e secou (o mar); e a água dividiu-se. E os filhos de Israel entraram pelo meio do mar enxuto; porque a água estava como um muro à direita e à esquerda deles" (Ex 14,21-22). A imagem dos dois elementos associados reaparece nos profetas, interiorizada, para anunciar o novo Êxodo após a deportação e o cativeiro: "Derramarei sobre vós uma água pura... e porei um novo sopro (espírito) no meio de vós" (Ez 36,25.26). "Quem não nascer da água e do Espírito não pode entrar no Reino de Deus... O Vento sopra onde quer", lemos em São João (Jo 3,5-8).

Também entre os poetas não faltam exemplos de tal associação. No seu poema *Canto dos Espíritos sobre as águas,* Goethe une os dois elementos muito estreitamente:

> Alma do homem,
> Como te pareces com a água!
> Destino do homem,
> Como te pareces com o vento![1]

Claudel, por sua vez, escreve numa de suas grandes Odes, a intitulada *L'Esprit et l'Eau* (O Espírito e a Água):

> E eis o vento que se levanta, por sua vez, sobre a terra,
> o Semeador, o Segador!
> Assim a água continua o espírito e o suporta e o
> alimenta[2].

Poderiam multiplicar-se os exemplos. Essa constante combinação imaginária tem certamente um sentido: um sentido

---

1. "Seele des Menschen, / wie gleichst du dem Wasser!/ Schicksal des Meschen,/ wie gleischst du dem Wind!"

2. P. Claudel. *Oeuvre poétique,* La Pléiade, Paris, 1957, p. 241.

que interessa ao homem e à sua condição. Quando o Vento e a Água se associam na alma do poeta, a celebração poética adquire um sentido profundo: medita.

Para descobrir este sentido no *Cântico das Criaturas,* permaneceremos fiéis ao nosso método. Interrogaremos a valorização dos elementos e a sua posição no contexto do poema. "Irmão Vento...": estas duas palavras associadas nos introduzem num mundo que não é simplesmente o da meteorologia, mas o das imagens materiais que têm por missão "desancorar em nós uma matéria que quer sonhar"[3]. "Irmão Vento" não é apenas um fenômeno físico; tem um semblante, uma alma. Quando se fala assim do vento,

> Há alguém
> No vento[4].

toda substância saudada intimamente deixa transparecer uma profundeza inconsciente. Não é dado a todo homem ser amigo do vento. Haverá, sem dúvida, muito poucos homens que poderão dizer com toda verdade: "Irmão Vento". Para que a alma fraternize dessa forma com uma grande força cósmica é necessário que essa faça vibrar nela forças misteriosas e profundas. "Destino do homem, como te pareces com o vento!" Goethe nunca teria escrito isto se não se tivesse sentido, em certos momentos de sua vida, agitado e arrastado por forças íntimas como folha ao vento e se, então, não tivesse tido a prodigiosa intuição dos laços profundos que unem as grandes forças físicas e a vida humana. Na verdade, quem diz "Irmão Vento" reconhece que está unido, no seu íntimo, por laços de parentesco, a certa ambiência cósmica. Cada elemento cósmico, acolhido e sonhado

---

3. G. Bachelard. *L'Air et les Songes,* Paris, 1943, p. 217.
4. Guillévic. *Terraqué,* p. 71, citado por Bachelard em *L'Air et les Songes,* p. 262.

em profundidade, traz consigo a ambiência dum mundo altamente qualificado. A ambiência do vento é a dum mundo exposto, aberto, contra o qual se precipita uma força que não vos deixa sossegado e vos arrasta cada vez mais longe, uma força que não para em lugar algum e derruba à sua frente tudo quanto é obstáculo ou barreira. O vento sopra onde quer; nunca se sabe bem de onde vem nem aonde vai. Para amar uma tal ambiência e achá-la fraterna, ou melhor, para simpatizar com ela pela imaginação é necessário estar desapegado de muita coisa, aberto às renovações interiores, às grandes inspirações e às mutações profundas. É preciso ser pobre "como flores no meio de trilhos, flores tão tristemente pobres, expostas ao vento louco das viagens"[5]. Pobre e livre ao mesmo tempo. Feliz do homem que, ao aproximar-se dos 50 anos, pode ainda dizer: "Louvado sejas, meu Senhor, pelo irmão Vento". Foi esta a graça de Francisco de Assis. Foi, em toda a sua vida, um homem de "vento em cheio", em todo o sentido da palavra. "Não houve, talvez – escreve Louis Lavelle –, consciência mais aberta que a de São Francisco, sensibilidade mais espontânea, mais delicada nem mais vivamente excitada por qualquer toque que lhe proviesse da natureza, dos outros seres e de Deus, alma mais constantemente inspirada..."[6] E enquanto Francisco ouvia a canção do vento e se expunha ao seu sopro fraterno, a sua alma, despojada de tudo, aspirava a se abrir cada vez mais largamente ao Espírito do Senhor. O seu maior desejo, como ele mesmo o confessou, era participar desse Espírito e impregnar-se da grande inspiração de Deus (cf. RnB

5. R.M. Rilke. *Le Livre de la Pauvreté et de la Mort,* trad. G. Marcel, em *Homo Viator,* Paris, 1944, p. 320.

6. L. Lavelle. *Quatre Saints,* Paris, 1951, p. 89.

10). Ele poderia ter dito com toda verdade o que o poeta Shelley disse ao Vento:

> Alma ardente,
> Sê minha alma! Sê eu mesmo, ó Impetuoso![7]

Não nos enganemos. Não se trata duma atitude romântica. Esta fraternização com o vento exprime um desapego interior e uma abertura de alma, a que não se chega a não ser por um longo caminho. O *Cântico das Criaturas,* no qual Francisco manifesta a sua presença no mundo e em Deus, não é, em primeiro lugar, o cântico do irmão Vento. Na sua caminhada interior, do mesmo modo como no seu cântico, Francisco começou, é certo, por ser seduzido pela imagem do sol; ele foi irmão do Sol antes de ser irmão do Vento.

Depois do apelativo "irmão" dado ao Vento, vejamos as outras "qualidades" que Francisco lhe reconhece. Contudo, para grande surpresa nossa, não encontramos aqui nenhum qualificativo. Quando todos os outros elementos cósmicos evocados no cântico são ricamente qualificados, só o irmão Vento fica, de algum modo, abandonado a si mesmo. Sua imagem aparece totalmente despida. Em compensação, o irmão Vento é celebrado em todas as suas manifestações: "O ar, a tempestade, a calmaria e todos os tempos". Todos os tempos! O bom tempo e o mau tempo! Por paradoxal que pareça, o *Cântico do Sol* se metamorfoseia aqui em cântico de todos os tempos. E o vento que sopra em tempestade e que traz chuva ou granizo é abençoado do mesmo modo que a brisa ensolarada. Francisco não escolhe o tempo. Abre-se aos quatro ventos da criação e os acolhe. Para ele, a bem-dizer, já não há mau tempo. Como já se observou, se

7. Shelley. *Ode au vent d'ouest,* Études anglaises, 1901, p. 108.

a evocação poética dos quatro elementos fundamentais, água, fogo, ar e terra, é característica dum psiquismo em busca de sua unidade[8], então é também verdade que a celebração do vento na plenitude de suas manifestações é significativa duma alma que aspira a se abrir à totalidade do Ser e de suas inspirações:

> Se amo, admiro e canto loucamente
> o vento
> [...]
> É que ele faz crescer todo o meu ser e que, antes
> de se infiltrar, por meus pulmões e pelos meus poros,
> até o sangue de que vive meu corpo,
> com sua força rude ou sua doçura profunda
> ele estreitou imensamente o mundo em seus braços[9].

Francisco dá o motivo desse louvor de "todos os tempos": "Pelos quais às tuas criaturas dás sustento". Acolhido na totalidade de suas manifestações, o irmão Vento é diretamente associado à obra da criação. É reconhecido como colaborador do Criador, como aquele que traz sustento, isto é, força, vigor, às diversas criaturas. Neste verso do cântico temos um eco de certas grandes imagens bíblicas:

> Tirar-lhes-ás o espírito (o sopro), e deixarão de existir,
> e voltarão ao seu pó;
> enviará o teu espírito (sopro), e serão criados,
> e renovarás a face da terra (Sl 104(103), 29-30).

Por esse reconhecimento do papel cósmico e vivificante do vento, a imagem do irmão Vento cresce até as dimensões do universo. Abrange a criação e assume um dinamismo extraordinário que se aproxima do dinamismo do poder criador. O "irmão Vento" torna-se a imagem desse poder, o símbolo do Sopro cria-

---

8. Ch. Baudouin. *Psychanalyse du symbole religieux, op. cit.*, p. 248.

9. E. Verhaeren. Citado por Bachelard, em *L'Air et les Songes*, p. 267.

dor que sustenta todas as coisas no ser. A valorização é evidente: o vento é imaginado não só no sentido do dinamismo e da força, mas ainda como uma força essencialmente benfazeja e vivificante. Só ficou o aspecto positivo e benéfico dos seus efeitos. Há nisso uma seleção inconsciente que mostra a profundeza onírica da imagem. O vento, bem o sabemos, nem sempre traz benefício às criaturas; nem sempre é sopro de vida, sopro criador. Acontece que ele se desencadeia numa tempestade ou num furacão. Então, em vez de sustentar, ele arranca e destrói, destroçando tudo à sua passagem. Mas o "irmão Vento" é uma imagem sonhada, uma imagem "imaginada", como diz Bachelard.

Nessa imagem engrandecida, supervalorizada, o fenômeno físico está ultrapassado; ou, mais precisamente, ele se torna uma linguagem: uma linguagem simbólica daquilo que a alma procura profundamente. Exprime a relação da alma com o sagrado. A valorização aqui é, na realidade, essencialmente religiosa. No fundo, o que o poeta pede à imagem do irmão Vento, imaginando-a dessa forma, é que ela lhe manifeste algo do Altíssimo e lhe permita referir-se a Ele. O "irmão Vento" não é celebrado aqui simplesmente como artífice duma tarefa cósmica, mas como expressão duma presença atenta e ativa de Deus em toda a sua criação.

Esta busca, porém, do sagrado no mundo reflete propriamente uma exploração profunda e inteiramente inconsciente do sagrado na alma. Francisco fraterniza com a imagem engrandecida e supervalorizada do vento. Reconhece no vento uma substância fraterna. Na realidade, esta substância aérea, dinâmica e hierofânica é a expressão figurada e simbólica daquilo que a própria alma encerra de mais forte e mais divino no fundo mais profundo de suas energias obscuras e que continuamente se oferece a ela: o próprio Sopro criador.

Vindo logo após às imagens do irmão Sol e da irmã Lua, a imagem do irmão Vento exprime, não resta dúvida, a mesma realidade profunda: a alma de Francisco a abrir-se, por todos os seus "poros", por todas as suas energias, ao seu destino total, àquele que acaba de lhe ser revelado pela voz celeste na imagem da transformação da terra num "tesouro imenso e precioso" (CA 43, 2Cel 213). O símbolo simplesmente mudou. É significativa esta mudança. Lembremo-nos da palavra de Bachelard: "Toda nova cosmicidade renova o nosso ser interior". No movimento de conjunto do cântico, movimento que vai desde a imagem altíssima do irmão Sol até a nossa irmã, a mãe Terra, a imagem do irmão Vento não significa apenas uma transição, uma etapa entre o céu e a terra, mas indica também o sentido da volta às origens obscuras, à mãe: não se trata duma busca de segurança no seio materno, duma recaída no sono do inconsciente, mas, antes, duma abertura à grande aventura da criação, à aventura do Sopro criador, que se incorpora na matéria e nas suas obscuras energias a fim de transfigurá-las desde o interior e daí tirar uma alma vivente, destinada à vida eterna.

Mas, como já dissemos no início deste capítulo, não se pode compreender plenamente o sentido da imagem do irmão Vento no cântico de Francisco, sem ligá-la estreitamente à imagem da irmã Água, com a qual ela forma um par fraterno. Estas duas imagens, na verdade, não só se sucedem, mas se reclamam uma à outra. E se falamos de par fraterno, não é pelo motivo inteiramente relativo do gênero gramatical que leva a dar a um dos elementos o nome de "irmão" e ao outro o de "irmã"; é em razão da respectiva e complementar valorização dos elementos. Esta valorização é tal, que não pode ser compreendida senão na medida em que os dois elementos formam um par na imaginação profunda do autor. Observemo-lo mais atentamente. O irmão Vento, como já vimos, é celebrado como aquele pelo qual o Senhor sustenta as suas criaturas; está associado à obra da criação; colabora nela ativamente. A valorização se faz aqui no sentido do dinamismo e da ação. O irmão Vento é o artífice duma tarefa. Quanto à irmã Água, a coisa é totalmente diferente: os valores se ligam diretamente à própria substância. "Louvado sejas, Senhor, pela irmã Água, a qual é muito útil e humilde e preciosa e casta". Esse louvor não admite nenhum verbo ativo. Não se dá à irmã Água nenhuma tarefa precisa. O valor da água está no seu próprio ser. Segundo Bachelard, pode-se dizer que essa valorização da água pertence mais a uma poética do devaneio da intimidade. Já observamos a mesma coisa a propósito da valorização da lua e das estrelas, comparada à do sol. Haveria, pois, no cântico de Francisco, uma alternância de dois tipos de valorização: um, que se dirige para fora, para a ação viril, com a alegria da imensidade – é o caso do sol, do vento e, como veremos, o do fogo; o outro que se dirige no sentido da intimidade e das profundezas do ser – é o caso da lua e das estrelas, da água e também da terra.

Procuremos penetrar ainda mais essa junção imaginária do vento e da água. Já observamos no início deste capítulo que não é por acaso que esses dois elementos se encontram associados aqui. Essa combinação imaginária pertence ao simbolismo universal. Deve possuir, em si mesma, um sentido que interessa à condição humana naquilo que ela tem de universal. É simpatizando com as valorizações inconscientes dos elementos que esperamos penetrar até o núcleo onírico da imagem que, juntos, eles formam. Deve-se notar que o vento, que está unido à água, é quase sempre valorizado pelo fato de dominar a água com o fim de fecundá-la. É assim que, na imagem bíblica, o sopro de Javé paira sobre as águas primitivas; Ele as domina e fecunda. Na imagem claudeliana, o vento é o "Semeador" e a água é o grande receptáculo, é o seio materno. Na poesia de Goethe *Canto dos Espíritos sobre as águas* lemos estes versos significativos:

> O vento é da onda
> galanteador amável;
> remexe desde o fundo
> as vagas espumantes[10].

Estes exemplos são esclarecedores. Mostram-nos que, se qualquer combinação imaginária dos elementos materiais é um matrimônio, como diz Bachelard, o sentido particular da união entre o vento e a água na linguagem poética ou religiosa é o de figurar ou anunciar uma renovação profunda, um novo nascimento ou uma criação. A imagem bíblica do Sopro de Javé pairando sobre as águas é o prelúdio da criação. Igualmente, a imagem profética da água pura e do novo sopro anunciam a criação do novo povo de Javé. Também a imagem joanina da água e do vento é uma figura do novo nascimento, do nascimento que procede do alto. A liturgia da noite pascal, na bênção da água, retoma a imagem do Gênesis (1,2) a fim de significar a vida nova trazida por Cristo; depois de soprar sobre a água, o celebrante diz esta oração: "Que o sopro de vossa boca abençoe esta água... Desça às profundezas desta fonte a força do Espírito Santo e fecunde toda a substância desta água, transmitindo-lhe o poder de dar a vida nova!"

---

10. "Wind ist der Welle/ Lieblicher Buhler;/ Wind mischt vom Grund aus/ schäumende Wogen".

Esse sentido da união do vento e da água encontra-se em muitos poetas. Na sua *Ode ao Vento do Oeste*, isto é, ao Vento que passou sobre as águas do mar e as revolveu, Shelley dirige esta súplica:

> ...Se eu somente
> pudesse retornar ao que era na minha infância...
> Oh! ergue-me como uma vaga...[11]

E Valéry, no *Cemitério marinho,* sente-se reviver repentinamente, ao chamado do vento que se levanta sobre o mar:

> Bebe, seio meu, o nascimento do vento!
> Uma frescura, exalada do mar,
> Devolve-me a alma... Ó salso poder!
> Corramos à onda da qual jorra a vida![12]

Voltar à infância! Renascer! É esta a profunda aspiração da alma que no seu sonhar une, num mesmo amor e numa mesma imagem, o vento e a água: o irmão Vento e a irmã Água. Por si mesma, a imagem sonhada da água é muito ambígua. A água pode acolher todos os sonhos do eu, e nada mais do que isso. Essa imagem da água, reflexo do nosso eu, é, afinal, estéril. Nada oferece à alma; deixa-a à superfície de si mesma; não a abre às profundezas; não a faz renascer. Em vão procura Narciso fazer reviver sua infância e imortalizar o que ele foi. "São despojos mortais sucessivos que Narciso adivinha na água fúnebre"[13]. Acontece, porém, que o espelho se quebra; a água é, então, sonhada em profundidade; ela se torna o símbolo do inconsciente e, mais precisamente, do seio materno, da mãe. Este símbolo, contudo, é também ambíguo; pode signifi-

---

11. Shelley. *Op. cit.,* p. 108.

12. P. Valéry. *Oeuvres,* t. I, La Pléiade, Paris, 1957, p. 151.

13. Francis Jacques. *Le Moi, l'Eau et la Parole,* "Revue de métaphysique et de morale", julho-setembro 1966, p. 361.

car nostalgia do ventre materno, saudade da vida inconsciente, tranquila, protegida e irresponsável. E, ainda nesse caso, a imagem sonhada da água não proporciona vida; é o símbolo da morte, da volta ao sono da natureza.

Não basta, pois, que a alma fraternize com a imagem da água para reviver da água. Há um modo de fraternizar-se com a água. Por isso devemos prestar a maior atenção à maneira como a água é sonhada, imaginada segundo seu modo de valorização e sua combinação com os outros elementos. É evidente, por exemplo, que o fato de ser a água associada ao vento de uma forma ou de outra já é um elemento importante. Uma água imaginada ao vento não poderia ser uma água estéril; será sempre uma água que faz viver. As águas da piscina de Betesda, em Jerusalém, curavam os enfermos que nela mergulhavam, mas somente depois de terem sido agitadas e arejadas pelo anjo do Senhor. Suponhamos um momento em que, no *Cântico das Criaturas* de Francisco de Assis, a irmã Água, em vez de ser associada ao irmão Vento, fosse associada ao "senhor irmão Sol". A imagem seria totalmente diferente, como também seu sentido. Associada à imagem esplendorosa do sol e por ela dominada, a irmã Água seria o espelho dum deus. Pensamos aqui na imagem esplêndida e inquietante de Jean Clarence Lambert, em *Depaysage*: "O sol sobre o lago detém-se como um pavão". A água sobre a qual repousa a imagem do sol outra coisa não é senão um puro reflexo do fogo celeste: uma superfície ofuscante. Mas aquela sobre a qual passa o vento, abre-se às profundezas da vida e do ser.

"Louvado sejas, meu Senhor, pela irmã Água, a qual é muito útil e humilde e preciosa e casta." Esse louvor da irmã Água é de uma delicadeza infinita. Não se pode tratar dele sem atenção.

Qualquer análise arrisca-se a tirar-lhe o encanto. Procuremos, todavia, penetrar o encantamento do poeta e participar do seu sonhar sobre a água. Como já observamos acima, a valorização se refere aqui à própria substância do elemento, bem mais do que à sua função ou ao seu papel no universo; é o próprio ser que é qualificado. Ora, dos quatro qualificativos dados à irmã Água, é evidente que pelo menos três não podem ter um sentido objetivo, material. São os qualificativos "humilde, preciosa e casta". Só o primeiro atributo parece ser, à primeira vista, muito claro e evidente: "irmã Água a qual é muito útil..." Tenhamos, porém, o cuidado de não isolar este atributo da série de qualificativos de que faz parte e de não entendê-lo num sentido puramente pragmático, fora de sua posição no conjunto da imagem. Esse primeiro qualificativo prepara efetivamente o segundo, encaminha-se para o qualificativo "humilde"; por esse fato, já entra no seu sentido algo que ultrapassa a simples constatação positiva duma utilidade material. Implica a ideia de serviço, de serviçalismo. E, realmente, esse primeiro atributo da irmã Água, estreitamente unido aos três outros, provém da mesma veia poética e onírica; contribui, por sua parte, para formar a imagem que aqui se apresenta em filigranas na substância do elemento cósmico, a imagem duma presença feminina serviçal, benfazeja, e, ao mesmo tempo, reservada, discreta e pura.

É fácil, aliás, ver que, desde o começo, a água é aqui valorizada num sentido determinado. Esta água fraterna, "muito útil e humilde", já é uma seleção de imagens. Na realidade empírica, a água apresenta inúmeras facetas, desde o lençol de água tranquilo e transparente, até as águas torrenciais que tudo devastam, sem esquecer a límpida fonte. Cada uma dessas águas pode ser imaginada e sonhada de muitas maneiras. Há águas que dormem; há águas profundas como abismos, nas quais estão sepultadas cidades inteiras: há também grandes águas furiosas e orgulhosas, águas de perdição. Na Bíblia encontramos imagens da água que causam espanto:

> Salva-me, ó Deus, porque as águas
> penetraram até à minha alma.
> [...]
> Cheguei ao alto-mar,
> e a tempestade me submergiu (Sl 68,2.3).
> Teus terrores me conturbaram;
> cercaram-me como água todo o dia;
> cercaram-me todos juntos (Sl 87,17-18).

Francisco contempla um semblante totalmente diferente da água. Este semblante não tem absolutamente nada de ameaçador; não reflete nenhuma angústia, nenhuma agressidade. Pelo contrário, é um semblante fraterno: é o semblante duma irmã, "útil e humilde".

Nessa valorização da água, porém, são, sobretudo, os dois últimos qualificativos que mais nos impressionam: "preciosa e casta". Estes dois atributos nos fazem penetrar até o âmago da imagem sonhada. Com eles, francamente abandonamos, de fato, o terreno da experiência positiva, o terreno da observação empírica e natural das coisas. Deixando de lado toda referência objetiva, a imaginação do poeta se eleva aqui acima do mundo natural e cria com palavras um universo imaginário, super-real; ela faz-nos ver a coisa na "Amplidão", na sua relação invisível à alma, como símbolo. É esta a segunda vez que encontramos no cântico o qualificativo "precioso". A primeira vez, vimo-lo preso às estrelas. Haverá na água alguma coisa do brilho das estrelas? Às vezes acontece que a irmã Água rivaliza com as estrelas e cintila como pedras preciosas. Mas não é estranho que Francisco, o pobre absoluto, sonhe assim com substâncias preciosas no céu e na terra? Sonha com estrelas preciosas e com água preciosa! A repetição, por parte dele, de tal qualificativo, à distância somente de poucas linhas e a propósito de realidades tão diferentes, chama-nos a atenção; essa repetição nos leva a pensar que, passando duma imagem material a outra, o olhar interior de Francisco persegue inconscientemente, sob prismas diversos, uma mesma realidade "preciosa", uma mesma realidade fascinante e de grande valor: um "tesouro" sagrado. Já o dissemos várias vezes, as raras vezes em que o termo "precioso" é empregado por Francisco nos seus escritos, sempre se referem a alguma realidade sagrada; segundo ele, devem ser "preciosos" todos os objetos que servem para a celebração dos santíssimos mistérios do Corpo e do Sangue do Senhor, como também os lugares onde se conserva o santíssimo Corpo. Para Francisco, a qualidade "preciosa" desses objetos e desses lugares parece ser uma espécie de linguagem que deve expressar sensivelmente o que ele considera como o mais sagrado. Quer dizer que, para Francisco, uma matéria preciosa é uma matéria susceptível para simbolizar o sagrado.

Por isso, não se deve estranhar que o qualificativo "precioso" esteja associado ao de "casto" na imagem da irmã Água. Os dois atributos são empregados no mesmo sentido. "Preciosa e casta" são termos que se completam e se esclarecem. "Se a água se torna preciosa, observa Bachelard, torna-se também seminal. É, então, cantada com mais mistério [...]. A água, assim dinamizada, é um germe; ela dá à vida um impulso ilimitado"[14]. A água preciosa é uma água viva. E a água viva que jorra de profundezas invioladas, de uma fonte oculta, sagrada. Na visão

14. G. Bachelard. *L'Eau et les Rêves, op. cit.*, p. 13-14.

do Profeta Ezequiel, por exemplo, a torrente de água viva que fertiliza tudo à sua passagem e chega até a purificar e a vivificar o próprio Mar Morto tem sua fonte sob o Templo reconstruído, jorrando do lado direito em direção ao Oriente (Ez 47,1). Ao entreter-se com a Samaritana sobre "a água viva", Jesus o faz à borda do poço fundo; e a Samaritana não deixa de observar-lhe: "O poço é fundo; de onde tens, pois, essa água viva?" (Jo 4,11). A água viva tem sempre uma fonte mais profunda do que o mais profundo poço. É uma fonte que não tem contato com o mundo exterior, uma fonte intacta, virgem, sagrada.

Essa imagem da irmã Água "muito útil e humilde e preciosa e casta" está certamente repleta de valores íntimos inconscientes. Não está excluído, evidentemente, que ela encerra uma alusão implícita à água sacramental, à do batismo, que significa e comunica a vida sobrenatural. Mas essa possível referência ao rito batismal deixa intactas as profundas raízes psicológicas da imagem. Que significa, pois, definitivamente a imagem da irmã Água? O que é que esse louvor cósmico encobre? Há uma maneira de ver as coisas, ou, mais precisamente, de unir-se intimamente a elas pela imaginação e de sonhá-las, que as transforma numa linguagem das profundezas da alma. Num fragmento poético, intitulado *Canto alemão,* Hölderlin escreve o seguinte:

> E ele (o poeta) canta, depois de ter bebido bastantemente da água santa e sóbria, ouvindo ao longe no silêncio o canto da alma (Fragmento, n. 10, IV, 244).

"A água santa e sóbria", eis o que recorda, de modo estranho, a água "humilde e preciosa e casta". Aqui como ali, a celebração da água faz eco ao canto da alma, a um canto que sobe das profundezas. A propósito desse texto de Hölderlin e colocando-o no seu contexto imediato, Heidegger observa que o poeta que canta, antes "assentou-se à sombra profunda" e se acha na "fresca aragem do riacho": "*A sombra profunda* salva a palavra poética do enorme clarão do *fogo celeste.* A *fresca aragem do riacho* protege a palavra poética contra os poderosos ardores do *fogo celeste.* A frescura e a sombra da sobriedade correspondem ao Sagrado. Esta sobriedade não nega o espírito. A sobriedade é o acorde fundamental, sempre pronto a cada momento, do prelúdio do Sagrado. A palavra de Hölderlin fala o Sagrado..."[15] A imagem franciscana da irmã Água (muito útil e humilde e preciosa e casta), intimamente unida à do irmão Vento, fala também o Sagrado. O Sagrado é celebrado aqui "em" um elemento do mundo. Essa celebração do Sagrado "no" cosmos faz eco à sua revelação na alma; é a linguagem simbólica duma profunda revelação.

Poderemos precisar esta profunda revelação? Já observamos que a valorização da irmã Água mostra, em filigranas, a imagem duma presença feminina na substância do elemento. Esta imagem não é a duma mulher determinada: simboliza a parte feminina do ser, o princípio feminino que existe em cada homem: a *anima.* Na imagem da água, portanto, o poeta exprime inconscientemente a sua relação com um dos arquétipos fundamentais da alma humana. "A *anima* é o arquétipo da vida... Pois a vida se apodera do homem, mesmo que ele pense que ela lhe venha através da razão (*mind*). O homem domina a vida pelo entendimento, mas a vida age nele através da *anima*"[16]. Os arquétipos, como se sabe, são os centros de forças. Por si mesmos, eles são ambivalentes. Os grandes

15. M. Heidegger. *Approche de Hölderlin,* Deguy, Paris, p. 98.

16. C.G. Jung. *Séminaire anglais non publié sur le Zarathoustra de Nietzsche,* 1437. vol. I, citado por A. Jaffé em *C.G. Jung, "Ma Vie"*, Paris. 1966, p. 452.

símbolos que eles animam e pelos quais se manifestam à consciência (o sol, a água, o fogo...) são figuras do desejo humano no que há de mais elementar, de mais arcaico e, portanto, de mais próximo aos instintos fundamentais da espécie. Mas ao mesmo tempo esses símbolos são também a marca do Ser, que nos interpela interiormente, oferecendo-se a nós sob a forma de grandes possibilidades criadoras, as quais prefiguram o nosso destino total. Dessa forma, a força sobre-humana irradiada do arquétipo pode ser uma força de regressão que nos reconduz às formas arcaicas e noturnas do desejo, dando a este uma dimensão desmesurada e incontrolada, ou uma força de progressão, que confere à personalidade o seu mais elevado impulso, abrindo-a ao mistério do Ser. Essa ambivalência não pode ser desfeita senão na própria experiência. Conforme a maneira pela qual alguém se abandona a ela, a força do arquétipo arrasta às sombrias profundezas ou eleva até o Altíssimo.

É por isso que devemos prestar toda a atenção à maneira segundo a qual é vivida pela consciência, na própria imagem, a relação com o arquétipo. Nada de mais significativo a esse respeito que a imagem franciscana da irmã Água. Tudo nela é simples e transparente. A parte feminina do ser (a *anima*) aqui expressa já não é uma zona de sombras, ao mesmo tempo temível e cabalística. É reconhecida como uma "irmã muito humilde e útil". Tornou-se o complemento da alma, complemento que garante à personalidade do homem a comunhão profunda com a vida. Mais ainda, a *anima* é acolhida aqui na "Amplidão" do louvor, isto é, não só em referência ao homem, mas na sua relação com o Sagrado. É ela essa parte "preciosa e casta" do ser, que não está voltada para o mundo exterior, que não foi corrompida por ele e que pode abrir-se ao grande sopro do Espírito divino. É uma íntima abertura ao Sagrado. Graças a ela, o homem pode acolher em si Aquele de quem "ninguém é digno de dizer o nome": o próprio Altíssimo.

"Louvado sejas, meu Senhor, pela irmã Água, a qual é muito útil e humilde e preciosa e casta." Ninguém que nos haja compreendido se admirará de nos ver aproximar, no final desta análise, este louvor da irmã Água (associado à do irmão Vento, não o esqueçamos) àquilo que Francisco diz em sua *Carta a todos os fiéis:*

> Não devemos ser sábios e prudentes segundo a carne, mas antes devemos ser simples, humildes e puros. [...] Nunca devemos desejar estar acima dos outros, mas antes devemos ser servos e submissos *a toda criatura humana por causa de Deus.* E à medida que todos aqueles e aquelas fizerem tais coisas e perseverarem até ao fim, *pousará sobre eles o espírito do Senhor* e *fará neles* habitação e um *lugar de repouso*; e serão *filhos do Pai* celestial, cujas obras realizam. E são esposos, *irmãos e mães* de Nosso Senhor Jesus Cristo (2Fi 45-48).

O homem que renuncia à sua "sabedoria" e ao seu desejo de dominar não é precisamente aquele que consente em acolher a *anima,* em reconhecer essa parte não racional do seu ser, simbolizada pela "irmã Água muito útil e humilde e preciosa e casta"? Ora, tal homem se vê misteriosamente unido ao Espírito do Senhor. O Espírito repousa sobre ele como o Sopro criador repousava sobre as águas primitivas, como o irmão Vento repousa sobre a irmã Água. O Espírito do Senhor o penetra até o âmago e estabelece nele a sua morada. Desta união resulta um novo nascimento, o nascimento divino do homem, o nascimento do filho divino no homem: "Serão filhos do Pai..."

Tudo leva a pensar que o louvor da irmã Água, unido ao do irmão Vento, exprime fundamentalmente, embora em outra linguagem, a mesma experiência espiritual que a do texto citado da *Carta a todos os fiéis:* esta celebra o novo e celeste nascimento do homem, numa abertura em profundidade ao Espírito de Deus. Na linguagem do *Cântico do Sol,* porém, esta experiência espiritual toma uma dimensão cósmica: passa, através duma comunhão fraterna, aos próprios elementos materiais. Essa comunhão é, ao mesmo tempo, o caminho e o símbolo da reconciliação do homem com as suas profundas raízes, com as suas forças vivas e primitivas, na luz do mistério total do Ser.

Temos que reconhecer, uma vez mais, que o *Cântico do Sol* não revela todo o seu sentido senão à luz da grande experiência espiritual da qual se originou, que foi aquela iluminação interior em que Francisco, no meio de todos os seus sofrimentos, teve a garantia de sua eleição e de sua entrada no Reino do Pai. Mas, em compensação, o *Cântico do Sol* dá ao acontecimento interior toda a sua dimensão. O homem que canta a alegria da própria salvação é o mesmo em quem todas as coisas foram assumidas e transfiguradas no Espírito do Senhor, abertas ao destino mais alto do homem. Quão significativa aparece, então, a imagem do "um tesouro tão grande e precioso" que a voz celeste empregou para alegrar Francisco: "se alguém por estas tuas enfermidades e tribulações te desse toda a terra transformada em ouro puro, todas as pedras fossem pedras preciosas e toda a água fosse bálsamo (CA 83). O *Cântico do Sol* canta essa misteriosa metamorfose no coração do homem.

VIII
O irmão fogo

> Louvado sejas, meu Senhor, pelo irmão Fogo, pelo qual iluminas a noite: ele é belo e jucundo, e robusto e forte.

Cada poeta tem, sem dúvida, a sua substância material preferida, em que materializa espontaneamente os seus sonhos e que caracteriza um tipo de imaginação. O *Cântico das Criaturas,* como já se observou, manifesta uma preferência muito clara pelas imagens de luz. São estas que predominam: em primeiro lugar, está naturalmente a imagem fulgurante do "irmão Sol"; em seguida, vem imediatamente as imagens da "irmã Lua e das Estrelas", que são imagens de luz, "claras, preciosas e belas"; depois, da "irmã Água". Francisco encontra o brilho "precioso" das estrelas. E eis o "irmão Fogo"! O belo, o alegre, o indomável irmão Fogo que ilumina a noite. Por três vezes aparece nesse cântico o qualificativo "belo"; e cada vez é atribuído a um elemento luminoso. Parece que para Francisco a matéria bela por excelência, a matéria de eleição dos seus sonhos, é a matéria irradiante: a luz, o fogo.

E um fato: Francisco amava o fogo; amava-o com amor de predileção entre todas as criaturas inferiores e insensíveis. "Dentre todas as criaturas inferiores e insensíveis dedicava singular afeição", diz-nos o autor do *Speculum* (EP 116,1). E este testemunho faz eco às próprias palavras de Francisco, como no-las refere Celano: "Meu irmão fogo, o Altíssimo te criou forte, belo e útil, [dotado] de beleza de causar inveja às demais criaturas. Sê-me propício nesta hora, sê cortês!" (2Cel 166,5-6). Essas palavras pronunciadas no momento em que Francisco ia sofrer uma cauterização das têmporas com ferro em brasa (e sem anestesia) têm um acento que não engana; sem dúvida alguma, elas exprimem uma antiga e profunda amizade entre Francisco e o irmão Fogo. A esse respeito escreveu Chesterton: "Não são muitos os poetas a quem foi dado lembrar-se da própria poesia em momento semelhante e, ainda menos, viver um dos próprios poemas. Até William Blake teria ficado desconcertado, se, enquanto relesse os nobres versos:

> Tigre, tigre, que ardes a brilhar
> Nas florestas da noite...,

um enorme tigre de Bengala, real e vivo, metesse a cabeçorra pela janela da cabana de Felpham, com a evidente intenção de devorar-lhe a cabeça. Poderia ter tido um momento de hesitação antes de saudá-lo"[1]. Francisco não hesita em saudar seu irmão Fogo; pede-lhe unicamente, em nome do "Senhor Magnífico", que o criou, e da amizade que sempre lhe teve, tempere para ele seu ardor para que "eu possa suportar-te enquanto [me] queimas suavemente" (2Cel 166,7). É a linguagem dum amante. Tão grande era o amor de Francisco pelo fogo. Francisco, na verdade, gostava de se aproximar do fogo. Vemo-lo assentar-se junto ao fogo e meditar em sua companhia. Certa vez aconteceu que o fogo se lhe ateou na roupa:

---

1. G.K. Chesterton. *Saint François d'Assise, op. cit.*, p. 137-138. Cf. trad. brasileira de J. Carvalho, Edit. Vecchi, Rio de Janeiro, 3. ed., p. 97.

Pois uma vez, quando estava sentado junto ao fogo, sem que ele percebesse, o fogo ateou-se aos seus panos de linho ou bragas, à altura do joelho. Quando sentiu o calor do fogo, não quis apagá-lo. Seu companheiro, porém, vendo que seus panos se queimavam, correu até ele, querendo extinguir o fogo. Mas ele lho proibiu dizendo: "'Não, irmão caríssimo, não faças mal ao irmão fogo!' E assim, de modo algum quis extingui-lo" (EP 116,2-3). Este comportamento de Francisco em relação ao fogo surpreende realmente. Revela que havia nele um amor pouco comum, causado, ao mesmo tempo, por uma atração poderosa e por um respeito absoluto, como se tem diante duma realidade sagrada. "Por mais urgente que fosse a necessidade, nunca queria extinguir o fogo ou a lâmpada ou a vela. Tanto era o afeto que nutria por ele" (EP 116,5). "Deixava que ardessem velas, lampiões ou tochas", diz-nos Celano (2Cel 165).

Como explicar tanto amor pelo fogo? Há nisso um mistério familiar que tentaremos esclarecer. Houve quem se esforçasse por encontrar razões de ordem mística e teológica para essa afeição particular de Francisco pelo fogo. Celano foi o primeiro a fazê-lo. Explica-nos efetivamente que Francisco considerava qualquer chama como "símbolo da luz eterna". É certo que não podemos afastar essa razão simbólica que tem referência escriturística. Contudo, sob essa forma elaborada, ela já pertence à consciência clara e refletida. Ora, no amor de Francisco pelo fogo há alguma coisa que não se deixa reduzir à consciência clara e refletida. Procuremos, portanto, compreender a visão de Francisco, o seu sonho do fogo, o seu encantamento diante da chama colorida e viva; façamo-lo a partir da imagem poética que ele nos apresenta no seu *Cântico das Criaturas*. Também aqui devemos prestar a máxima atenção à valorização do elemento. Percebemos imediatamente que não são as razões místicas que são apresentadas nesse louvor do fogo. Dele, diz-nos Francisco, antes de mais nada, que é "belo". É o primeiro qualificativo. Francisco acha que o fogo é simplesmente belo. Reconhece-lhe um esplendor incomparável, como diz em outro lugar. Admira esse esplendor e entrega-se à alegria que ele lhe causa: "Irmão Fogo, belo e jucundo..." É aqui que começam o encantamento e o sonho. O fogo já não é mais uma coisa anônima; torna-se uma presença viva, que irradia alegria, um ser transbordante de vida e dinamismo, "robusto e forte". O vigor, o ímpeto, a força invencível, com a alegria e o júbilo, é isso que Francisco contempla nesse companheiro que ilumina a noite. E nessa imagem essencialmente dinâmica Francisco reconhece uma presença fraterna; experimenta-a como tal e se sente intimamente ligado a ela, como por laços de sangue; por isso, ele o chama de "Irmão Fogo..."

A imagem do fogo é uma imagem "imaginada", sonhada. E não está tudo dito. Ela tem o dom de dispor Francisco para o louvor. Há nela alguma coisa que lhe dilata a alma e o eleva até o Altíssimo: "Louvado sejas, meu Senhor, por causa (e através) do irmão Fogo..." No esplendor do fogo, assim como no seu dinamismo exuberante, Francisco contempla "o Senhor Magnífico": "Irmão Fogo, o Altíssimo te conferiu um esplendor que todas as criaturas te invejam..." (2Cel 166). Esse esplendor e essa exuberância são, para Francisco, como um reflexo do esplendor e da vida ardente de Deus. Nesse sentido, é justo dizer com Celano que "ele via em qualquer chama um símbolo da Luz eterna". Via-o, porém, não por uma espécie de analogia intelectual ou por uma simples reminiscência ou referência escriturísticas, mas imediatamente numa experiência poética e afetiva da própria coisa. Essa experiência poética e afetiva do fogo é, pois, uma experiência religiosa: é uma abertura ao Sagrado. Não esqueçamos que em Francisco há uma comunhão com Deus através das próprias coisas, pelo modo de encará-las, de experimentá-las e imaginá-las. O universo material não foi talvez jamais associado tão estreitamente à aventura espiritual do homem: "Por isso, nós que vivemos com ele vimos que ele tanto se alegrava interior e exteriormente com quase todas as criaturas que, tocando-as ou vendo-as, parecia que seu espírito não estava na terra, mas no céu" (EP 118,10). Quer dizer que a imagem do irmão Fogo não tem somente uma dimensão onírica e poética, mas ainda uma dimensão sacral, hierofânica. Pela profundeza da emoção que está em conexão com ela, põe a alma de Francisco em relação com o Sagrado. Isto explica o absoluto respeito de Francisco pelo fogo, a ponto de não querer extingui-lo de forma alguma.

No coração do universo de Francisco resplandece essa grande imagem fraterna do fogo, em dimensões, ao mesmo tempo, onírica, poética e hierofânica. Trata-se, é certo, de uma imagem fundamental. Que significado tem, então? Essa imagem admirada, celebrada, toda impregnada de valores íntimos, transcende o fenômeno natural do fogo; diz outra coisa. Se Francisco se ligou por uma amizade tão estreita e profunda ao fogo, se gosta de representá-lo a si mesmo como uma força invencível e fraterna, que lhe dilata a alma e o eleva até o Altíssimo, não é porque essa imagem do fogo reflete alguma coisa da sua vida profunda, não é porque ela é a própria imagem do seu íntimo destino? Não é porque ela o põe inconscientemente em relação com certas forças secretas e porque encobre alguma linguagem profunda? Numa palavra, essa imagem do irmão Fogo "belo e jucundo, robusto e forte, que ilumina a noite" não será a linguagem simbólica duma experiência de força e de luz, que se dá na noite da alma?

Em todos os tempos a imagem do fogo teve uma ressonância profunda na alma do homem. É que o fogo nunca foi para o homem uma realidade simplesmente exterior; é uma realidade que o atinge também interiormente. O fogo está inscrito no psiquismo do homem: no seu desejo, no ardor do seu desejo. O que nele há de mais primitivo, de mais fundamental e de mais irresistível, isto é, a força de desejar, de unir-se, de amar e de odiar, é sentido por ele como uma força que, ao mesmo tempo, aquece e queima: como um fogo. O fogo é, assim, um dos grandes símbolos da libido. Exprime a força ardente da vida, sob todas as formas, desde a grande ação espiritual até à paixão mais arcaica e mais selvagem. A imagem do fogo, portanto, nos atinge muito profundamente. O amor ao fogo, o sonhar junto ao fogo, a fraternização com o fogo, nos reconduzem inconscientemente ao centro de nós mesmos, ou, mais precisamente, ao começo de nós mesmos, à origem, ao foco primitivo de nossa vida. "No princípio, não havia frio nem trevas; havia fogo"[2]. A poesia do fogo, o sonhar do fogo, são sempre um esforço por reviver o "primitivismo", o nosso "primitivismo"[3]. Fazem-nos voltar ao nosso arcaísmo: ao de nossa primeira infância, em primeiro lugar. Unir-se intimamente ao fogo pela imaginação é voltar ao "foco" inicial, ao calor do seio materno e da afetividade primitiva; é reviver inconscientemente as impressões primitivas de intimidade, de união e de bem-estar.

---

2. P. Teilhard de Chardin. *La Messe sur le monde,* em *Hymne de l'univers,* Paris. 1961, p. 27.

3. G. Bachelard. *La Psychanalyse du feu,* Paris, 1949, p. 68.

Acontece, porém, que o sonho do fogo alcança outra profundidade e se radica num passado que vai muito além da experiência infantil e do inconsciente individual. A imagem do fogo nos reconduz, então, ao mais longínquo passado; submerge-nos do arcaísmo da humanidade, no do inconsciente coletivo. Nesses momentos, "aquele que sonha vive num passado que não é unicamente o seu; vive no passado dos primeiros fogos do mundo"[4]. A imagem do fogo toma, então, uma dimensão sobre-humana, mítica; faz-nos sonhar com o destino do mundo. Esse fogo primordial "ilustra todas as transcendências"[5]. É sempre um grande momento na vida da alma o aparecimento duma tal imagem. Em tais momentos, a alma chega à incandescência. "Fogo", escreve simplesmente Pascal no princípio de seu *Mémorial;* naquela famosa noite, Pascal reviveu, por sua própria conta, a imagem bíblica do fogo, a das grandes teofanias. "A voz do Senhor despede chamas de fogo" (Sl 29(28),7). "O fogo irá adiante dele" (Sl 97(96),3). "Não são as minhas palavras como um fogo?" (Jr 23,29), Deus fala a Moisés do meio da sarça ardente. O fogo de Javé consome as vítimas no altar e desce do céu a pedido de Elias. No dizer dos profetas, o fogo circunda o trono de Deus. Os querubins de Ezequiel e os anjos de Daniel são de fogo. O próprio Jesus nos diz no Evangelho: "Eu vim lançar fogo à terra, e que quero senão que ele se acenda?" (Lc 12,49). E João, no Apocalipse, descreve a sua visão do Filho do Homem nestes termos: "Seus olhos eram como chamas de fogo; seus pés, semelhantes ao bronze, como incandescente no forno... seu aspecto era como o sol, quando resplandece em toda a sua força" (Ap 1,14-16). A imagem hierofânica do fogo não é exclusiva da

4. T. Bachelard. *La Flamme d'une chandelle,* Paris, 1964, p. 3.

5. *Ibid.,* p. 59.

tradição bíblica; encontra-se na maioria das religiões; além do mais, é muitas vezes associada à imagem hierofânica do sol. "O pai visível do mundo, escreve Jung, é o sol, o fogo celeste; assim, pai, deus, sol, fogo, são sinônimos mitológicos"[6]. Num de seus poemas, Jean-Claude Renard escreve:

> ...Pai, puro pela árvore e pelo fogo,
> ó fonte do Sol, Pai misterioso[7].

Mas de onde vem esse engrandecimento da imagem do fogo? De onde tira o fogo a sua dimensão sobre-humana, mítica, e seu poder de fascinação e de emoção? "De onde a matéria recebe impulso para transportar-se à categoria do divino?", pergunta Claudel diante duma chama[8]. Isto não poderia provir somente da observação do fenômeno empírico. Quando a imagem adquire tal valor cósmico, pode-se dizer, com toda a certeza, que ela brota dum centro íntimo de energia, dum centro que pertence à Psique universal. Qual é este centro psíquico? Para sabê-lo, basta escutar a voz do deus que fala no fogo. Este deus é essencialmente um deus vivo; é a vida enquanto força criadora. "Desde Heráclito, observa Jung, a vida foi simbolizada por uma *pyraeizôn,* um fogo eternamente vivo..."[9] Mais precisamente, o deus que fala no fogo é uma força de vida que quer unir-se, comunicar-se, propagar-se como a chama. "O dardo de fogo", diz Heráclito, "atravessa sem cessar o vasto mundo e não deixa nada sossegado". Esse fogo vivo, "que quer fundir todas as

---

6. C.G. Jung. *Métamorphoses de l'Ame et ses symboles, op. cit.*, p. 173.
7. J.C. Renard. *Père, voici que l'Homme,* Paris, 1955.
8. P. Claudel. *L'Oeil écoule,* citado por Bachelard, *La Flamme d'une chandelle,* Paris, 1964, p. 59.
9. C.G. Jung. *Psychologie et Religion,* Paris, 1958, p. 78.

coisas juntamente", foi denominado pelos gregos antigos *Eros:* é a faculdade de amar, a grande força ativa da alma.

O homem que se une intimamente ao fogo pela imaginação, intensamente, cosmicamente, se defronta com essa força afetiva primitiva da alma, defronta-se com o *eros.* O "dardo de fogo que atravessa dum lado ao outro o vasto mundo e não deixa nada sossegado", atravessa-o em suas profundezas. O homem é visitado por essa força de vida que transcende a sua consciência, força de vida, da qual ele não dispõe, mas que se identifica com o seu mais profundo desejo, o desejo de viver em plenitude na comunhão com tudo que existe. É, ao mesmo tempo, fascinante e temível essa força que fala na imagem sonhada dum fogo fundamental e vivo. Pois o que ela anuncia e promete, é, na verdade, uma plenitude de vida, capaz de elevar o homem acima da sua individualidade, acima do seu próprio eu, levando-o a dizer um *sim* criador à imensidade do ser, mas essa possibilidade, no início, está compreendida nas formas elementares, arcaicas, do desejo e da paixão. A força vital do *eros* é ameaçada pela força cega e caótica da paixão. É por isso que o fogo vivo é também imaginado como um fogo devorador. Tanto pode destruir como fazer viver. É essa a ambivalência da imagem arquetípica do fogo. Que sabe o homem dessa "força que se apodera do universo inteiro ao desenrolar os seus anéis?"[10] Esta força é, ao mesmo tempo, "fogo, chama, serpente". É somente a voz do Deus vivo que faz brotar chamas de fogo. O leviatã (Jó 41,11.13), os dragões e os cavalos do Apocalipse (Ap 12,3; 9,17-18) cospem fogo. Esse fogo monstruoso e destruidor, no qual é atirado aquele que não está escrito no

10. Empédocles, trad. *Le Livre de l'Occident,* Genève, 1965.

Livro da vida (Ap. 20,15), é um fogo interior: como o verme carcome o cadáver, "o seu fogo não se extinguirá" (Is 66,24).

Dessa forma, a grande imagem mítica do fogo, com a sua ambivalência, está ligada ao íntimo destino do homem; ela é a própria imagem desse destino. Não pertence ao homem extinguir esse fogo fundamental e vivo. Depende dele, porém, o fato de este fogo, afinal, o queimar ou o iluminar, destruí-lo ou vivificá-lo, numa palavra, de ser para ele incêndio ou luz, inferno ou céu. Não que o homem possa pretender dominar esse fogo e dispor dele a seu bel-prazer. O fogo do céu, o fogo criador, acaba sempre devorando quem o quer roubar e dele se apropriar. Mas o homem pode consentir na força íntima e misteriosa que lhe fala na imagem mítica do fogo. Pode fazê-lo humildemente, fraternalmente, em espírito de pobreza. O homem que consente nessa força, com um profundo desapego de si mesmo, renunciando a dispor dela a seu bel-prazer, admite em si a força criadora do *eros* – para além do prazer e das satisfações do próprio eu – como um mistério do qual está cheia a terra: como um mistério de piedade que leva toda e qualquer vida para além de si mesma, para os outros seres. Então poderá o homem abandonar-se, no encantamento, ao seu sonho do fogo e celebrar, na força e no esplendor deste, uma presença fraterna e, ao mesmo tempo, uma figura de transcendência. Essa celebração fraterna e religiosa do fogo o mergulha, indubitavelmente, nas suas origens mais longínquas e obscuras, na pré-história da humanidade, reconduzindo-o às forças primitivas da vida. Esse mergulhar do homem na sua "arqueologia", vivido em espírito de humildade e de despojamento de si mesmo, permite-lhe transportar-se às grandes forças psíquicas e vitais, à do *eros* em particular, para além de suas formas infantis, para além das formas cegas e caóticas do desejo e da paixão. Essas forças libertadas de tudo o que as limita podem, daí em diante, agir à luz do espírito. O homem pode coligi-las como forças de comunhão, que o levam a dizer um *sim* criador à imensidade do ser. O fogo que o homem canta já não é, então, um fogo que queima, que destrói. É um fogo que se metamorfoseou inteiramente numa força invencível de luz e de alegria. Esse fogo fraterno exprime a reconciliação da vida e do espírito, o encontro entre o *eros* e o *ágape*.

À luz dessas considerações muito gerais sobre o simbolismo do fogo, percebemos melhor o que pode significar a imagem do irmão Fogo que brilha no coração do universo de Francisco. Não será a celebração franciscana do fogo justamente a linguagem simbólica de "um encontro inteiramente singular, único no seu gênero, entre *eros* e *ágape*"?...[11]

Fato é que todos os escritos primitivos, consagrados a Francisco de Assis, dão a impressão decisiva e irresistível duma vida transbordante. Esta vida manifesta uma capacidade excepcional de amar. "A quem queira caracterizá-la, ainda que seja superficialmente", escreve P. Lippert, "a vida de Francisco de Assis se manifesta, desde o primeiro momento, como uma vida de amor, tomando-se este termo no seu sentido mais sagrado e mais forte, mais puro e mais primitivo, numa palavra, no sentido mais divino. Manifesta-se como um longo amor, ou, antes, como uma prodigiosa capacidade de amar, uma capacidade carismática e miraculosa, como uma comunhão fervorosa, cordial, espontânea, com todas as criaturas e com o autor de todas as criaturas... Nesta alma vasta, imensa, neste homem que andava com os braços estendidos ao encontro de todos os

11. M. Scheler. *Nature et Formes de la sympathie, op. cit.*, p. 114.

seres, havia um devotamento verdadeiramente maternal para com todas as coisas, um gênio do amor... Viver, para ele, era derramar-se e transbordar, dar sem calcular, libertar, fecundar e conquistar..."[12]

Contudo, não devemos representar-nos essa "capacidade carismática e miraculosa" de amar a emanar duma fonte puramente sobrenatural e totalmente exterior à natureza profunda de Francisco. Essa vida de amor, simples e vigorosa, é por demais direta e também por demais rica, para não brotar de camadas psíquicas profundas e ocultas. Não é um simples revestimento. Se ela se nos apresenta tão livre e dinâmica, é porque nela se manifestam certas grandes forças afetivas primitivas. Ela tem, certamente, suas raízes em realidades psíquicas e vitais, situadas além do pensamento e da vontade, num dinamismo e numa necessidade internos. São Boaventura não se equivocou: "Os sentimentos puramente naturais de seu coração, escreve ele, bastariam para torná-lo fraternal em relação a todas as criaturas" (LM 9,4). Já no tempo de sua juventude "louca", Francisco manifestava possibilidades excepcionais de comunhão com os seres: "Doçura, encanto, paciência, afabilidade mais que humana, liberalidade que ia, até além de seus recursos, são outros tantos indícios de sua natureza privilegiada, que pressagiavam para o futuro uma efusão mais abundante nele da graça divina" (LM 1,1). Francisco vibrava, então, inteiramente com as canções de amor; entusiasmava-se com as narrativas das aventuras dos cavaleiros e dos heróis do amor cortês. E sonhava com semelhantes aventuras para si mesmo. Uma natureza tão rica não pode ficar muito tempo fechada num individualismo estreito

12. P. Lippert. *Bonté,* Paris, 1946, p. 108, 109, 113.

nem nos limites duma pequena paixão burguesa. É feita para a participação cósmica. Os grandes sonhos que Francisco tem durante o sono são muito significativos a esse respeito. Certa noite, ele vê num sonho a casa paterna transformada num magnífico palácio, em que ele contempla toda espécie de armas e uma noiva belíssima; ouve uma voz que o chama pelo seu nome e procura seduzi-lo, prometendo-lhe todos esses bens (cf. 2Cel 6). A loja paterna, onde se fazia o comércio de tecidos, metamorfoseada em corte senhorial, na qual se reuniam a glória das armas, a beleza e o amor! E tudo para Francisco! Que presságio! Este sonho é um grande apelo. Mas o que significa, fica ainda envolto e velado nas formas arcaicas do desejo e da paixão. O jovem Francisco, ávido de glória cavaleiresca, contempla, desde logo, nesse sonho, somente a figura de seu desejo: o anúncio dum futuro brilhante. Lança-se, então, à aventura militar, que, na perspectiva cavaleiresca, é também uma busca do amor, uma conquista da mulher. Seu "espírito carnal sugeria-lhe uma interpretação carnal da visão passada, quando uma muito mais preclara se escondia nos tesouros da sabedoria de Deus" (2Cel 6). "Ele ainda não sabia descobrir, diz São Boaventura, a verdade das realidades invisíveis através das imagens das coisas sensíveis" (LM 1,3). Bem depressa, porém, a voz, que o havia seduzido a primeira vez, fez-se ouvir novamente em sonhos: "Volta à terra que te viu nascer; é uma realização espiritual que a tua visão receberá de mim" (2Cel 6). Francisco voltou a Assis. "Foi então, escreve Celano, que começou nele uma transformação que devia elevá-lo ao estado de homem perfeito" (2Cel 7).

"Volta à terra que te viu nascer...": é de se notar que a conversão espiritual de Francisco comece por essa ordem misteriosa de voltar para a sua terra. O que aqui se exige de Francisco é mais do que um simples retorno material à sua cidade natal. Essa volta tem um sentido profundo. Francisco é instantemente convidado a voltar às suas íntimas origens, às forças afetivas primitivas da alma e às imagens fundamentais, nas quais essas forças se lhe manifestam. Deve retroceder à sua "arqueologia" e à do seu meio cultural; é mandado de volta a esse profundo complexo de imagens e de símbolos que constituem o que se poderia denominar: sonho desperto dum grupo histórico. Eram essas imagens e esses símbolos, de que se alimentara através das canções de festa e das canções de amor e em que não havia visto até então senão figuras de seu desejo, que ele estava convidado a interrogar e interpretar, para além das formas arcaicas do desejo, como vozes do Ser, como apelos a um autêntico devir espiritual. O que é maravilhoso em Francisco é que sua conversão espiritual, longe de ser uma ruptura com as imagens e os temas que o haviam inspirado até então, se apresenta como uma reinterpretação dessas imagens e desses temas e, por isso mesmo, como uma renovação de seu dinamismo. A nova e sobrenatural inspiração de sua vida retoma, purificando-as, essas grandes imagens e delas recebe uma vitalidade, uma juventude e um poder de criatividade – surpreendentes. Dessa forma, graças a essas imagens, torna-se possível em Francisco um encontro em profundidade entre o Espírito e a vida, entre o *ágape* e o *eros*. Como muito bem escreveu o Padre Damien Vorreux, "a *Canção dos miseráveis*, a *Conquista do Santo Graal, Tristão e Isolda,* são, na vida de São Francisco, bem mais do que um pano de fundo ou um acompanhamento poético: estas obras inocularam em todo o século XIII um fervor e um estilo, dos quais foi o *Poverello* um digno representante. A seus olhos, cada uma das suas comunidades devia ser uma 'corte de amor', onde se ensina e se pratica a mais elevada caridade, e uma távola redonda', onde cavaleiros briosos planejam as suas faturas conquistas para a honra de Deus e por amor de seu povo"[13]. "Aquele que dava a si mesmo o nome de *trovador de Deus,* escreve Scheler, e que até a sua morte gostava de cantarolar as canções dos trovadores franceses, que ele achava deliciosas; aquele que, no seu relacionamento de indefinível ternura com Santa Clara, parecia ajustar-se a esse ideal do passado, mesmo tendo-se tornado o rigoroso e heroico asceta que era, numa palavra, São Francisco soube, com uma *arte* psíquica sem exemplo, involuntária e inconsciente, despojar de toda obtusidade, de todo apego à terra e à mulher, a grande emoção histórica do movimento provençal de que estava tão profundamente penetrado, a ponto de não conservar dela senão o *ritmo* isento de toda sensação, o ritmo imaterial. E soube ligar, em seguida, essa emoção, assim espiritualizada, ao amor pessoal, acósmico, de Deus e de Jesus..."[14] Espiritualizado e cristianizado, o *eros* tornou-se em Francisco uma maravilhosa capacidade de amar que se estendia a toda a natureza: um *sim* criador à imensidade do ser.

Na vida dum homem não se podem separar as grandes imagens que ele sonha e que o encantam do destino de suas forças afetivas primitivas. E isto nos reconduz à imagem viva do fogo, que brilha no coração do universo franciscano. Não podemos deixar de comparar a profunda experiência afetiva de Francisco com o amor singular que ele tinha ao fogo, e com a imagem sedutora e idealizada que ele tinha do mesmo. O fogo que ele amava e imaginava era um fogo do qual nada mais havia a temer, um fogo cuja violência se havia metamorfoseado inteira-

13. D. Vorreux. *Saint François d'Assise,* Paris, 1964, p. 15.

14. M. Scheler. *Nature et Formes de la sympathie, op. cit.,* p. 143-144.

mente numa força invencível de luz. Esse fogo nada mais tinha de terrífico ou de angustiante. Era um fogo "belo, jucundo, robusto e forte, que ilumina a noite": um fogo fraterno. Esse fogo não pode simbolizar senão uma vida vigorosa, é certo, mas purificada e espiritualizada, transformada ela mesma em luz. "Para permanecer assentado diante do fogo, escreve E. Wiechert, é necessário expulsar do coração os demônios, senão eles zombam de vós em cada chama"[15]. Francisco, em verdade, podia deixar que o fogo se lhe ateasse nas roupas; não o temia mais. E quando o cirurgião resolveu cauterizar-lhe as têmporas com ferro em brasa, a fim de curar-lhe a oftalmia, ele se apresentou, pronta e alegremente, para a operação (2Cel 166). "Não senti as queimaduras do fogo..." (2Cel 166), disse simplesmente quando tudo terminou.

Esta relação secreta, na vida de Francisco, entre o "irmão Fogo" e as profundas forças afetivas, é ilustrada duma maneira bastante pitoresca por duas anedotas relatadas nos *Fioretti*. Pode-se duvidar da verdade histórica dessas anedotas, é certo. Contudo, para nós elas têm um grande valor simbólico; expressam uma verdade psíquica e espiritual. Nesse sentido, são verdadeiras. A primeira aconteceu durante a viagem que Francisco fez ao Oriente, com o fim de ter um encontro com o Sultão Malek el Khamil. Mas deixemos o autor dos *Fioretti* contar-nos a história:

[Chegando àquelas terras], Francisco entrou em um albergue para repousar: e ali havia uma mulher belíssima de corpo, mas vil de alma, a qual mulher maldita convidou São Francisco a pecar. E dizendo-lhe São Francisco: "Aceito, vamos ao leito"; e ela o conduziu para o quarto. E disse São Francisco: "Vem comigo, levar-te-ei a um leito belíssimo". E conduziu-a a uma grandíssima fogueira que se fazia naquela casa; e no

15. E. Wiechert. *Missa sine Nomine*, Paris, 1953, p. 98.

fervor de espírito despe-se e lança-se neste fogo por sobre tições inflamados, e convida a mulher para que se dispa e vá se deitar nesse leito tão macio e belo. E estando assim São Francisco por grande espaço de tempo com semblante alegre e sem se queimar, nem mesmo se chamuscar, aquela mulher por tal milagre assombrada, e compungida em seu coração, não somente se arrependeu do pecado e da má intenção, mas até se converteu perfeitamente à fé cristã, e tornou-se de tanta santidade que por ela muitas almas se salvaram naquela terra (Fior 24). Como se vê, a anedota é mais maravilhosa do que crível, se for situada no plano da verdade histórica. A verdade que ela expressa é de outra ordem; diz respeito à vida profunda da alma. Ela ilustra duma maneira simbólica uma experiência íntima. Desse ponto de vista, o que é mais notável na narrativa é a atitude de Francisco diante da mulher que o incita a pecar e que encarna o desejo sob uma forma, por assim dizer, animal, como é o *eros* no estado selvagem. Francisco não a repele; não se espanta; não a condena. Até toma em consideração o seu desejo. E já que ela deseja unir-se a ele, ele a convida a se encontrarem onde ele mesmo vive, onde ele existe realmente, naquela profundeza de vida que é a dele e que é simbolizada por um grande fogo, belíssimo e fascinante, no qual ele pode atirar-se inteiramente despido, sem se queimar por pouco que seja. Esse fogo ao qual Francisco se entrega num total despojamento de si mesmo e que não o queima é a imagem duma profunda vida afetiva, em que o ardor da paixão não é senão uma só coisa com o fervor do espírito. No meio desse fogo, Francisco nada mais tem a temer das forças obscuras do desejo; pode aceitar tudo. Esse "grande fogo" significa a reconciliação do *eros* e do *ágape* na alma de Francisco.

A segunda anedota se passa no convento de Santa Maria dos Anjos, perto de Assis. Francisco quis responder ao desejo de Clara – então reclusa em São Damião – convidando-a para uma refeição com ele e seus irmãos em Santa Maria dos Anjos.

São Francisco mandou preparar a mesa diretamente no chão, como costumava fazer. E, chegando a hora da refeição, sentaram-se juntos: São Francisco e Santa Clara, e um dos companheiros de Francisco com a companheira de Clara; em seguida, os demais irmãos tomaram humilde lugar à mesa.

Logo ao primeiro prato, São Francisco começou a falar de Deus com tanta doçura, com tamanha elevação, de maneira tão maravilhosa, que a graça divina desceu sobre eles em abundância, e todos foram arrebatados em Deus. E, enquanto assim estavam arrebatados, com os olhos e as mãos levantados ao céu, os habitantes de Assis, de Bettona e dos arredores viram que Santa Maria dos Anjos – todo o convento e o bosque ao lado – estavam completamente em chamas. Parecia-lhes que um único braseiro consumia tanto a igreja quanto o convento e o bosque.

Por isso, correram apressados para lá a fim de apagar o incêndio, acreditando firmemente que tudo estava queimando. Mas, ao chegarem ao convento e verem que nada ardia, entraram e encontraram São Francisco com Santa Clara e todos os companheiros arrebatados em Deus, em contemplação, sentados ao redor daquela mesa humilde.

Então compreenderam com certeza que se tratava de um fogo divino, e não material – um fogo que Deus fizera aparecer miraculosamente para revelar e manifestar o incêndio do amor divino que consumia as almas daqueles santos irmãos e santas irmãs… (Fior 15).

Também aqui pode-se duvidar do valor histórico do fato. Os primeiros biógrafos não o referem. Mas quem poderia duvidar do valor psicológico e espiritual da narração? Não se pode exprimir melhor a profunda amizade que unia Francisco e Clara em toda a sua força e delicadeza. Estamos aqui em presença duma linguagem simbólica que fala melhor que todas as análises abstratas. E o grande símbolo ao qual recorre espontaneamente o autor é o fogo: um fogo gigantesco e que não queima[16]. Encontramos assim, mais uma vez, a grande imagem franciscana do irmão Fogo, com seu poder de significação. Pode-se comparar esta anedota com a primeira. Em ambos os casos, trata-se do relacionamento de Francisco com a mulher. Mas, no caso de Clara, o "desejo extremo" que a impele a encontrar-se com Francisco e a comer com ele é um desejo purificado. Clara se une a Francisco na sua mais alta vocação; ela aceitou segui-lo na sua profunda conversão, na sua vida de humildade, de desapego de si mesmo e no seu *sim* à realidade total, em seguimento de Cristo. Clara e Francisco se encontram no mesmo fogo que simboliza o amor profundamente humano e divino que os une.

Depois de termos procurado compreender a íntima significação da imagem do irmão Fogo na vida de Francisco, resta-nos ainda recolocar essa imagem no movimento de conjunto do seu *Cântico das Criaturas*. Já vimos como esse movimento é essencialmente um grande impulso da alma em direção ao Altíssimo; esse impulso, porém, passa através da abertura para as criaturas e da comunhão com elas.

---

16. "Seria difícil, escreve Chesterton, descobrir-se imagem mais imaginativa para uma espécie de paixão tão inteiramente pura e incorpórea, do que a auréola em torno das duas figuras na colina; uma chama alimentando-se de nada, mas lançando em fogo a própria substância do ar". *Saint François d'Assise, op. cit.*, p. 169.

A alma que considerou e reconheceu o caráter inacessível do Altíssimo se volta humildemente para as criaturas e, colocando-se de algum modo entre elas, procura se unir a elas fraternalmente para com elas louvar a Deus. Contudo, é a si mesma, às suas profundezas, às suas raízes obscuras e inconscientes, que a alma, através das criaturas e de suas imagens arquetípicas, retorna e se submete mais profundamente em busca do sagrado. Pois o altíssimo espera justamente onde se acham as raízes. Nesse movimento descendente que vem do céu à terra, cada criatura evocada pode ser considerada como um grande símbolo que põe a alma em relação com a sua "arqueologia", a sua própria e a da humanidade. A sucessão desses símbolos traduz uma abertura cada vez mais profunda da alma à sua totalidade: às grandes forças afetivas, primitivas e inconscientes, que a põem em conexão com as próprias fontes da vida e do ser e com o seu mistério. Mas, ao mesmo tempo, significa um retorno à luz dessas forças ocultas. Essas forças, graças aos símbolos, se prestam à linguagem, ao louvor. São elas que conduzem a alma ao seu mais alto destino, ao Altíssimo. Uma alma reconciliada consigo mesma e com a imensidade do ser. Nesse cântico, encontramos esta reconciliação significada desde a primeira imagem cósmica evocada, a do irmão Sol, que é um símbolo de união e de plenitude. Nessa grande imagem fraterna do sol resplandecem, transfiguradas e conservadas, todas as energias vitais, psíquicas e espirituais da alma. Em seguida, vêm as imagens cósmicas mais humildes, as da irmã Lua e das Estrelas, as do irmão Vento, da irmã Água... Levam-nos estas imagens a explorar, de alguma forma, os diversos aspectos da reconciliação da alma. Revelam-nos ainda o seu segredo: um desapego cada vez mais radical de si mesma.

É nesse contexto que se deve situar a imagem do irmão Fogo. Pelo seu brilho e sua energia, o irmão Fogo tem analogia com o irmão Sol. Como o sol, ele é imagem do pai e do deus, da força vital e criadora; exprime a energia própria ao arquétipo divino. Na verdade, é a mesma energia psíquica fundamental que é expressa na imagem do irmão Fogo e na do irmão Sol. Com esta diferença, contudo: o irmão fogo é posto em relação explícita com a noite; é ligado à noite: "Pelo qual iluminas a noite". E isto é importante. O sol é celebrado como a luz do dia, o fogo como a luz da noite. Assim como o irmão Sol, o irmão Fogo exprime a reconciliação da alma, mas este no-la mostra ligada a uma passagem noturna. Não nos devemos esquecer: o homem que canta, no crepúsculo da vida, a luz do *Cântico do Sol,* é o mesmo que passou parte de sua existência retirado na profundidade e na escuridão de cavernas, suplicando a Deus, na noite da alma, "quisesse purificá-lo, iluminá-lo e abrasá-lo interiormente com o fogo do Espírito Santo" (cf. Ord). P. Lippert tem razão, quando escreve: "Não nos devemos representar a vida de amor universal de Francisco como um cântico único e entusiasta, um sonho extático e um sorriso perene, mas, antes, como um acerbo sofrer. O seu amor espalhou por toda parte luz e suavidade sobre todos os seres que o cercavam, mas provinha do fundo grave e sombrio de sua alma; provinha de pensamentos austeros e formidandos, que tinham por objeto a Deus, o mundo, o pecado, o juízo, o tempo e a eternidade"[17].

Na *Vita Prima*, Celano refere um fato que tem aqui todo o sentido e que, de outro lado, ilustra particularmente o *Cântico das Criaturas.* Deu-se o fato nos começos da fraternidade fran-

17. P. Lippert. *La Bonté, op. cit.*, p. 116.

ciscana. Certa noite, Francisco se achava ausente e a pequena comunidade estava abandonada a si mesma.

E eis que, quase à meia-noite, estando alguns dos irmãos a dormir e outros a rezar afetuosamente em silêncio, entrando um esplendidíssimo carro de fogo pela portinha da casa, se moveu duas ou três vezes de cá para lá pela sala; sobre ele havia um grandíssimo globo que, tendo o aspecto do sol, fez brilhar a noite. Os que estavam acordados ficaram estupefatos, os que dormiam ficaram apavorados e sentiram a claridade do coração não menos do que do corpo. E, reunindo-se, começaram a perguntar entre si o que seria isto; mas, por força e graça de tão grande luz, a consciência de um era manifesta ao outro. – Enfim, compreenderam e souberam que a alma do santo pai brilhava com tão grande fulgor (1Cel 28,47,3-6).

Essa visão e a sua interpretação apresentam grande interesse já do ponto de vista psicológico. Temos aqui os dois símbolos, o do fogo e o do sol, estreitamente unidos numa única "passagem noturna". No carro de fogo que atravessa a noite está um sol. Esta imagem do carro de fogo ou carro solar é muito antiga. Pertence ao fundo mítico da humanidade. Encontramo-la, no curso da história, sob formas quase idênticas, em esferas culturais muito diversas. Elias foi arrebatado ao céu num carro de fogo. Mitras igualmente. Ezequiel viu a glória de Javé deslocando-se num carro cercado de fogo. Nas suas *Metamorfoses*, Ovídio conta como o jovem Faetonte pedira a seu pai o direito de conduzir o carro deste, o carro do sol, mas o jovem condutor que não tinha peso suficiente não pôde impedir que os cavalos se lançassem numa corrida louca que ateou fogo no universo[18].

18. Ovídio. *Metamorfoses*, II.

Trata-se, seguramente, de uma daquelas imagens arquetípicas, cujo alcance e sentido transcendem o indivíduo. A imagem do carro de fogo ou carro solar tem sua origem no inconsciente coletivo; interessa à condição humana no que esta tem de mais profundo; é portadora duma mensagem universal. A aparição de semelhante imagem no seio da primeira comunidade dos irmãos, da qual Francisco era o guia e a alma, tem, sem dúvida alguma, um sentido que se relaciona com o profundo devir dessa comunidade, com sua vocação no mundo; tem um valor espiritual e profético. Duma maneira geral, pode-se dizer que a imagem do carro de fogo, puxado por cavalos e carregando o sol, simboliza uma totalidade, na qual a natureza animal, com suas forças obscuras e selvagens, se acha associada ao elemento luminoso e divino, ao espírito e às suas mais altas aspirações e, por isso mesmo, está transfigurada, iluminada. Essa imagem é um dos símbolos da reconciliação entre a vida e o espírito, entre as nossas mais obscuras origens e a nossa vocação divina. Compreende-se que essa imagem seja também muitas vezes a duma ascensão ao céu: o herói, transformado em sol, é arrebatado aos ares no carro de fogo. Na visão franciscana há certos pormenores que merecem particular atenção. É pela pequena porta que entra na casa o carro magnífico e resplendente, *per ostiolum domus currus igneus splendidissimus intrans*[19]. E o sol que ele carrega brilha no meio da noite, *fere media noctis hora*[20]. Sua luz não é exterior aos seres; faz-se sentir nos próprios corações, *non minus cordis senserunt quam corporis claritatem*[21]. E, mesmo depois que a visão desaparece, permanece a luz íntima, a

19. Celano. *Vita Prima,* texto de Quaracchi, 1926, p. 52.

20. *Ibid.*, p. 52.

21. *Ibid.*, p. 52.

tal ponto que cada um podia ver manifestamente a consciência dos outros, *ex vi et gratia tantae lucis, unius alteri erat conscientia manifesta*[22]. Longe de abater as almas, esta irrupção de força sobre-humana sentida, a princípio, com espanto, lhes despertou ainda mais a consciência; e o que foi mais notável, é que ela os tornou transparentes uns aos outros, fazendo que participassem da mesma luz. Desse modo, a visão alcança seu pleno sentido, o de uma reconciliação total, que não pode efetuar-se senão pela passagem noturna e pela passagem pela pequena porta. Este sol da meia-noite não é fundamentalmente o mesmo "Sol divino" de que fala Santa Teresa no *Castelo da alma,* o qual tem sua morada "no centro a alma" e que não se manifesta a esta em todo o seu esplendor, senão no fim da viagem, quando "ele se difunde por todas as potências interiores da alma"?[23] Mas o trecho mais instrutivo da narrativa de Celano é certamente a conclusão: "Reuniram-se os irmãos para perguntar uns aos outros que prodígio era aquele... Compreenderam e reconheceram, afinal, que era a alma de seu Pai que resplandecia com tal fulgor, *intellexerunt denique ac noverunt animam sancti patris exstitisse fulgore tam máximo radiantem*"[24]. Nesse reconhecimento vê-se o desenvolvimento normal da própria visão. E um fato observado pelos mitólogos que o mito do sol se transforma naturalmente em mito do herói solar "querido" à medida que a visão é aprofundada[25]. Pode-se admirar nessa conclusão a segurança com que interpretaram os irmãos a visão do carro solar,

22. *Ibid.*, p. 52.

23. Château de l'Ame, "Septième demeure", c. II. Trad. brasileira: *Castelo interior,* Edit. Vozes, Petrópolis, 1945, "Sétimas moradas", c. II.

24. *Vita prima*, p. 258.

25. Cf. C.G. Jung. *Métamorphoses de l'Ame et ses symboles, op. cit.*, p. 196.

quando nisso reconheceram imediatamente uma "peregrinação" da alma. Devemos crer que lhes estava aberto o universo dos símbolos com suas profundas significações. Aliás, quando se leem as fontes franciscanas, fica-se admirado de ver a quantidade de sonhos e visões simbólicos que aconteceram no surgir da primeira fraternidade e o papel decisivo que representaram no aprofundamento espiritual dela. E é lícito pensar que se os irmãos não hesitaram em reconhecer a alma de seu Pai na visão do carro de fogo que carregava o sol, é porque eles mesmos, a exemplo de Francisco, estavam comprometidos nessa "peregrinação" e nessa metamorfose da alma. Eram iniciados, "peregrinos", como gostava de repetir-lhes Francisco. O que viam nessa visão de luz no meio da noite, eles o viviam intensamente no íntimo de si mesmos. Começara neles a grande reconciliação; ela já se lhes manifestava plenamente realizada no seu guia e pai que, com esse fato, tomava aos seus olhos o aspecto de herói solar. Para todos eles, Francisco era um símbolo sensível do que devia cumprir-se neles todos; era uma profecia do seu devir. São Boaventura comenta o caso da seguinte maneira: "...O Senhor quis mostrar-lhes, com esse resplandecente carro de fogo, que eles, como verdadeiros israelitas, seguiam o novo Elias, estabelecido por Deus para ser o carro e o condutor dos homens de espírito" (LM 4,4).

Os discípulos nos ajudam a compreender melhor o mestre. Na difícil arte de despertar e de conduzir almas, Francisco não era somente exímio mestre; era um artista em toda a acepção do termo. Poeta da natureza, era igualmente poeta da alma. É impossível, aliás, separar um do outro nele. O seu diálogo com o visível era o diálogo com o invisível. A sua contemplação estética das coisas era o itinerário da alma em direção ao sagrado; simbolizava uma metamorfose interior. Francisco, escreve São Boaventura, "sabia contemplar a suprema Beleza numa coisa bela e via os vestígios de seu Bem-Amado em toda parte na criação, servindo-se de todo o universo como duma escada para se elevar, a fim de atingir Aquele que é *todo desejável*" (LM 9,1). Sua contemplação do mundo era, assim, uma educação do desejo humano, como são as coisas quando sonhadas com certa profundeza. Nunca se deve perder de vista esse fato, se se quiser interpretar corretamente o *Cântico do Sol*. Muitas vezes, viu-se nele apenas a simples expressão duma visão estética das coisas; não se percebeu que esta visão era, por si mesma, uma linguagem da alma, uma "poética" da alma e de suas metamorfoses e que era necessário interpretá-la como tal: como a expressão inconsciente e simbólica dum itinerário interior, o itinerário que Francisco percorreu durante toda a sua vida e no qual a fusão afetiva com as coisas mais humildes se une à ascensão espiritual mais elevada.

IX
Nossa irmã, a mãe terra

> Louvado sejas, meu Senhor, por nossa irmã, a mãe
> Terra,
> a qual nos sustenta e governa, e produz diversos
> frutos com coloridas flores e erva.

Partindo das alturas do céu, o louvor de Francisco desceu progressivamente até a terra. O *Cântico do Sol* metamorfoseou-se num cântico da terra.

A primeira coisa que surpreende nessa estrofe consagrada à terra é o apelativo dado a esta: *Sora nostra matre Terra.* É, de fato, muito antiga a expressão "nossa mãe a Terra". No seu *Traité d'Histoire des Religions,* M. Eliade observa que, se nas experiências religiosas mais arcaicas a "Terra" designava, ainda que duma maneira indistinta, tudo quanto rodeava cosmicamente o homem – terra, pedras, árvores, águas, sombras etc. –, como um receptáculo cósmico das forças sagradas esparsas, "uma das primeiras teofanias da terra como tal, sobretudo como genitora telúrica e profundeza terrestre, foi a sua 'maternidade', a sua inesgotável capacidade de produzir fruto". "Antes de ser considerada como deusa-mãe, como divindade da fertilidade, a Terra se impôs diretamente como Mãe, *Tellus Mater*"[1]. Francisco leva em conta a imagem arcaica da Mãe Terra. A Terra é celebrada como Mãe:

1. M. Eliade. *Traité d'Histoire des Religions, op. cit.*, p. 213.

"ela nos carrega e nos *nutre** como faz uma mãe com seu filho; sua fecundidade se manifesta em produzir "toda espécie de frutos". Detalhe significativo: ao lado dos frutos mencionam-se as "coloridas flores e erva"[2]. A terra não se contenta em alimentar seus filhos. Como mãe atenciosa, ela cerca de beleza os seres que vivem junto dela. A verdura e as flores são os seus adornos; são alegria para os olhos e para a alma; formam um reino de beleza e de graça; são o sorriso da mãe na extensão do cosmos.

Mas o que há de novo e, à primeira vista, de surpreendente na maneira franciscana de designar a terra, é o nome de "irmã" que lhe é dado juntamente com o de "mãe": "Nossa irmã, a mãe Terra", diz Francisco. Para ele, a Mãe Terra tem também o semblante duma irmã. E é como tal que ele a canta. Confere-lhe, desse modo, uma nova juventude. Cria entre ele e a terra uma nova e mais profunda relação. O apelativo "irmã" dado à terra não lhe destrói nem diminui a maternidade; marca-lhe o limite. Significa efetivamente que, se a terra é nossa mãe da qual a nossa vida depende, não é, contudo, a fonte absoluta do ser e da vida; é também criatura, do mesmo modo como as outras realidades cósmicas. Ela faz parte da grande família das criaturas. Tanto ela como nós dependemos finalmente da mesma origem transcendente, do Pai que criou todas as coisas. Numa palavra, ela é nossa irmã. Este pensamento acarreta uma nova atitude afetiva para com a Mãe Terra. O sentimento de dependência e de piedade que se tem pela Mãe matiza-se aqui de afeição fraterna. E a veneração e a gratidão que Francisco sente pela terra materna

---

* Literalmente: "a qual nos sustenta e governa" [N.T.].

2. Sabe-se a importância que Francisco dava às folhagens e às flores; ele queria que, em cada convento, o hortelão reservasse uma faixa de terreno ao redor da horta, para folhagens e flores; estas deviam proclamar, ao vir a estação, como é grande a beleza do Pai de todas as coisas. Cf. 2Cel, p. 482.

remontam, através dela, a uma fonte mais alta: "Louvado sejas, meu Senhor, por nossa irmã, a mãe Terra..."

Dissemos propositalmente "através dela". Pois a terra, ainda que colocada na ordem das criaturas, não perde por isso o seu caráter hierofânico aos olhos de Francisco: a maternidade dela revela uma fonte mais alta de vida e de beleza. Também convém considerar aqui o fato de estar esta manifestação ligada a uma profunda comunhão afetiva com a realidade cósmica. Seria, em verdade, limitar-se a uma visão das coisas muito superficial e exterior o considerar a imagem franciscana de "nossa irmã, a mãe Terra", unicamente do ponto de vista estético ou como um simples pretexto para o louvor. Em Francisco há comunhão com a terra: uma comunhão com Deus através da terra. E o celebrá-la no seu cântico é o eco dessa profunda experiência.

Para nos convencermos disto, basta examinar o papel que a terra representou na vida religiosa de Francisco em suas mais elevadas experiências espirituais e considerar as suas íntimas relações com ela. Isto nos fará ver em que consiste a comunhão franciscana com a terra; e poderemos perguntar-nos, então, que significado tem a imagem hierofânica de "nossa irmã, a mãe Terra".

Desenvolveu-se a experiência mística de Francisco num contato muito íntimo com a terra. Focalizaremos aqui três espécies de fatos altamente significativos: as estadas repetidas e prolongadas nas cavernas, o sonho da árvore e o último desejo de Francisco agonizante: ser deitado nu na terra nua (*Humi positio*).

A estada nas cavernas

Diante duma vida como a de Francisco de Assis, sobretudo quando a encaramos em sua relação com a natureza, lembremos a observação de G. Bachelard: "As forças imaginativas do nosso espírito se desenvolvem em dois eixos muito diferentes. Umas se expandem diante da novidade; divertem-se com o pitoresco, com a variedade, com o acontecimento inesperado. A imaginação que elas avivam tem sempre uma primavera a descrever. Produzem flores vivas na natureza, longe de nós. As outras forças imaginativas cavam no fundo do ser; querem encontrar no ser o primitivo e o eterno ao mesmo tempo. Dominam o tempo e a história. Produzem germes na natureza, em nós e fora de nós; germes em que a forma se introduziu numa substância, em que a *forma é interna*"[3]. Temos que reconhecer que a vida de Francisco foi muitas vezes "imaginada" segundo o primeiro eixo. Considerou-se somente o lado pitoresco, maravilhoso, enternecedor, da aventura franciscana. Focalizou-se uma graciosa história de passarinhos, de lobo ou de coelho. E o nosso herói foi promovido a príncipe encantador da criação. Encantador, sem dúvida, mas irremediavelmente superficial.

Francisco vive na natureza, com sua grande alma aberta a todas as formas dela e a todos os seus perfumes. É certo. Mas acompanhemo-lo na natureza que ele procura e ama. Vemo-lo subir os contrafortes dos Apeninos que cercam o vale de Rieti, ou então as altas rochas do Alverne. Que é que o atrai a essas alturas? É a superfície brilhante das coisas? É certo que não. Chegado ao alto, não descansa até que não haja encontrado alguma profundidade, uma caverna ou uma fenda no rochedo, a fim de meter-se aí dentro. "A cavidade da rocha era o seu ninho preferido", escreve Celano (1Cel 71). Coisa curiosa: esse proceder material de Francisco revela o mesmo movimento interior que

3. G. Bachelard. *L'Eau et les Rêves, op. cit.*, p. 1.

o expresso no seu cântico: um impulso irreprimível para as alturas (para o Altíssimo), unido a uma descida às profundidades e a uma comunhão com o que há de mais humilde. Dessa forma, Francisco passou boa parte da vida a procurar, nas alturas, cavernas ou grutas para ocultar a sua vida ardente. Este frequente proceder revela uma tendência da alma: uma necessidade de imersão. É essa necessidade que é preciso tentar investigar.

A caverna teve sempre profundas ressonâncias na alma humana. Desde tempos imemoriais, tem sido um desses lugares privilegiados aos quais o homem liga a sua sorte na terra. Primeiro, a caverna se apresentou ao homem como um abrigo natural contra toda espécie de perigos. Depois, continuou a atraí-lo pelo seu próprio mistério. O universo da caverna é um universo interior, profundo, cheio de sombras e de ecos: é um universo atraente pelas imagens fundamentais que evoca. A caverna é um símbolo materno. Penetrar na sua profundidade a fim de demorar-se aí é voltar à mãe. Aqui, porém, não seria possível à mãe limitar-se à sua dimensão humana. "Habitar na gruta, escreve Bachelard, é participar da vida da terra, no seio da mãe Terra"[4]. Sob o teto da gruta ou da caverna encontramos a Terra, nossa mãe. E com ela que se relaciona o meditativo que se retira à caverna. Mais do que um abrigo contra olhares indiscretos e distrações de fora, a caverna representa para o solitário uma intimidade profunda. É um cubículo secreto, mas somente para uma profunda meditação.

Contudo, a Mãe Terra não é senão um símbolo. Ela representa uma totalidade interior: a totalidade de nossas origens e nossas radicações inconscientes, "que nos sustentam e nos governam" sob a forma de energias e de estruturas psíquicas

4. G. Bachelard. *La Terre et les Rêveries du repos*, Paris, 1948, p. 209.

fundamentais. Penetrar na caverna para aí habitar significa entrar em relação com o mundo subterrâneo e arcaico da alma e se deixar atrair pelo mistério que existe em cada um de nós. No fundo da caverna brilha sempre algum tesouro precioso. Mas isto significa também enfrentar um mundo que espanta por sua ambiguidade. No fundo da caverna está o monstro, o dragão, com o qual o homem tem de lutar, se quer apoderar-se do tesouro. Penetrar na caverna é aceitar o combate, a angústia e a morte. "A caverna corresponde ao túmulo", escreve Jung[5]. "Quem penetra em si mesmo está como que sepultado na terra; é como um morto que voltou à mãe terra..."[6]

Lugar de combate e de morte, a caverna é ainda lugar de ressurreição. A escuridão a que se habitua lentamente o olhar é como a aurora que desponta num mundo interior e oculto. É a caverna o lugar das grandes iniciações e das grandes gestações. Ela abre o homem ao seu mistério. Quando o meditativo deixa o seu profundo retiro e volta à claridade do dia, a luz que o ilumina brilha aos seus olhos com o mesmo esplendor que o da primeira manhã do mundo. A caverna está sempre à espera do sol[7]. Ela gera para uma vida nova. É uma matriz cósmica.

É interessante notar que todas as grandes experiências espirituais da vida de Francisco de Assis, desde a sua conversão à vida evangélica até a estigmatização no Alverne, precisaram dessa matriz cósmica para se manifestar. Todas se deram nas profundidades duma gruta ou duma caverna. A primeira experiência, a da conversão, foi uma gestação dramática no seio

---

5. C.G. Jung. *Métamorphoses de l'Ame et ses symboles, op. cit.*, p. 562.
6. *Ibid.*, p. 501.
7. Cf. G. Bachelard. *La Terre et les Rêveries du repos, op. cit.*, p. 204.

da mãe terra. O jovem Francisco, que havia vivido até então à superfície das coisas e de si mesmo, na agitação mundana, cheio de projetos de glória militar, descobre subitamente o vazio de sua existência; começa, então, para ele, uma lenta imersão nas profundezas. Ouçamos, porém, o que nos narra Celano a respeito do acontecimento:

> Havia em Assis um homem de quem Francisco gostava mais do que dos outros: tinham a mesma idade; a simpatia recíproca os levava a encontrar-se frequentemente e os incitava a confidências; Francisco chamava o amigo à parte a fim de falar-lhe mais à vontade e lhe afirmava que havia descoberto um tesouro imenso e precioso. O amigo, todo alegre, e levado pela curiosidade, o acompanhava de bom grado cada vez que era convidado. Nas vizinhanças da cidade havia uma caverna que eles visitavam muitas vezes, sempre falando do tesouro. O homem de Deus, já santo por seu desejo de santidade, penetrava na caverna, deixando o seu companheiro esperar fora e, sob a moção dum novo espírito ainda desconhecido, rezava ao Pai em segredo. Não queria que ninguém soubesse o que nele se passava. [...] Rogava devotamente ao Deus eterno e verdadeiro que lhe mostrasse o caminho a seguir e lhe ensinasse a cumprir a sua vontade. Travava-se em sua alma um combate terrível; não acharia repouso enquanto não realizasse a ideia que lhe viera à mente. O seu espírito era continuamente assaltado por mil pensamentos contrários, cuja volta importuna lhe causava perturbação e sofrimento [...]. Ao voltar ao companheiro, estava morto de cansaço, irreconhecível. Enfim, um dia em que ele havia implorado de todo o coração a misericórdia do Senhor, o Senhor lhe indicou o que ele devia fazer. Sentiu tanta felicidade que não pôde conter a alegria e se traiu involuntariamente. Já não lhe era possível calar-se, tão grande era o amor infuso em sua alma; todavia, não falava senão com palavras mis-

> teriosas e enigmáticas. Percebemos que ele falava a seu amigo predileto dum tesouro oculto; aos outros, procurava exprimir-se simbolicamente. Dizia que renunciava à sua viagem à Apúlia, mas unicamente para realizar em sua terra natal nobres e altos feitos. Muita gente pensava que ele queria casar-se e lhe perguntava: "Pensas em casar-te, Francisco?" E ele respondia: "Vou tomar por esposa a mais bela e mais nobre como vocês jamais viram; superior às outras por sua beleza, ela supera a todas em sabedoria" (1Cel 6-7).

Nesta narrativa de Celano encontram-se todos os temas característicos do simbolismo da caverna: o tema do "tesouro imenso e precioso" que dá à caverna a sua dimensão misteriosa e fascinante; o tema da defrontação com a profundidade da caverna pelo herói: é só ele que nela penetra; o tema do combate e da morte: o herói arrisca a vida na travessia noturna. "Travava-se em sua alma um combate terrível [...]. Ao voltar ao companheiro, estava cada vez mais morto de cansaço, irreconhecível". Pode-se notar que, sob a figura da caverna, é na alma de Francisco que se trava o combate; as verdadeiras profundezas escuras com as quais se defronta o herói são as da alma. Às voltas com elas, não podendo ainda assumi-las, Francisco sofre uma espécie de agonia: "Não acharia repouso, escreve Celano, enquanto não realizasse a ideia que lhe viera à mente". Deu-se o combate entre o eu superficial e a profunda ideia que representa o transformar-se em herói, sua verdadeira vocação: "Rogava devotamente ao Deus eterno e verdadeiro que lhe mostrasse o caminho a seguir e lhe ensinasse a cumprir a sua vontade". O que é mais notável é que, em tudo isso, essa ideia espiritual, para se tornar clara, tem necessidade duma imersão da alma na caverna e em sua escuridão. Realmente, a caverna que oculta o "tesouro imenso e precioso" é aqui a imagem arquetípica que põe a alma em relação com a sua "arqueologia", com toda a sua história passada, a sua própria e a da humanidade. A missão dos grandes símbolos é a de nos relacionar com as experiências fundamentais, com as que põem o homem às voltas com o seu mistério e com o do Ser. É explorando esse fundo arcaico da alma, à luz do "Deus eterno e verdadeiro", que o homem descobre o que é chamado a ser, a sua verdadeira vocação. Fazemos nosso o juízo de P. Ricoeur: "A imersão no *nosso* arcaísmo é, sem dúvida, o meio indireto pelo qual imergimos no arcaísmo da humanidade e este duplo 'retrocesso' é, por sua vez, o possível caminho duma descoberta, duma prospecção, duma profecia de nós mesmos"[8].

O simbolismo da caverna termina, de fato, com o renascimento do herói. Esse descobre o "tesouro imenso e precioso"; consegue arrancá-lo às trevas, possui-o e o leva à luz da consciência: "Um dia em que ele havia implorado de todo o coração a misericórdia do Senhor, o Senhor lhe indicou o que ele devia fazer" (1Cel 7). Não devemos interpretar "o que ele devia fazer" no sentido de uma ação particular e transitória, mas no sentido de uma nova orientação de toda a sua vida. É uma vida nova que é revelada a Francisco, um novo amor. Uma felicidade tão grande o invadiu que ele não se conteve de tanta alegria. Na verdade, é um novo homem que sai da caverna. Interrogado a respeito da alegria que ele irradiava, Francisco não pôde responder, diz-nos Celano, "senão com palavras misteriosas e enigmáticas", "simbolicamente" (1Cel 7). O que ele acaba de experimentar não se poderia dizer em termos claros. O símbolo é a linguagem das profundas experiências. Francisco declara que renuncia a viajar

8. P. Ricoeur. *Finitude et Culpabilité II, La Symbolique du Mal, op. cit.*, p. 20.

para a Apúlia, onde projetava alistar-se no exército de Gauthier de Brienne, a fim de se tornar ilustre nos combates; é na sua própria terra natal que ele realizará nobres e altos feitos. É altamente simbólica essa linguagem: não é mais lá fora, no exterior, que Francisco tentará, daí em diante, continuar a parte mais elevada de si mesmo, mas na sua "pátria", na sua terra natal, em si mesmo. Enfim, o tema da noiva é a admirável conclusão dessa experiência espiritual, ao exprimir simbolicamente a nova união da alma com a sua parte mais profunda, com o seu sagrado. O símbolo materno da caverna se metamorfoseia no da noiva e da esposa. O herói que descobriu sua plena vocação, a assume inteiramente. Foi esta a primeira grande experiência espiritual que Francisco teve da Mãe Terra.

A essa experiência subterrânea de Francisco seguiu-se logo depois uma outra, não menos decisiva. Tomado de pânico diante do furor de seu pai que o procurava com alguns amigos, Francisco se refugia num esconderijo em São Damião:

> ...Notando, pelos gritos, que se aproximavam, narra Celano, Francisco, noviço ainda nos combates por Cristo, preferiu deixar livre-curso à cólera; desapareceu num refúgio subterrâneo, que ele mesmo havia arranjado em previsão de semelhantes ocasiões. Era uma enxovia debaixo da casa; só um homem conhecia o segredo. Francisco lá ficou escondido durante um mês inteiro, só saindo em caso de absoluta necessidade. Comia na escuridão do antro o alimento que alguém lhe passava de vez em quando; só era possível auxiliá-lo clandestinamente. Passou todo esse tempo rezando e chorando, suplicando a Deus que livrasse a sua vida das mãos dos que a perseguiam [...]. Embora sepultado na escuridão da fossa, sentia que uma alegria indizível o invadia pouco a pouco, alegria jamais experimentada até então, cujo fervor tão bem se apoderou de todo o seu ser que,

> um dia, ele deixou o esconderijo para ir se oferecer sem defesa às injúrias dos seus perseguidores. Levantou-se imediatamente, cheio de bravura, de alegria e de impaciência... (1Cel 10-11).

Nesse episódio, o esconderijo subterrâneo representa, em primeiro lugar, o papel de refúgio; manifesta-se como um abrigo materno para o "noviço" contra o pai que ele não ousa enfrentar. Em seguida torna-se o túmulo onde o herói está, por assim dizer, "sepultado na escuridão". Há também aqui uma profunda experiência da Mãe Terra: experiência de volta à mãe. Também aqui, esta volta, vivida ao abrigo do esconderijo subterrâneo, não é uma simples repetição do seio materno; é uma passagem noturna para um todo mais vasto e também mais original; significa uma morte a si mesmo e uma inserção no ser universal por uma adesão a uma vontade superior. Desta experiência o herói tira, realmente, uma nova força que o torna capaz de assumir a sua verdadeira vocação, menosprezando o seu ser empírico. No contato com a terra, ele encontra no fundo de si mesmo o Invencível. A "volta à origem, escreve Eliade, prepara um novo nascimento, mas este não é uma repetição do primeiro, do nascimento físico. Há propriamente um renascimento místico, de ordem espiritual; em outras palavras, um acesso a um novo modo de existência (que comporta maturidade sexual, participação no sagrado e na cultura; numa palavra, comporta "abertura" ao Espírito). A ideia fundamental é que, para se chegar a um modo superior de existência, é necessário repetir a gestação e o nascimento, mas repeti-los ritualmente, simbolicamente; em outros termos, é necessário que haja ações orientadas para valores do Espírito e não comportamentos que dependem da atividade psicofisiológica"[9]. Fato é que Francisco, no fim de um mês de vida subterrânea, sai do seu esconderijo, firmemente resolvido a enfrentar as ameaças, os golpes e os escárnios, a fim de seguir a sua vocação. Era um "noviço" que se havia refugiado na enxovia subterrânea; sai dela um homem. Um homem que não tem mais medo de afirmar-se. "Daquela caverna, que fora uma fornalha de luzente gratidão e ardente humildade, surgiu uma das personalidades mais originais, mais estranhas e mais poderosas que a história humana jamais conheceu"[10].

Tais experiências da Mãe Terra marcaram Francisco profundamente. Ele não podia esquecê-las. No seu espírito, a caverna ficará sempre ligada à descoberta do "tesouro imenso e precioso". Ela exercerá nele uma fascinação constante. Ele gostará sempre de se meter em alguma profundidade subterrânea, com a avidez de quem cava a terra para procurar ouro. Isto é tanto mais notável porque Francisco, como já vimos, gostava da luz mais do que qualquer outra coisa. "Mais do que por todas as criaturas privadas de razão, ele tinha uma afeição toda particular pelo sol e pelo fogo", diz-nos o autor do *Speculum*. A matéria ardente e brilhante era a sua matéria preferida. Mas o que atrai Francisco às profundezas escuras da terra é inconscientemente a imagem arquetípica da Mãe Terra com tudo o que ela representa. Penetrando nas grutas e nas cavernas, Francisco aceita voltar às suas mais obscuras origens e retornar à sua "arqueologia" e à da humanidade. É uma atitude de profunda humildade, de desapego de si mesmo e de reconciliação. Dessa forma, ele se liga, de fato, com laços fraternos à Mãe Terra e a tudo o que

9. M. Eliade. *Aspects du mythe,* Paris, 1963, p. 103.

10. G.K. Chesterton. *Saint François d'Assise, op. cit.*, p. 120.

ela simboliza. A Mãe Terra torna-se para ele uma "irmã": uma "irmã" muito querida, associada à sua altíssima vocação, à sua busca do sagrado.

Já começamos a perceber o que significa o louvor que, no seu *Cântico das Criaturas*, Francisco dirige ao Altíssimo por "nossa irmã, a mãe Terra". Esta celebração poética da Terra e de sua maternidade não fica na superfície das coisas. Designando a Mãe Terra como irmã e cantando-a pela sua inesgotável fecundidade, Francisco exprime inconscientemente uma comunhão profunda da alma com todas as forças íntimas e obscuras que a ligam à imensidade do ser e da vida. Comunhão e transfiguração ao mesmo tempo. Não o esqueçamos: foi na mesma noite que precedeu à composição do seu cântico que Francisco recebeu do Senhor a garantia de sua entrada no Reino, sob a forma duma transfiguração de toda a terra em um "tesouro imenso e precioso" (cf. CA 43; 2Cel 213). O *Cântico do Sol* e particularmente a estrofe consagrada à "nossa irmã, a mãe Terra", celebram essa transfiguração que simboliza uma profunda metamorfose da alma. O louvor franciscano da Mãe Terra é o cântico do homem que, "com grande humildade", amou a Deus até com todas as forças obscuras que nos sustentam e nos nutrem, a ponto de vê-las transformar-se num tesouro eterno de luz e de glória.

Nessa linha de pensamento há um fato na vida de Francisco que adquire todo o seu sentido. Foi também numa gruta que se deu o caso. Três anos antes da sua morte, quis Francisco celebrar duma forma sensível a memória do nascimento do Menino Jesus em Belém, a fim de se unir o mais estreitamente possível a esse grande mistério de nossa fé. Mandou preparar um presépio numa gruta, ao sopé da montanha perto de Greccio. Colocaram uma manjedoura no interior da rocha e levaram para lá um jumento e um boi. Quando chegou a noite de Natal, Francisco "passou a vigília em pé diante do presépio, transido de compaixão, cheio de alegria indizível" (1Cel 85). Renovou-se, então, para ele, dum modo sensível, o mistério dum Deus que nasce nas profundezas da terra entre animais. Conta Celano que uma das testemunhas viu, deitada na manjedoura, uma criancinha imóvel que pareceu despertar do sono ao aproximar-se o santo (1Cel 86). "No presépio, refere por sua vez São Boaventura, repousava um belíssimo menino; pareceu despertar quando o bem-aventurado Pai Francisco o tomou em seus braços" (LM 10,7). Aqui também considerou-se quase sempre só o lado maravilhoso do fato, sem que se percebesse o seu profundo significado. Contudo, se se tivesse procurado interpretar duma maneira simbólica a experiência espiritual de Francisco, ter-se-ia conseguido melhor êxito ao narrar este fato, tanto é verdade que a própria ação, em Francisco, era uma linguagem que o exprimia inteiramente. Celano não se enganou; falando de Greccio, a propósito de outro fato, escreve na *Vita secunda*: "Foi nesse lugar que Francisco, tendo-se tornado menino com o Menino, celebrara, havia pouco, o nascimento do Menino de Belém" (2Cel 35). Dessa forma, para Celano, essa celebração exterior revela uma transformação interior: "tendo-se tornado menino com o Menino, *factus cum Puero puer*". Esse presépio vivo no fundo de uma gruta, onde acorda à noite um belíssimo menino que Francisco toma em seus braços, simboliza o nascimento oculto do eterno e divino Menino nas profundezas da alma dum homem plenamente reconciliado com a sua "arqueologia"; é a expressão sensível duma aproximação interior de Deus por caminhos de profunda humildade e de total humanidade: por caminhos de Encarnação.

Ao teólogo protestante Bultmann atribuem-se estas palavras: "Quero Cristo sem o presépio". Querer Cristo sem o presépio significa querer Cristo sem os seus vínculos naturais, sem a sua "matriz" cósmica e humana. Numa semelhante concepção das coisas, o fato da fé nada mais tem a ver com a "Mãe Terra". É evidente que uma tal fé em Cristo exprime uma relação com a Transcendência, relação esta que rompe com tudo que nos liga ao cosmos e à vida. Nesta perspectiva idealista, a salvação se realiza, de uma vez, acima de nossa condição carnal; não nos atinge em nossas raízes vitais e psíquicas; não assume o destino total do homem, desse ser "que tem suas raízes na natureza animal e, ultrapassando o que é unicamente humano, se eleva até a divindade"[11].

Totalmente diferente é a caminhada de Francisco. A sua relação com a transcendência passa pelos humildes caminhos da Encarnação; é um encontro do altíssimo Filho de Deus até nas profundezas de nossa "arqueologia". São Paulo diz de Cristo: "Esse *subir,* que significa senão que Ele desceu a essas partes inferiores da terra? O mesmo que desceu, foi o que *subiu* sobre todos os céus, para encher tudo" (Ef 4,9-10). Deus, para nascer no homem, tem necessidade do homem todo e, em primeiro lugar, das suas raízes obscuras. Deus está sempre à espera nas raízes.

> Vede, irmãos, a humildade de Deus e derramai diante dele os vossos corações; humilhai-vos também vós, para serdes exaltados por ele. Portanto, nada de vós retenhais para vós, a fim de que totalmente vos receba aquele que totalmente se vos oferece (Ord 28-29).

11. Cf. C.G. Jung. *Métamorphoses de l'Ame et ses symboles, op. cit.*, p. 503.

O sonho e a árvore

As relações de Francisco com nossa mãe Terra e com tudo que ela simboliza não se manifestam somente nos fatos ou em certas passagens de sua vida exterior. Pertencem, antes de mais nada, à sua profunda vida onírica. É o que demonstram alguns de seus sonhos, sobre os quais a terra exerce um verdadeiro fascínio. Eis um desses sonhos, narrado por Celano: "Certa noite, durante o sono, pareceu-lhe percorrer uma estrada; à margem dela alteava-se uma árvore gigantesca, dum aspecto esplêndido, vigorosa, enorme, com um tronco imenso; chegando a certa distância, ele parou para admirar-lhe a altura e a beleza; mas, de repente, ele se viu elevado tão alto que podia tocar a copa da árvore; agarrou-a e, sem fazer esforço, curvou-a até o chão... *eamque manu capiens facilime inclinarei ad terras*" (1Cel 33). Celano explica este sonho, comparando-o com as diligências feitas, então, por Francisco junto ao Papa Inocêncio III, "a árvore mais alta e mais vigorosa do mundo", a fim de obter a aprovação de sua Regra; foi este sonho que encorajou Francisco, fazendo-lhe entrever o sucesso de suas diligências: o grande senhor Inocêncio se deixaria dobrar tão facilmente como a árvore gigantesca e se inclinaria ao seu pedido.

O fato de estar esse sonho efetivamente relacionado com as diligências de Francisco junto ao Papa Inocêncio em nada diminui sua profunda significação onírica. Temos aqui, realmente, um grande sonho que procede dos arquétipos. A imagem da árvore em torno da qual gira inteiramente o sonho é uma imagem arquetípica; é um daqueles símbolos fundamentais que se encontram tanto nos mitos como na arte e nos sonhos de todos os tempos. Esta imagem representou um grande papel nas religiões primitivas.

> [...] O cosmos, escreve M. Eliade, foi imaginado sob a forma de uma árvore gigante: o modo de ser do cosmos e, em primeiro lugar, a sua capacidade de se renovar indefinidamente, é expressa simbolicamente pela vida da árvore [...]. Não foi escolhida a imagem da árvore unicamente para simbolizar o cosmos, mas ainda para significar a vida, a juventude, a imortalidade, a sabedoria. Ao lado das árvores cósmicas como o *Yggdrasil* da mitologia germânica, a história das religiões conhece árvores da vida (por exemplo, na Mesopotâmia), da imortalidade (Ásia, Antigo Testamento), da sabedoria (Antigo Testamento), da juventude (Mesopotâmia, índia, Irã) etc. Em outras palavras, a árvore já significou tudo o que o homem religioso considera como *real e sagrado por excelência,* tudo o que ele sabe que os deuses possuem por sua própria natureza e que é só raramente acessível a indivíduos privilegiados, como os heróis e os semideuses. Por isso, os mitos da busca da imortalidade ou da juventude são representados por uma árvore de frutos dourados ou de folhas miraculosas, a qual se acha "num país longínquo" (na realidade, no outro mundo) e que é defendida por monstros (grifos, dragões, serpentes). Para colher os frutos, é necessário enfrentar o monstro que a vigia e matá-lo; portanto, é necessário submeter-se a uma *prova de iniciação de tipo heroico*: o vencedor conquista "pela violência" a condição sobre-humana, quase divina, da eterna juventude, da invencibilidade e da onipotência[12].

Em certas tribos, por exemplo, entre os Caradjeris, o subir numa árvore constitui, por si mesmo, uma cerimônia de iniciação. A árvore simboliza o eixo cósmico, a Árvore do mundo: subindo por ela, o iniciado penetra no céu[13]. Dessa forma, a subida na árvore simboliza um novo nascimento, um nas-

12. M. Eliade. *Le Sacré et le Profane, op. cit.*, p. 126-128.

13. Cf. M. Eliade. *Naissances mystiques,* Paris, 1959, p. 49.

cimento sobrenatural. Segundo Jung, a árvore é um símbolo materno[14]. Este retorno, porém, à imagem da mãe prepara um novo nascimento: "As árvores que abraçam são também mães que dão à luz"[15]. No baixo-relevo de Wiesbaden, que reproduz a lenda de Mitras, vê-se este deus nascendo no alto da árvore.

Voltemos, porém, ao sonho de Francisco. A primeira coisa que nos surpreende é a seguinte: a árvore se encontra à margem da estrada que Francisco percorre. À primeira vista, não parece ser esse o fim da estrada. Contudo, o encontro da árvore vai ser decisivo. Não é uma árvore qualquer, é uma árvore "gigantesca, dum aspecto esplêndido, vigorosa, enorme, com um tronco imenso". Por sua beleza, sua altura e seu vigor extraordinários, ela é imponente e exerce uma verdadeira fascinação. Como manifestação de vida, de força e de beleza, essa árvore demonstra caráter hierofânico. O modo como é descrita recorda, aliás, a árvore gigante do sonho de Nabucodonosor: "... Parecia-me ver no meio da terra uma árvore, e sua altura era desmesurada. Era uma árvore grande e forte, e sua altura chegava até o céu..." (Dn 4,7-8). Sabemos como o Profeta Daniel, solicitado pelo rei, interpretou o sonho; viu na árvore gigantesca, voltada à ruína, a imagem do destino do rei: "A árvore que tu viste, alta e robusta, cuja altura chegava até o céu... és tu, ó rei..." (Dn 4,17-19). No sonho de Francisco, a árvore também está em relação estreita com seu profundo destino. Ela é uma linguagem das profundezas. Desse ponto de vista, devemos prestar a máxima atenção ao duplo movimento que Francisco efetua no seu sonho em relação à árvore.

---

14. Cf. *Métamorphoses de l'Âme et ses symboles, op. cit.*, p. 390.

15. *Ibid.*, p. 409.

O primeiro movimento é um movimento de atração no sentido da copa da árvore. Fascinado pela beleza e pela altura dela, Francisco se sente literalmente atraído, elevado até os altos ramos, "elevado tão alto que podia tocar a copa da árvore". As árvores que atraem e abraçam têm uma significação maternal, já observamos com Jung; são "mães que dão à luz". Celano não se engana, quando vê na árvore sonhada por Francisco a figura do Papa Inocêncio III, a quem Francisco desejava, então, se dirigir, a fim de conseguir a aprovação de sua Regra. É preciso, porém, compreender que, para Francisco, o Papa Inocêncio era a própria personificação da *Mater Ecclesia.* Se pensarmos agora no veemente desejo e na impaciência do jovem fundador de ser aprovado em seu novo gênero de vida pela *Mater Ecclesia,* de se sentir em estreita comunhão de vida e de sentimentos com ela, de se inserir na vida profunda da Igreja, convencer-nos-emos facilmente de que a irresistível atração que, no seu sonho, parte da árvore gigantesca e o eleva até a copa, significa "uma volta à mãe", uma volta ao seio materno. Mas uma volta em vista dum novo nascimento, dum nascimento desde o alto para a mais alta vida. É a copa da árvore que atrai Francisco. E a copa dessa árvore gigantesca se confunde com a abóbada celeste; ela exprime o sagrado, o Altíssimo. A poderosa atração que eleva Francisco a essa altura sobre-humana traduz o profundo desejo de seu ser, de viver a vida mais elevada, a própria vida divina, procurando alcançar a sua parte mais elevada. Temos aqui o movimento vertical em direção ao Altíssimo, movimento com que começa o *Cântico do Sol.* Esse cântico, como já demonstramos, é efetivamente, na sua primeira estrofe, um hino à transcendência, antes de ser o *Cântico das Criaturas.*

No sonho de Francisco, porém, como, aliás, no seu cântico, esse primeiro movimento é seguido de um outro, que une paradoxalmente ao apelo do céu altíssimo a descida até o chão, isto é, é a comunhão do céu com a terra. Chegando à copa da árvore, Francisco a agarra e a inclina, sem esforço, até o chão. Este segundo movimento tem, sem dúvida alguma, um grande valor simbólico. Agarrando a copa da árvore, o herói toma, de algum modo, a iniciativa do movimento sobre a força que o elevou e o arrebatou a essa altura. Com isso, ele afirma, em primeiro lugar, a sua própria vocação; triunfa sobre a "mãe". Longe de ficar suspenso à árvore, preso nos seus ramos como o passarinho no ninho, ele traça o seu caminho. É ele que agora arrasta no seu movimento a árvore gigante. Dobra-se até o chão. Em outras palavras, ele a planta outra vez na terra. Partindo das alturas do céu aonde o havia levado o seu primeiro impulso, Francisco, tanto no sonho como no cântico, volta à Mãe Terra. Não é que renuncie ao apelo do Altíssimo, mas a sua busca do sagrado e o seu nascimento para a vida divina passam por esta humilde comunhão com a Mãe Terra e com tudo que ela pode significar de forças íntimas e obscuras. A atitude religiosa de Francisco é uma atitude total. Por ser uma atitude de humildade e de acolhimento, ela envolve o homem com todas as suas raízes; reconcilia o homem com a sua totalidade, reconciliando-o com Deus. E o faz num único movimento. No seu livro *Le Goût de L'Un,* escreve Pierre Emmanuel: "Tenho a convicção de que a vertical da transcendência passa através de nossa obscuridade, de que a elevação do espírito coincide com a profundidade da alma, já que a exploração das trevas é o caminho para essa luz suprema que, no fundo ignorado de nós mesmos, nos intima a caminhar de noite"[16]. Cremos que Francisco exprimiu essa convicção à sua maneira, cantando o Senhor através de "nossa irmã, a mãe Terra, que nos carrega e nos nutre".

O último desejo de Francisco ao agonizar: ser deitado nu na terra nua

Tentamos compreender o sentido da celebração de "nossa irmã, a Mãe Terra", do *Cântico das Criaturas*, esclarecendo-o com certos fatos da vida de Francisco, os quais foram efetivamente experiências da Mãe Terra, tanto no plano cósmico como nos planos psíquico e espiritual. O *Cântico das Criaturas,* que brotou no íntimo da alma de Francisco, não poderia ficar alheio a essas experiências decisivas; exprime-as de uma ou de outra maneira.

Ora, entre os fatos e acontecimentos da vida de Francisco, susceptíveis de ser relacionados com a celebração da Mãe Terra, há um que merece ser focalizado de modo particular. É aquele que ele quis se cumprisse nos seus momentos derradeiros. Celano no-lo conta: "Francisco passou em ação de graças os dois ou três dias que lhe restavam de vida, pedindo aos seus caríssimos companheiros que louvassem a Deus com ele. Ele mesmo entoou como pôde o salmo: "Minha voz clama a Javé, com minha voz imploro o Senhor". Chegou a convidar todas as criaturas a louvarem e amarem a Deus, cantando-lhes o cântico que ele havia composto outrora [...]. Dirigindo-se a seus irmãos, disse-lhes: "Quando me virdes no momento extremo, deitai-me nu na terra nua, como anteontem, e deixai-me assim também depois do meu último suspiro, pelo espaço de tempo necessário para percorrer uma milha a passo lento" (2Cel 217).

16. Pierre Emmanuel. *Le Goût de L'Un,* Paris, 1963, p. 196.

Segundo esta narrativa de Celano, Francisco agonizante cantou o *Cântico do Sol;* manifestou, depois, o desejo de ser deitado nu na terra nua no momento de sua morte. É difícil, portanto, não se estabelecer uma relação entre esse desejo de Francisco e o seu cântico. Quando cantou "Louvado sejas, meu Senhor, por nossa irmã a mãe Terra..." e formulou, pouco depois, o desejo de ser deitado na terra a fim de morrer colado a ela, não terá sido fundamentalmente a mesma coisa que, tanto num caso como no outro, o inspirou, e que ele procurou manifestar em linguagem diferente, sem dúvida, mas igualmente simbólica?

Mas que representava para Francisco o fato de ser deitado nu na terra nua no momento da morte? Que sentido dava ele a esse ato? Para compreender adequadamente o gesto de Francisco, devemos colocá-lo no conjunto dos atos que marcaram a sua morte e que fizeram dela uma verdadeira colaboração litúrgica. Ao aproximar-se a morte, "como os irmãos chorassem amargamente e se lamentassem, inconsoláveis, narra Celano, o Pai pediu pão, abençoou-o, partiu-o e deu um pequeno pedaço a cada um; depois mandou trazer o evangeliário e pediu que lessem a passagem de São João, que começa com a frase: 'Antes da festa da Páscoa, sabendo Jesus que chegara a sua hora de passar deste mundo ao Pai...' Comemorava ele, desta forma, a Última Ceia que o Senhor havia celebrado com seus discípulos..." (2Cel 214). Cumprindo todos estes ritos, indicava Francisco o sentido que ele entendia dar à sua morte; encarava-a como uma Páscoa, em estreita comunhão com a Páscoa daquele que ele não cessara de imitar durante toda a sua vida. Acolhia a morte como uma inserção mais profunda no mistério de Cristo, como uma passagem com Cristo ao Pai. É nesse contexto que a última vontade de Francisco adquire sentido. Alguns dias antes, ele já se fizera estender, uma primeira vez, na terra nua, "a fim de que naquela última hora, diz Celano, quando o inimigo talvez fizesse a suprema investida, ele pudesse lutar nu contra um adversário nu..." (2Cel 217). Esse ato de despojamento supremo manifesta, sem dúvida alguma, em Francisco, uma vontade de identificar-se plenamente com Cristo morrendo na cruz no mais completo desnudamento. É o próprio Celano quem descobre esse sentido, ao concluir a narrativa da morte de Francisco com essas palavras: "Veio, enfim, a hora em que, tendo sido realizados nele todos os mistérios de Cristo, sua alma alçou voo para o gozo de Deus" (2Cel 217). São Boaventura, por sua parte, insistia sobre esse sentido em sua *Legenda Maior:* "Ele agiu assim por causa da pobreza; não queria possuir nada, nem mesmo um hábito, que lhe era emprestado por alguém. Para assemelhar-se perfeitamente a Cristo crucificado, pendente da cruz, pobre, sofredor e nu, ele se despiu diante do bispo no início de sua conversão, e foi também nu que quis sair deste mundo no momento de sua morte..." (LM 14,4). Esse ato de Francisco é, pois, o ponto culminante da sua união e identificação com Cristo.

Contudo, essa interpretação, que enfatiza o despojamento por conformidade com Cristo, parece deixar na sombra um aspecto essencial do gesto de Francisco. Esse aspecto é o do contato e da comunhão com a própria terra. O desejo de ser posto em contato direto com a terra, de ser-lhe entregue de alguma forma, e isto num momento decisivo para a vida da alma, não pode ser considerado meramente acidental ou arbitrário; tem um profundo sentido; tem que ser posto em relação com aquilo que Francisco exprime no seu cântico, quando louva a Deus "por nossa irmã, a mãe Terra".

Devemos reconhecer que, de fato, nesse gesto de Francisco, há duas coisas que se acham estreitamente associadas, mas que não emanam do mesmo esforço da alma. Existe, antes de mais nada, um desejo de identificação e de comunhão com Cristo e com seu mistério sobrenatural. Esse desejo, porém, é expresso aqui num rito de comunhão com a terra que não é de origem especificamente cristã. Francisco reproduz inconscientemente um rito muito arcaico, impregnado de profundo sentido. Efetivamente, entre numerosos povos antigos, o contato direto com a terra era de regra no nascimento e na morte; era costume colocar o recém-nascido ou o moribundo no chão. Na China, por exemplo, "o moribundo, assim como a criança ao nascer, era depositado no chão... Para nascer ou para morrer, para entrar na família viva ou na família ancestral (e para sair de uma ou de outra), há um umbral comum, a terra natal... Ao depositar-se na terra o recém-nascido ou o moribundo, é ela que dirá se o nascimento ou a morte têm valor, se devem ser considerados como fatos adquiridos e ordinários"[17]. "Assim como se coloca a criança no chão, logo depois de nascida, para que a mãe verdadeira a legitime e lhe assegure a proteção divina, do mesmo modo colocam no chão, a não ser que sejam enterrados, as crianças e os adultos em caso de doença. *Este rito equivale a um novo nascimento.* O enterro simbólico, parcial ou total, tem o mesmo valor mágico-religioso que a imersão na água, que o batismo. Com isso o doente é regenerado: nasce novamente. A operação tem a mesma eficácia quando se trata de apagar uma falta grave ou de curar uma doença do espírito..."[18]

---

17. Marcel Granet. *Le Depot de Venjant sur le sol,* Revue archéologique, 1922; Etudes sociologiques sur la Chine, Paris, 1953, p. 159-202.

18. M. Eliade. *Le Sacré et le Profane, op. cit.*, p. 122.

O sentido desse rito é recolocar o homem em comunhão com uma totalidade que o transcende, que o carrega e o nutre e, dessa forma, fazê-lo sair da sua situação particular e de abri-lo a uma vida nova, universal. O homem se acha recolocado no seio do ser, de acordo com o seu mistério: de acordo, por isso mesmo, com a totalidade de sua alma. A Mãe Terra é *uma imagem arquetípica* do inconsciente; simboliza toda a vida psíquica obscura da alma. Retomando contato com a Mãe Terra, o homem se liga simbolicamente à parte obscura de sua alma, à sua "arqueologia" e, mais profundamente ainda, à "arqueologia da humanidade". Essa imersão na pré-história da alma não é um simples retrocesso; é o caminho dum novo nascimento; o homem nasce a uma vida que transcende o indivíduo e a sua condição empírica; ele participa daí em diante da totalidade do ser e do seu sagrado.

O que é de notar no caso de Francisco é que esse rito arcaico, com o seu sentido próprio, é retomado e associado à mística de união com Cristo, do modo mais espontâneo e mais estrito. A mais íntima e mais pessoal união com Cristo passa aqui pelo caminho dos grandes símbolos humanos, por essa imersão na "Mãe Terra" e em tudo que ela significa: a adesão amorosa e total a Jesus exprime-se por uma comunhão fraterna com "nossa irmã, a mãe Terra". E aqui não se pode deixar de pensar naquilo que Teilhard de Chardin escreveu em *La Messe sur le Monde:* "A terra carregará maternalmente nos seus braços gigantes aquele que amar apaixonadamente a Jesus oculto nas forças que a fazem crescer; ela lhe fará contemplar o rosto de Deus... A terra, desfalecendo, apertará nos seus braços gigantes aquele que tiver amado apaixonadamente a Jesus oculto nas forças que a fazem morrer; ele despertará com ela no seio de Deus"[19].

19. P. Teilhard de Chardin. *La Messe sur le Monde,* em Hymne de l'univers, Paris, 1961, p. 45-47.

Daí se compreende a alegria de Francisco nos seus últimos momentos. "Ele acolheu a morte cantando", escreve Celano. E seu cântico foi justamente o cântico do sol e da terra. No seu romance *Os Irmãos Karamazov,* Dostoiévski narra uma cena que pode nos ajudar a compreender melhor esta alegria sobrenatural de Francisco ao morrer colado à Mãe Terra. O velho *starets* Zózimo acabava de morrer. Antes de finar-se, recordou a seu discípulo predileto, Aliocha, a palavra evangélica:

> "Se o grão de trigo não cai na terra e não morre, ficará só; mas, se morrer, dará muito fruto". "Lembra-te disso", disse ele. Na hora do velório, os monges, reunidos, segundo o costume, em torno do defunto, ouvem a leitura do Evangelho, feita por um deles. Aliocha, morto de cansaço e de emoção, adormece. Durante o sono leve, ouve a narrativa das Bodas de Caná. E vê, em sonhos, Zózimo novamente vivo, que vem a ele e lhe comenta o Evangelho. Aliocha acorda; o corpo do velho monge lá está, frio, rígido, no caixão. Aliocha contempla-o. De repente, ele se volta bruscamente, sai da cela, desce a escadaria sem parar, impelido por uma sede de liberdade e de espaço...
>
> ...A noite serena envolvia a terra. As brancas torres e as douradas cúpulas se destacavam no céu de safira. Em torno da casa dormiam as opulentas flores de outono até a manhã. A calma da terra parecia confundir-se com a paz do céu. O mistério da terra se juntava ao da estrela. Aliocha olhava, em pé. De repente, caiu no chão como fulminado por um raio.
>
> Ele ignorava por que abraçava a terra, nem compreendia por que desejava loucamente abraçá-la toda inteira; mas a beijava soluçando e molhando-a com suas lágrimas e prometia fervorosamente a si mesmo amá-la, amá-la pelos séculos dos séculos. "Rega a terra com lágrimas de alegria, ama as lágrimas que derramas..." Estas palavras ressoavam na sua alma. Por que chorava? No seu êxtase,

ele chorava por causa das estrelas que cintilavam no infinito e "não se envergonhava de sua exaltação". Era como se fios descendo de todos aqueles inumeráveis mundos se unissem bruscamente em sua alma. E esta, no contato com outros mundos, estremecesse toda. Quereria perdoar a todos e por tudo, e pedir perdão, não para si, mas para os outros e para tudo; "os outros pedirão perdão para mim", também esta frase lhe vinha cada vez à memória. Experimentava cada vez mais claramente e duma maneira quase palpável um sentimento firme e inabalável a invadi-lo; uma ideia apoderou-se para sempre de sua alma. Caíra no chão, fraco, adolescente; levantou-se como robusto lutador por toda a vida. Nesse instante, ele teve consciência de seu êxtase. Nunca, nunca mais se esqueceu Aliocha desse minuto. "Minha alma foi visitada naquele momento", afirmou ele mais tarde.*

"O mistério da terra se juntava ao da estrela": como na alma de Aliocha, eles se juntavam na alma de Francisco. Tanto num caso como no outro, não estamos em presença duma mesma experiência espiritual fundamental, em que se unem e se fundem a exigência evangélica dum supremo despojamento e a profunda adesão à terra? "Se o grão de trigo não cai na terra..."; a palavra evangélica, longe de destruir a atitude da alma em busca do seu sagrado, toma emprestado o caminho obscuro do mito a fim de conduzir o homem à sua verdade plena e ao seu total destino: ela manifesta uma exigência de volta à terra, a necessidade de a alma retornar às suas origens obscuras e inconscientes, à sua "arqueologia" cósmica e psíquica. Esse retorno não pode ser vivido, desde logo, senão como uma morte: morte ao mundo do "eu", de suas falsas prerrogativas, de seu falso prestígio, de suas ambições e de seus desejos. Talvez seja esse o sentido próprio da

* Cf. *Os Irmãos Karamazov*, Abril Cultural, São Paulo, 1971, p. 262.

humildade e da pobreza evangélicas. Francisco, em todo caso, compreendeu-as assim.

Esse retorno, porém, e essa morte não são um fim; são pelo contrário o ponto de partida dum renascimento do homem para um universo de comunhão. É nisso que a conversão evangélica transcende o mito e o símbolo, utilizando-os. Sendo vivida na fé em Cristo morto e ressuscitado, essa conversão oferece o que o mito e o símbolo só podem entrever e apontar, sem conhecê-lo propriamente. A fenomenologia da religião focalizou bem o sentido profundo da estrutura mítica. Esta designaria "a íntima concordância do homem do culto e do mito com a totalidade do ser; significaria uma plenitude indivisível em que o sobrenatural, o natural e o psicológico ainda não estariam cindidos"[20]. Mas, como observa P. Ricoeur, "esta intuição dum conglomerado cósmico do qual o homem não estaria separado, e esta plenitude indivisa, anterior à cisão do sobrenatural, do natural e do humano, não são *oferecidas*, mas simplesmente *apontadas*. E somente na intenção que o mito estabelece alguma integridade"[21]. A conversão evangélica, trazendo ao homem uma nova profundeza de existência, retoma o profundo sentido do mito, mas oferecendo-lhe um novo sentido e um novo conteúdo. A celebração de nossa mãe a Terra não é uma volta ao paganismo, não é uma volta ao homem primitivo, ao homem da noite, fascinado por uma unidade perdida e procurada em vão no passado, numa época primitiva. É a celebração de uma aurora, em que a ordem da natureza se manifesta penetrada e iluminada por Aquele que é Espírito vivificador. Não é mais atrás, no passado, mas à frente e à luz do Ressuscitado, que a alma vai em busca

---

20. P. Ricoeur. *Finitude et Culpabilité II, La Symbolique du Mal, op. cit.*, p. 158.
21. *Ibid.*, p. 158-159.

dos “grandes começos”. O Paraíso perdido transformou-se em Terra prometida. A escatologia absorve e transfigura a arqueologia. Aqui o mito não significa mais a “memória da inocência”, somente, mas ainda a “esperança do perdão”.

Reconciliação com o sobrenatural, com o natural e o humano, tal é, sem dúvida, o sentido pleno dessa celebração da Mãe Terra e do desejo de Francisco de unir-se intimamente a ela até mesmo na morte. Compreende-se que tal experiência é acompanhada dum imenso desejo de perdoar. No momento mais forte do seu êxtase, Aliocha “quereria perdoar a todos e por tudo, e pedir perdão não para si, mas para os outros e para tudo...” A terra que ele abraça e que ele molha com suas lágrimas é uma terra que transborda de misericórdia. É uma terra reconciliada, uma terra sagrada, cujo mistério se junta ao da estrela. O mesmo se dá com Francisco. De fato, é interessante notar que no seu cântico a estrofe que segue imediatamente a que é consagrada à Mãe Terra seja uma celebração do perdão, um louvor a Deus “por aqueles que perdoam por amor de ti”. Embora acrescentada mais tarde, esta estrofe é parte integrante do cântico; seu sentido ultrapassa a circunstância particular que a fez nascer. Para Francisco que a cantou pouco antes de morrer, era esta estrofe como a sequência lógica de todo o *Cântico das Criaturas,* especialmente a do seu louvor à Mãe Terra. Esta não era mais para ele somente a realidade ancestral, a Mãe sem formosura; tornara-se uma realidade nova, com rosto fraterno: “nossa irmã, a mãe Terra”. Uma terra reconciliada, visitada por uma imensa graça de perdão. Não uma terra idílica, é certo, da qual estariam ausentes “provações e doenças”, mas uma terra onde está presente a esperança. "O perdão é a esperança da glória"[22], e é já um encontro com o Altíssimo.

Como Aliocha, Francisco é um ressuscitado. E o é porque aceitou a Encarnação, porque aceitou todo o peso da terra até mesmo em sua atitude mais espiritual e porque acolheu a própria necessidade como irmã: "Conhecimento franciscano da necessidade, escreve P. Ricoeur: estou "com" a necessidade, "entre" as criaturas"[23].

---

22. M. Dufrenne e P. Ricoeur. *Karl Jaspers et la Philosophie de l'Existence,* Paris, 1947, p. 393.

23. P. Ricoeur. *Philosophie de la Volonté: le Volontaire et l'Involontaire,* Paris, 1950, p. 452.

X
O perdão e a paz

> Louvado sejas, meu Senhor, por aqueles que perdoam por amor de ti, e suportam enfermidade e tributação; bem-aventurados os que guardam a paz, pois serão coroados por ti, ó Altíssimo.

O *Cântico das Criaturas* propriamente dito termina com a estrofe consagrada à "nossa irmã, a mãe Terra". Contudo, Francisco quis acrescentar-lhe mais duas estrofes. Foram-lhe estas inspiradas subitamente e em circunstâncias particulares. Datando do outono de 1225 toda a primeira parte do cântico, a penúltima estrofe só foi composta em julho de 1226[1], no palácio episcopal de Assis, a fim de pôr termo à luta entre o bispo e o *podestá* da cidade; ela é essencialmente um hino ao perdão e à paz.

Deve-se ver nesta penúltima estrofe um mero acréscimo ocasional, estranho à inspiração primitiva do *Cântico das Criaturas*? À primeira vista parece que não há ligação com o que precede. Já não são os mesmos os termos e as preocupações nela expressos. Sendo inteiramente voltado até então para as realidades da natureza e formando um louvor cósmico, o poema de repente se concentra, nessa penúltima estrofe, nas realidades humanas, no destino do homem em luta com seus semelhantes, com a enfermidade e as provações de todo gênero. A atmosfera

1. Cf. *Saint François d'Assise. Documents, op. cit.*, p. 195.

aqui é outra. O louvor dos elementos cósmicos se desenrolou inteiramente sob o signo duma fraternidade sem nuvens e sem sombras; a penúltima estrofe, ao contrário, nos faz imergir num mundo cheio de tensões, de conflitos e de sofrimentos.

Contudo, apesar dessas diferenças, Francisco quis incorporar essa estrofe no seu *Cântico das Criaturas*. Isso deve fazer-nos refletir. Não há dúvida de que para Francisco essa estrofe estava em consonância com toda a sua obra e brotou da mesma inspiração fundamental. Não se afirma nessa e nas outras estrofes a mesma presença fraterna no mundo? Não é o mesmo desejo de reconciliação que é expresso em ambas as partes, na primeira, pela celebração fraterna dos elementos cósmicos, e, na segunda, pelo louvor do perdão e da paz? Não estamos em presença de dois modos diferentes de expressão da mesma experiência espiritual? Vamos um pouco mais longe. Essa penúltima estrofe, consagrada à fraternidade propriamente humana, sob o signo do perdão e da paz, não deve ser interpretada como o emergir do sentido latente e profundo do próprio louvor cósmico, após um tempo de pausa e de amadurecimento?

Para responder a essa questão temos que reportar-nos à vida de Francisco, a fim de ver, na sua intimidade, as relações que a fraternidade cósmica e a fraternidade humana têm uma com a outra, a fusão afetiva com todas as criaturas infra-humanas e seu amor pelas pessoas espirituais.

Não exageramos quando falamos da importância das relações humanas numa vida como a de Francisco. Filho de negociante, iniciado muito jovem no comércio, hábil nos negócios, Francisco adquiriu bem cedo o hábito e o gosto dos contatos humanos. Era espontaneamente aberto à troca de ideias; ajudava-o nisso, aliás, uma natureza afável e cortês que fazia dele "um jovem delicado, de convívio e trato agradáveis" (1Cel 2; LM 1,1). A graça da conversão não destruiu, de forma alguma, estas disposições naturais de abertura e acolhimento. Muito pelo contrário, alargou-as. Toda a vida, Francisco foi muito atencioso com os outros. E, embora o vejamos preferir a companhia dos mais humildes e abandonados, contudo está aberto a todos, mesmo aos grandes desse mundo: vai ao Papa Inocêncio, torna-se amigo do Cardeal Hugolino, atravessa o Mediterrâneo para levar a Boa-nova ao sultão do Egito, a quem se impõe por sua grande polidez. As *cartas a todos os fiéis* e *aos chefes das nações* mostram a dimensão do seu horizonte humano. Era, contudo, com os irmãos que o Senhor lhe havia dado, que Francisco mantinha as mais estreitas e mais numerosas relações.

É, porém, na qualidade das relações humanas de Francisco, mais do que em sua amplitude e seu volume, que devemos fixar a atenção. Desse ponto de vista, temos dois traços característicos de relação humana em Francisco. Em primeiro lugar, acentua-se fortemente o encontro *pessoal*. Chesterton diz humoristicamente de Francisco que a árvore lhe ocultava a floresta. Ele não via a multidão ou a humanidade em geral, mas o indivíduo, o ser pessoal, singular, com sua história e sua vocação particulares. Cada pessoa era para ele uma realidade única, objeto dum amor único. Importava-se com cada um como se este fosse o único ser no mundo. Essa simpatia pelo ser singular acomodava-se aos mais diversos caracteres e variava segundo a condição e a vocação de cada um. Lippert tem razão quando diz que a herança mais preciosa, legada por Francisco à sua família e à Igreja, é "o sentido e o gosto pela pessoa viva, do indivíduo e do particular e, afinal, da qualidade"[2].

Um segundo traço caracteriza as relações de Francisco com seus semelhantes. Estão estas relações sob o signo da paz. No seu Testamento escreve Francisco: "O Senhor me revelou que, ao saudar, devemos dizer: *O Senhor te dê a paz!*" Não se trata aqui de uma simples fórmula. Essa saudação exprime uma atitude e uma vontade muito profundas de reconciliação. Francisco lhe dá seu pleno sentido bíblico e evangélico. A paz que ele deseja a todos e a cada um é o favor de Deus, o perdão, a volta à graça, a amizade divina recuperada, numa palavra, a reconciliação total com Deus; e é, por isso mesmo, também a reconciliação dos homens entre si e consigo mesmos, no mesmo espírito de misericórdia. É essa paz que Cristo veio trazer à terra. Francisco, escreve Celano, "só se considerava amigo de Cristo com a condição de amar as almas como Cristo as tinha amado" (2Cel 172). Quer dizer que todas as suas relações humanas estavam impregnadas de um imenso desejo de misericórdia e de reconciliação. Esse desejo provinha das profundezas do seu ser; tinha o calor da vida. "Já os naturais sentimentos de seu coração, escreve Celano, bastavam para fazer dele irmão de todas as criaturas; não se deve admirar que, no seu amor por Cristo, ele se tenha tornado mais ainda irmão dos homens..." (2Cel 172).

Não se poderia traduzir melhor a ternura misericordiosa que transbordava do coração de Francisco para com todos os homens, do que citando os conselhos que ele deu a um ministro da Ordem:

---

2. P. Lippert. *Bonté, op. cit.*, p. 119.

> E nisto quero reconhecer se tu amas o Senhor e a mim, servo dele e teu, se fizeres isto: não haja no mundo irmão que pecar, o quanto puder pecar, que, após ter visto teus olhos, nunca se afaste sem a tua misericórdia, caso buscar misericórdia. Se não buscar misericórdia, pergunta-lhe se quer [obter] misericórdia. E se depois ele pecar mil vezes diante de teus olhos, ama-o mais do que a mim para trazê-lo ao Senhor (Mn 9-10).

Um dia disse Francisco ao Irmão Ricardo que se torturava interiormente: "Não te deixes perturbar por nenhuma tentação, meu filho, nem torturar por nenhuma inquietação, pois tu me és muito querido; e entre todos os que amo particularmente, estejas certo de que és muito digno de minha afeição e minha ternura. Vem ver-me quando quiseres, com toda a confiança, e fala-me com o coração aberto" (1Cel 50).

Por esse exemplo se vê que o que Francisco oferece aos homens é a sua amizade: uma amizade cheia de afeição e de estima e que lhes revela que são amados por Deus e estão salvos; uma amizade que lhes faz recuperar a paz consigo mesmos e com todos os outros homens.

É assim o amor de Francisco para com as pessoas. Ora, o seu amor é inseparável duma atitude mais geral de ternura, de simpatia e de misericórdia para com a totalidade do ser e de suas manifestações, inclusive as mais naturais e as mais materiais. O desejo de reconciliação que inspira e caracteriza as relações humanas de Francisco corre paralelo com a fraternização e uma comunhão afetiva, muito profunda, com os mais humildes elementos cósmicos. É necessário termos uma ideia exata do laço que une essas duas coisas na alma de Francisco, se quiser compreender a relação que existe no seu cântico entre a parte propriamente cósmica e a estrofe que celebra o perdão e a paz.

É um laço estreito e profundo. Não basta dizer que o desejo de reconciliação com os seus semelhantes é acompanhado, em Francisco, duma fraternização cósmica: ele passa, de certo modo, por essa humilde fraternização com as realidades da natureza. É isso, certamente, que espanta certos espíritos modernos e que exige explicação. De fato, para o homem moderno, só o homem é "irmão" do homem, enquanto todas as outras criaturas pertencem a um mundo de "objetos" que podemos manipular, utilizar e dominar à vontade. A ciência, ao reduzir a nossa visão do mundo unicamente ao quantitativo e mensurável, habituou-nos a considerar a natureza como um campo de "objetos". Daí que a nossa presença no mundo se desenvolve sob o signo do dualismo: de um lado, lidamos com pessoas; de outro lado, com "objetos" da natureza. E entre esses dois domínios estabelecemos uma separação radical, apelando para a transcendência espiritual que somos. Crê assim o homem moderno poder conciliar duas atitudes afetivas contraditórias: uma atitude de respeito, de acolhimento e de simpatia frente aos seus semelhantes, e uma atitude de agressividade, de conquista e de dominação frente ao conjunto da natureza, em relação à qual ele se julga infinitamente superior. Seu amor pelos homens procura situar-se, de uma vez, acima de todos os laços que o ligam à natureza.

A infelicidade desse comportamento dualista é o fato de não estar a natureza somente diante de nós e fora de nós; ela está em nós. Somos indivisivelmente corpo e alma, liberdade e necessidade. O homem não é só a consciência de si mesmo, que teria certas relações acidentais com o cosmos, mas que poderia manter-se à parte na sua subjetividade, em relação a outras puras subjetividades. Identificando-se com sua consciência e sua liberdade, o homem moderno crê poder colocar-se acima do seu ser natural, fazendo *tabula rasa* de sua própria "arqueologia" e de toda parte obscura de si mesmo, a qual imerge na natureza e em sua necessidade. Na realidade, ele não faz outra coisa, senão lançar fora, à obscuridade, forças que são suas próprias, mas que não quer reconhecer. Essas forças, contudo, continuam a sua ação no próprio interior do homem, no interior de sua alma. Pois sua alma é maior do que sua consciência. Todas essas forças biopsíquicas, não integradas na personalidade consciente, entregues, sem controle, a si mesmas, levam, no inconsciente, uma vida surda, clandestina e anárquica, uma vida totalmente arcaica e terrivelmente perigosa para toda a personalidade. Desse modo, a atitude dualista do homem moderno, opondo o humano ao natural, tem por consequência dividir o próprio homem e, por isso mesmo, interdizer-lhe uma reconciliação total consigo mesmo e com os seus semelhantes. Segundo Jung, são, de fato, todas essas forças obscuras, não reconhecidas, que geram as obsessões, as neuroses individuais e as possessões coletivas, mais fatais do que os cataclismos naturais. O desejo de poder e a agressividade que o homem moderno manifesta contra a natureza se voltam, afinal, contra ele mesmo, contra a sua dignidade humana, causando-lhe subitamente um frenesi de violência contra os seus semelhantes, com o que ele fica estupefato. É um fato dolorosamente constatável que, apesar da alta ideia que o homem moderno faz de si mesmo e dos seus semelhantes e apesar de todas as profissões de fé na dignidade transcendente da pessoa humana, nós vivemos num universo humano incessantemente ameaçado por imprevisíveis explosões de violência, nas quais se desencadeiam, duma forma descontrolada, todas as forças arcaicas da alma, forças que o homem não quis ou não conseguiu integrar no seu elevado ideal de humanidade.

Totalmente diverso é o universo de Francisco de Assis. Não se encontra aí essa separação radical entre o mundo dos homens e o resto das criaturas. Nesse universo, os homens são objeto dum amor de predileção, é certo; mas este amor se insere numa imensa piedade cósmica que faz com que se tornem amigas todas as criaturas. Francisco não fraterniza somente com seus semelhantes, mas com todas as criaturas. E quando dá o nome de irmão ou irmã aos próprios elementos materiais, não se deve ver nisso uma maneira meramente alegórica de falar. É que, na verdade, Francisco experimenta sentimentos fraternos para com essas humildes realidades; existe entre elas e ele uma real comunhão afetiva (cf. a afeição de Francisco pelas criaturas em 2Cel 165). Compreendamos bem essa comunhão. Ela não provém de um vago sentimentalismo; corresponde a uma intuição essencial, muito profunda: "Em cada uma das criaturas como em suas muitas derivações, diz São Boaventura, Francisco percebia, com extraordinária piedade, um reflexo único da bondade de Deus" (LM 9,1). Para Francisco, todas as criaturas tiveram sua origem no mesmo amor criador; elas são a expressão diversificada desse amor. Essa comunhão de origem é, aos seus olhos, o fundamento da grande fraternidade cósmica. Nele, porém, essa intuição não é só uma visão teórica; e, para dizer a verdade, nem é, em primeiro lugar, isso; ela é experimentada em todas as fibras de seu ser e dá lugar a uma verdadeira emoção amorosa cósmica e a um arrebatamento da alma, incessantemente renovados.

Abrindo-se assim ao mundo, colocando a si mesmo entre as criaturas, "sonhando" profundamente com elas, como "irmãos" ou "irmãs", Francisco se abre igualmente àquela parte obscura de si mesmo que imerge na natureza; fraterniza inconscientemente com suas próprias profundezas. As realidades materiais, impregnadas de valores íntimos inconscientes, tornam-se símbolos das forças primitivas da alma. Através da substância fraterna dessas realidades é consigo mesma que a alma se ocupa, com aquilo que ela tem em si mesma de inexplorado e que também quer nascer. Francisco abriu-se ao mundo e eis que o mundo o abre a si mesmo. As grandes imagens cósmicas, o "irmão Sol", a "irmã Lua", o "irmão Vento", a "irmã Água" etc., exprimem – já o demonstramos – não só uma comunhão com os próprios elementos, mas ainda, através desses elementos, devidamente imaginados e valorizados, uma comunhão da alma com a sua própria "arqueologia" e com a "arqueologia" de toda a humanidade. De que longínqua época vêm tais imagens? A alma que as contempla e adere a elas ingenuamente, amorosamente, vive num passado que não é mais somente o seu, mas o da alma humana. Revive as primitivas experiências afetivas da humanidade. E o mundo fraterno com o qual ela sonha conserva ainda o bom odor do Gênesis.

Contudo, essas imagens arquetípicas do Sol, da Água, do Fogo etc., não exprimem unicamente um retrocesso. Elas são o instrumento privilegiado que faz com que a alma se retome inteiramente em profundidade; são o caminho para uma renovação de todo o ser, a partir duma reconversão das forças primitivas da alma. Exprimindo essas forças, simbolizando-as, as imagens do Sol, da Água, do Fogo, da Terra etc., lhes dão uma nova dimensão, uma dimensão cósmica, universal; libertam-nas da sua esfera arcaica, da esfera da satisfação instintiva; libertam-nas para um destino mais elevado; metamorfoseiam-nas em forças de progresso; numa palavra, elas as abrem à vida do espírito. Assim reconciliado com as próprias forças vivas, com a própria totalidade afetiva, ao abrigo de grandes imagens cósmicas fraternas, o homem nasce para uma nova personalidade, vasta como o mundo, aberta à totalidade do ser, acolhedora do mistério do Outro em toda a sua amplitude. Irmão do Sol e de todas as criaturas, Francisco caminha entre os seres e as coisas, livre de toda reação de defesa e de todo dobrar-se sobre si mesmo. Num mundo violento, cheio de torres e vaiados, como era o da Idade Média, o seu universo não conhece torreões nem muralhas; não tem fronteiras. O olhar de Francisco – esse olhar cheio de sol, de estrelas, de água e de vento... – tornou-se maravilhosamente humano.

Ninguém, sem dúvida, ilustrou melhor do que Francisco o que diz Jung do poder libertador dos grandes símbolos cósmicos: "A verdade empírica não liberta o homem do seu emaranhamento sensual, pois ela lhe mostra que sempre foi assim e que não poderia ser de outro modo. A verdade simbólica, pelo contrário, colocando a água no lugar da mãe, o espírito e o fogo no lugar do pai, oferece à libido, presa ao que se chama tendência incestuosa, uma nova tendência, liberta-a e a faz passar a uma forma espiritual. Desse modo, como ser espiritual, o homem se torna outra vez criança e renasce num ambiente de irmãos e irmãs; sua mãe, porém, é a 'comunidade dos santos', a Igreja e a sociedade dos seus irmãos e irmãs, a *humanidade,* à qual ele se une novamente pela herança comum da verdade simbólica"[3].

É à luz desse fato, que se manifesta, no cântico de Francisco, o laço profundo que une entre si o louvor cósmico e a estrofe consagrada ao perdão e à paz. Essa estrofe já não pode ser considerada como um mero acréscimo ocasional, devido a circunstâncias exteriores. Muito pelo contrário, ela se revela como

3. C.G. Jung. *Métamorphoses de l'Ame et ses symboles, op. cit.*, p. 379.

o final lógico e o desenvolvimento completo de toda a obra. É a manifestação do profundo sentido do poema, a nítida revelação da verdade simbólica do louvor cósmico. O *Cântico das Criaturas* é, na verdade, o hino do homem plenamente reconciliado, apaziguado, nas suas relações com os outros e consigo mesmo, até na "enfermidade e tribulação".

É interessante notar que este hino que celebra a grande fraternidade cósmica se prolongue na celebração do perdão e da paciência heroica. A visão franciscana dum universo fraterno não é a evocação nostálgica, cheia de candura, dum paraíso perdido. É uma visão do mundo, dominado pelo primado da conciliação sobre a ruptura, da união sobre a cisão; é verdade que ela conduz, para além da ruptura e da falta, para além de todo conflito entre liberdade e natureza, a uma plenitude indivisa do sobrenatural, do natural e do humano. Mas essa união e essa plenitude não devem ser procuradas no passado, num retorno ao sono primitivo, mas numa presença mais profunda a si mesmo e aos outros. É assim que se manifesta a nós o sentido da estrofe consagrada à celebração do perdão e da paz.

Nessa estrofe há ainda um ponto que devemos considerar. O louvor termina com uma bem-aventurança: "Bem-aventurados os que guardam a paz, pois serão coroados por ti, ó Altíssimo". Como nos lembramos, a intenção primordial do cântico de Francisco não foi outra senão celebrar o próprio Altíssimo. A imagem do Altíssimo dominou a primeira estrofe do cântico; figurou duas vezes nela; voltou uma terceira vez na segunda estrofe, ligada à imagem hierofânica do senhor irmão Sol. Depois desapareceu completamente do cântico. E agora aparece na penúltima estrofe, quase no fim do cântico. Isto não quer dizer que Francisco tenha renunciado, um momento sequer, ao apelo do céu altíssimo. Ele se reconheceu simplesmente "indigno de dizer o nome do Altíssimo", de dizer o seu mistério: "Nenhum homem é digno de dizer teu nome". Dissemos que este verso exprime uma experiência decisiva na vida espiritual de Francisco: uma desapropriação de si mesmo diante de Deus, uma renúncia da alma a apropriar-se de Deus e do seu mistério. Face a Deus, Francisco se coloca entre as criaturas; reconhece, "com grande humildade", que é irmão delas, mas também com ação de graças e com encantamento. O anseio de Francisco pelo Altíssimo é assim ao mesmo tempo um anseio de comunhão com as coisas visíveis. E, em compensação, as coisas visíveis tornam-se, no louvor, o caminho de sua busca do Altíssimo: caminho de reconciliação consigo mesmo e com os outros. É por esse humilde caminho das coisas e abrindo-se a um desejo universal de perdão e de paz, que a alma encontra realmente Deus. Aquele que se reconheceu "indigno de dizer o nome do Altíssimo" e "com humildade" aceitou fraternizar com todas as criaturas e com elas louvar a Deus, se vê, finalmente, coroado pelo próprio Altíssimo: "serão coroados por ti, ó Altíssimo".

Não é uma transcendência abstrata, separada dos seres, que essa imagem do Altíssimo designa. Ela não simboliza o refúgio imaginário duma alma perseguida por seu próprio ressentimento contra a sua condição terrena, contra os seus ligamentos obscuros e inconscientes. Muito pelo contrário, ela exprime uma transcendência que não se deixa encontrar senão por uma presença cada vez mais profunda às coisas mais humildes. Essa transcendência está à espera nas raízes. O Altíssimo se manifesta aqui como a plenitude e o coroamento desse humilde amor dos seres, ao qual a alma se abriu ao reconciliar-se com a totalidade do seu mistério, e que se manifesta por um desejo inesgotável de perdão e de paz.

O homem coroado pelo Altíssimo é o homem solar, misericordioso para com toda criatura. Como o sol, ele brilha sobre todos com grande esplendor. Como o sol, ele é o símbolo do Altíssimo, oferecendo a todos "essa presença total e esse total dom de si, que não são outra coisa senão a expressão da presença e do dom que Deus faz de si mesmo a cada instante e a todos os seres"[4].

---

4. L. Lavelle. *Quatre Saints, op. cit.*, p. 88.

XI
Nossa irmã, a morte

> Louvado sejas, meu Senhor, por nossa irmã a Morte corporal à qual nenhum homem vivente pode escapar; ai daqueles que morrem em pecado mortal; feliz daquele que se achar na tua santíssima vontade, a morte segunda não lhe causará dano.

Esta última estrofe do *Cântico do Sol* foi composta no início de outubro de 1226, quando Francisco estava quase agonizante. "Passou em ação de graças", diz-nos Celano, "os dois ou três dias que lhe restavam de vida, pedindo que seus caríssimos companheiros louvassem a Cristo com ele... Convidou até todas as criaturas a louvar e amar a Deus, cantando-lhes o cântico que ele outrora havia composto. Chegou mesmo a convidar a morte – objeto de espanto e de terror para todos – a louvar também a Deus; ia alegre a seu encontro e convidava-a a aproximar-se dele: "Bem-vinda seja a minha irmã morte" (1Cel 217), repetia ele.

Essa estrofe, portanto, é uma saudação de boas-vindas que o autor dirige à sua própria morte. Não se trata aqui de uma elevação espiritual ou de uma exortação sobre o tema da morte em geral. Essa estrofe exprime um encontro existencial do poeta com sua própria morte, um encontro com o "fato da morte". Ela é a celebração desse encontro.

Francisco quis unir essa celebração da morte à de todas as criaturas, à do sol, da lua e das estrelas, do vento e da água, do fogo e da terra. Aqui também, como a propósito da estrofe precedente sobre o perdão e a paz, não se pode deixar de perguntar qual é a íntima relação que liga essa celebração da morte com o resto da obra. Como pode o *Cântico do Sol* metamorfosear-se em cântico da morte? Como a expressão da mais fervorosa comunhão com as coisas pode tornar-se a da experiência que mais desune? Não se pode evitar a pergunta. Foi, sem dúvida, por não se ter visto como o *Cântico do Sol* é, no fundo, também o cântico da morte, que se ficou, quase sempre, numa interpretação superficial do poema.

Essa estrofe começa, como todas as outras, por um arroubo de louvor. Mas esse arroubo se apoia, não numa criatura, mas naquilo que Francisco chama de "nossa irmã Morte corporal". Esta expressão que, na boca de Francisco, apresenta o mesmo caráter de simplicidade que o de "nossa irmã Água", por exemplo, não deixa de surpreender. E tanto mais que Francisco de forma alguma procura dissimular o verdadeiro semblante dessa "irmã". Logo em seguida, ele a caracteriza: "Nossa irmã Morte corporal, à qual nenhum homem vivente pode escapar". Irmã estranha, que tem o semblante da implacável necessidade! Nenhum homem pode furtar-se a ela. Mas, ao mesmo tempo, a expressão "nossa irmã Morte corporal" revela o seu sentido: o dum encontro fraterno com a necessidade, com a dura e implacável necessidade de morrer. Encontro vivido e celebrado na "Amplidão" do louvor, como um caminho para o Sagrado.

Propriamente falando, nós não temos experiência da morte nem da sua necessidade. "É, de fato, de fora que a ideia da morte penetra em mim; eu a apreendo por essa biologia elementar que o convívio com os outros viventes e o espetáculo de sua morte me ensinam; nela descubro uma lei empírica que não conhece exceção"[1]. Mas, por mais necessária que essa lei se manifeste a mim, sua necessidade não se funda na consciência que tenho da minha existência. Ela se impõe a mim de fora, como necessidade dum fato brutal. Mesmo que ela se refira a mim diretamente e eu esteja às voltas com o fato de ter de morrer, essa necessidade continua opaca à minha consciência. A ideia que faço da morte pode afetar-me profundamente, contudo não deixa de ser a ideia de uma coisa incompreensível, sobre a qual não tenho absolutamente nenhum poder e da qual nada, absolutamente nada, posso explorar. Sei que não posso escapar indefinidamente à morte; mas a morte me escapa sempre, mesmo quando ela se apresenta e me aperta a garganta. "Não tenho nenhum meio de antecipar-me ao fato da morte"[2]. Só tenho experiência da minha vida, mesmo que esta esteja agonizando. O "fato da morte" fica sempre além daquilo que a minha consciência pode diretamente apreender; para mim é esse fato a coisa totalmente outra que de forma alguma sou capaz de assimilar nem de dominar. Não posso conceber senão como a própria negação do meu ser consciente. E à medida que eu me identifico com o meu ser, a morte se levanta diante de mim como uma ameaça de aniquilamento. A sua necessidade pode impor-se a mim de fora; ela não é, por isso, menos inadmissível para a consciência; não pode produzir em mim senão angústia e revolta.

---

1. P. Ricoeur. *Philosophie de la Volonié: Le Volontaire et l'Involontaire, op. cit.*, p. 431.

2. *Idem, ibidem, op. cit.*, p. 429.

Ora, é com essa necessidade crepuscular que Francisco se fraterniza, assim como se fraterniza, sem a mínima angústia e com tanta simplicidade, com o sol. Ele saúda a morte como a uma irmã: "Nossa irmã Morte corporal". Poder-se-ia ver nessa expressão uma mera exuberância poética, se não tivesse sido dita em face do próprio acontecimento. Poder-se-ia ver também, se não se conhecesse os sentimentos de Francisco, nessa saudação fraterna um apelo do agonizante, a fim de ser libertado de seus intoleráveis sofrimentos: a morte não é para muitos homens a "irmã" que liberta, suprimindo toda consciência? Mas não é este certamente o sentido que se deve dar à expressão franciscana. Longe de significar o apelo da consciência infeliz, desejosa de acabar com a existência, essa expressão, na boca de Francisco, traduz uma conformidade profunda, nascida do coração, com a própria necessidade de morrer, conformidade que abre a existência à sua plena dimensão. Saudar a morte como "irmã" é reconhecer que há entre ela e nós mesmos um estreito laço de parentesco; é reconhecer que o "totalmente diferente" da morte é uma realidade que não nos é estranha, é uma outra dimensão de nós mesmos. Uma dimensão que não posso circunscrever e à qual me abro unicamente por um ato de desapego total do meu eu separado, individual, no encantamento da mais estreita pobreza.

Tudo isso, porém, corre o risco de ficar palavras vazias, se essa saudação fraterna à morte não é colocada no contexto do *Cântico das Criaturas*, tal como o temos considerado. Esse cântico não é uma simples expressão, ainda que religiosa, duma emoção estética diante do espetáculo da natureza. É um louvor a Deus numa humilde fraternização com todas as criaturas; é, por isso mesmo, a expressão duma profunda desapropriação de si mesmo, duma abertura a todo involuntário, à "necessidade que procede de baixo" no encantamento e na celebração das coisas. Essa desapropriação tem o seu ponto culminante na celebração da terra, na comunhão ardente com a "nossa irmã, a mãe Terra". A terra não é outra coisa senão o "ambiente do meu involuntário absoluto"[3]. É na terra que Francisco pede que o deitem para morrer. Realiza-se, então, plenamente o que escreveu P. Ricoeur: "Conhecimento franciscano da necessidade: estou 'com' a necessidade 'entre' as criaturas"[4]. O *Cântico das Criaturas* desemboca nesse despojamento total de si mesmo. Francisco não vive mais encerrado na sua pequena individualidade, agarrado ao seu eu como a um tesouro. Libertou-se de toda atitude de posse de si mesmo. Verifica-se nele o que ele pedia a seus irmãos: "Nada de vós retenhais para vós, a fim de que totalmente vos receba aquele que totalmente se vos oferece" (Ord 29). Desapegado do próprio eu, Francisco está totalmente aberto ao Ser. Vive mais no Ser que em si mesmo. É no Ser que ele está em sua casa. O seu canto é o do Ser. Quando canta as criaturas, Francisco não é mais capaz de gozar delas pessoalmente; o menor raio de sol queima-lhe os olhos. O que ele canta nas criaturas é o valor irradiante e criador do Ser, para além de tudo que ele mesmo pode sentir. O seu cântico é "a mais alta afirmação que se possa fazer do valor do ser e da vida, tais como nós os recebemos das próprias mãos de Deus"[5].

O *Cântico das Criaturas* é, assim, a expressão duma conversão radical. Esta conversão é marcada por um crescente desinteresse por tudo o que se relaciona com a nossa pequena individuali-

3. P. Ricoeur. *Philosophie de la Volonté: Le Voloníaire et l'Involontaire, op. cit.*, p. 443.
4. P. Ricoeur. *Philosophie de la Volonté: Le Voloníaire et l'Involontaire, op. cit.*, p. 452.
5. L. Lavelle. *Quatre Saints, op. cit*, p. 80.

dade consciente e por um crescente interesse por tudo o que se relaciona com o Ser em sua plenitude. O centro de gravidade da existência se deslocou: não se situa mais no eu nem nos interesses particulares do eu, ainda que fossem espirituais; situa-se no mistério do Ser.

O homem que se entregou assim ao Ser vê todas as coisas na "Amplidão" do Ser, inclusive a morte. Para ele, ela não é mais uma estranha nem uma devastadora. Ela só o é para o homem voltado para o seu eu. "Ai daqueles que morrem em pecado mortal", diz Francisco logo após ter saudado "nossa irmã Morte corporal". O pecado mortal, o pecado que traz morte à alma, é precisamente o fechamento do eu consciente em si mesmo e em sua individualidade, é o apoderar-se de si mesmo a qualquer preço. E esse agarrar-se ao eu que transforma o meu ser em um ter. O homem que se separa assim do Ser está morto espiritualmente. Para esse homem, a morte corporal é a grande desgraça: é um assalto e uma devastação. "A morte, escreve P. Emmanuel, nos espanta, porque tudo nos é como que arrancado por ela e, em primeiro lugar, nós mesmos. No momento de minha morte, cessa de existir a minha força egocêntrica e, com ela, esse *eu*, ao qual ligo minha identidade. Essa mudança de gravitação, esse rompimento biológico se me apresenta como o aniquilamento do meu próprio ser, como a sua espoliação inimaginável de si. Ao ver certas agonias, sua ação violenta que era indiscernivelmente a do moribundo e a dum Outro, parecia-me assistir ao momento supremo duma luta em que um *eu* se recusava, em vão, à evidência, em nome do ser total"[6]. Francisco de Assis meditou longamente sobre a "morte amarga" do homem que pro-

6. P. Emmanuel. *Le Goût de l'Un, op. cit.*, p. 240-241.

cura preservar a si mesmo, como vemos no exemplo que ele nos apresenta na sua *Carta a todos os fiéis* que termina assim: "E todos os talentos, poder e ciência que julgava ter ser-lhe-ão tirados (2Fi 83). Tal morte, observa Francisco, causa "tanta angústia e tribulação que ninguém pode saber, a não ser quem a suporta"(2Fi 82). Não há posse que resista à devastação da morte. Aos olhos do homem, no qual o próprio ser se degradou a um possuir e se tornou objeto de posse, a morte é um caminho de desesperança, um caminho que não conduz a parte alguma. A morte, para ele, não é susceptível de nenhuma transfiguração; não é figura de nada; é o crepúsculo totalmente diferente, é o nada.

Devemos, contudo, reconhecer que há uma maneira de encarar a imortalidade, que, no fundo, não é senão uma forma de defesa do eu contra a sua devastação pela morte. O homem espera possuir-se ainda depois da morte. Essa ideia de imortalidade é uma criação de nosso instinto de proprietário que se projeta no eterno. Mas, como muito bem observa P. Emmanuel, "imortalidade e eternidade são conceitos de natureza muito diferente, nascidos em mundos antinômicos do pensamento. É necessário renunciar à imortalidade para elevar-se ao eterno. Com essa renúncia o *eu* se submete ao Ser... O eterno é um modo de ser, oposto, porém, ao do *eu:* não é o *meu* modo de ser, é o modo do Ser"[7].

Para bendizer a morte e a sua necessidade é necessário elevar-se ao modo de ser do Eterno: "Feliz daquele que se achar na tua santíssima vontade, diz Francisco, a morte segunda não lhe causará dano". Quem aceitou renunciar à posse de si mesmo e submeter-se ao Ser e ao seu desígnio criador, mergulha des-

7. P. Emmanuel. *Le Goût de l'Un, op. cit.*, p. 241-242.

de já no eterno. Não vive mais uma vida separada; participa da própria vida do Ser. Abre-se à grande esperança. O pró-eterno é a sua esperança: "Tu és nossa esperança, és nossa vida", canta Francisco nos seus *Louvores de Deus*.

Francisco pode olhar de frente o sol e a morte com o mesmo olhar fraterno e a mesma alegria no coração. Através de um e da outra é o mesmo mistério do Ser, que lhe fala e que ele celebra. A morte, porém, não se manifesta a ele dessa forma, senão porque ele antes aceitou tudo "com grande humildade", fraternizando com o sol e com todas as criaturas, e porque aprendeu, no contato maravilhoso com essas, a descobrir a figura do Altíssimo na "necessidade daqui da terra". É a esta luz que se manifesta o laço profundo e oculto que liga a última estrofe do cântico ao conjunto da obra. Esta estrofe põe no louvor cósmico o selo do Eterno. O caminho das criaturas é também um caminho de eternidade.

Tudo isso, contudo, é ainda só um aspecto da relação que une a "nossa irmã Morte corporal" ao louvor das criaturas. Devemos compreender o seguinte: se o *Cântico das Criaturas* conduz a esse supremo despojamento que tem sua expressão no acolhimento fraterno da morte, em compensação, é somente a partir de semelhante acolhimento que o *Cântico das Criaturas* pode ser cantado na plenitude de seu sentido. Para Francisco, a existência é um encanto. Aos seus olhos, "a cada instante inflama-se o gozo dum eterno encontro, cujo lugar está nos objetos familiares"[8]. Este encanto, porém, é o da pobreza total. Francisco se submeteu inteiramente ao Ser no acolhimento da morte e de sua necessidade. Esta submissão radical de si mesmo ao Ser é

---

8. P. Emmanuel. *Le Goût de l'Un, op. cit.*, p. 252.

para o homem a única maneira de ser em plenitude no mundo, aqui e agora, a única maneira de ver o mundo na "Amplidão" do Ser. "No momento em que renunciou a tudo, ele (Francisco) destruiu, de uma vez, as barreiras que o separavam do ato criador, isto é, da superabundância duma realidade sempre oferecida... A criação jamais cessou de eclodir"[9].

À luz da "nossa irmã Morte corporal" irradia o *Cântico do Sol* todo o seu brilho. Este cântico deve ser confundido com a prática de uma exuberante piedade. Não forma senão uma só coisa com a abertura ao Ser. Nele, "o canto é existência". É no próprio Francisco que a criação não cessa de eclodir, que ela é superabundante e se metamorfoseia em "tesouro imenso e precioso" de eternidade (cf. CA 43; 2Cel).

> *O canto, tal como ensinas, não é avidez, nem busca dum*
> *bem que, afinal, se pode atingir; o canto é existência.*
>
> *Celebrar, é isso! É o ser, cujo ofício é celebrar,*
>
> É um dos mensageiros eternos e muito além do umbral
> dos mortos oferece as taças, cheias de frutos gloriosos[10].

Estes versos dos *Sonetos a Orfeu,* de Rilke, aplicam-se maravilhosamente a Francisco. Tal como o canto de Orfeu, o de Francisco vem de além do umbral dos mortos: sobe das profundezas dum acolhimento que se estende a tudo, inclusive à morte. É ao voltar dos infernos que Orfeu exclama: "Estar aqui é um esplendor"[11]. É do fundo da morte, acolhida como "irmã", que Francisco celebra o esplendor da criação.

> Só aquele que empunhou a lira
> até no meio das sombras,

---

9. L. Lavelle. *Quatre Saints, op. cit.,* p. 97-98.

10. R.M. Rilke. *Les Elégies de Duino* e *Les Sonnets à Orphée,* Paris, 1943, p. 147-155.

11. *Idem, op. cit.,* p. 79.

pode pressentir e proclamar
o louvor infinito[12].

Estamos certamente bem longe dum *Cântico do Sol,* interpretado como canto pastoral de inspiração religiosa. Se quisermos compreender realmente a celebração franciscana do mundo, devemos ligá-la, pensamos nós, à grande inspiração orfeica. O *Cântico do Sol,* um hino orfeico! Queiram compreender-nos! De modo algum pretendemos afirmar que em Francisco houve a menor influência histórica consciente do mito de Orfeu. Queremos apenas indicar qual a profundeza de experiência de que se alimenta, nesse caso, a criação poética, e qual é o grande arquétipo do inconsciente que fala nesse cântico.

Só uma tal leitura do *Cântico do Sol* poderá abrir-nos o caminho para uma solução do problema que apresentamos a nós mesmos e que domina todo o nosso estudo: o problema do laço que liga numa mesma celebração o amor do invisível e o entusiasmo cósmico, o impulso em direção ao Altíssimo e a proximidade das coisas, a mais despojada experiência espiritual e a mais profunda comunhão com a Terra. Desse ponto de vista, não é indiferente saber que, no cântico de Francisco, é Orfeu quem canta. A poesia orfeica é essencialmente a poesia da reconciliação. Orfeu reconcilia, por seu canto, o céu e a terra, a vida e a morte:

Ele é da Terra? Não, os dois
reinos alimentaram a sua vasta natureza[13].

Os dois reinos se encontram no canto de Francisco. Mas há ainda dois reinos? Para quem, no seu impulso em direção ao Altíssimo, aceitou, "com grande humildade", aproximar-se da

12. *Idem, op. cit.,* p. 159.

13. *Idem, op. cit.,* p. 153.

coisa simples, fraternizar-se com a terra, com a necessidade daqui de baixo e com a morte, não existem mais dois reinos. Não existe mais o mundo do alto e o mundo de baixo, o mundo luminoso do espírito e o mundo tenebroso da natureza. O próprio Altíssimo está presente nas raízes. E floresce em todas as coisas. O Reino de Deus não é mais uma réplica deste mundo; está no próprio coração da existência mais comum como força de transfiguração. O *Cântico do Sol* brotou da alegria da certeza do Reino; mas o que é notável é que esse reino garantido a Francisco se apresenta como uma imensa e preciosa transfiguração deste mundo:

"'Dize-me, irmão, se, em compensação de teus sofrimentos e tuas tribulações, te dessem um tesouro imenso e precioso: a terra inteira transformada em ouro puro, os pedregulhos em pedras preciosas e a água dos rios em perfume, não considerarias como um nada a terra, os pedregulhos e as águas, em comparação com tal tesouro? Não te alegrarias?' [...] 'Portanto, irmão, alegra-te e rejubila-te bastante em tuas enfermidades e tribulações, porque doravante deves considerar-te tão seguro como se estivesses em meu reino'" (CA 83,17-18).

Esta transfiguração do mundo não se realiza senão no homem aberto. Aberto a todas as coisas, no acolhimento fraterno da morte. Rilke não se engana, quando evoca, ele próprio, a figura do *Poverello,* invisivelmente unido na morte a todas as coisas transfiguradas nele:

> Quando morreu, leve como quem não tem nome, ele foi distribuído: a sua semente difunde-se como arroios; nas árvores canta a sua semente e ela o contempla do fundo das flores.
>
> Ele jazia e cantava. E quando vieram as irmãs, Elas choraram seu esposo muito amado.

> Ah! para onde foi o som tão claro?
>
> Por que os pobres que esperam não o sentem de longe, a ele, a sua alegria e sua juventude?
>
> Por que não se levanta nos crepúsculos a grande estrela vespertina da pobreza?[14]

A esta última pergunta responde o soneto a Orfeu:

> Não levanteis nenhuma esteia. Deixai somente que a rosa
> floresça todos os anos para a glória dele.
> Pois é Orfeu. A sua metamorfose nisto e naquilo...
> Ah! Oxalá compreendais que é necessário que ele
> desapareça[15].

---

14. *Idem. Le Livre de la Pauvreté et de la Mort,* trad. de G. Marcel em *Homo Viator,* Paris, 1944, p. 320.

15. *Idem. Les Sonnets à Orphée, op. cit.*, p. 151.

XII
O sol e a cruz

Ao terminarmos a nossa análise, aparece-nos o *Cântico do Sol* de Francisco de Assis como a expressão poética da reconciliação do homem com o seu destino total no mundo. Talvez descubramos melhor a originalidade e a profundeza dessa "poética" franciscana se a compararmos à dum outro cantor do sol.

Já tivemos ocasião de evocar, neste nosso trabalho, o *Zaratustra* de Nietzsche[1]. Uma comparação desta obra com o poema de São Francisco pode surpreender. Mas esqueçamos por um momento as teorias filosóficas de Zaratustra e consideremos unicamente a "poética" da obra, particularmente nas grandes imagens materiais que a animam e que, fora todo o conteúdo ideal e tudo o que "querem dizer", têm o seu valor e o seu significado próprios[2]. Considerada deste ponto de vista, não é a obra de Nietzsche, à sua maneira, também um *Cântico do Sol*?

No coração do universo poético de Zaratustra, como no de Francisco de Assis, resplandece, de fato, a imagem do sol. Não é por acaso que o herói de Nietzsche tem o nome do profeta do sol, da chama e do fogo puro. Zoroastro ou Zaratustra significa Estrela de Ouro. O prólogo da obra é todo iluminado pela imagem do grande astro. E é a ele que se dirige Zaratustra em primeiro lugar, como a um guia e um exemplo.

---

1. Cf. *supra*, cap. VI.
2. Cf. G. Bianquis, prólogo de *Ainsi parlait Zarathoustra*, Paris, 1946, p. 37.

> ...Certa manhã, levantou-se ele com a aurora, foi para diante do sol e assim lhe falou:
>
> – Que seria a tua felicidade, ó grande astro, se não tivesses os que iluminas!
>
> São dez anos que sobes à minha caverna; e já se te haveriam tornado enfadonhos a tua luz e este caminho, sem mim, a minha águia e a minha serpente. Mas nós te esperávamos todas as manhãs, tomávamos de ti o teu supérfluo e por ele te abençoávamos. Vê! Aborreci-me da minha sabedoria, como a abelha do mel que ajuntou em excesso; preciso de mãos que para mim se estendam.
>
> Eu desejaria dar e distribuir tanto, que os sábios dentre os homens voltassem a alegrar-se de sua loucura e os pobres, de sua riqueza.
>
> Por isso é preciso que eu baixe às profundezas, como fazes tu à noite, quando desapareces atrás do mar, levando ainda a luz ao mundo ínfero, ó astro opulento! Como tu, devo ter o meu ocaso, segundo dizem os homens para junto dos quais quero descer[3].

Esta imagem do sol, assim como a do "senhor irmão Sol" do *Cântico das Criaturas,* não fala somente aos olhos, fala também à alma. Para esta, ela é como o atrativo e o símbolo do Ser e de sua munificência criadora. É uma epifania e um apelo: um apelo para participar da "nobreza do mundo". Unindo-se intimamente pela imaginação a esta alta imagem da luz, e à sua generosidade, a alma nela descobre o seu próprio destino: "Como tu, devo ter o meu *ocaso...*" Essa imagem está presente em toda a obra; desempenha nela um papel fundamental. É ela que não cessa de inspirar a atitude de Zaratustra:

3. *Zaratustra,* Prólogo, *op. cit., p.* 47.

> Quero ir, mais uma vez, ter com os homens; entre eles, quero desaparecer e dar-lhes, morrendo, a minha mais rica dádiva!
>
> Aprendi-o do sol opulento no ocaso: derrama no mar o ouro de sua inexaurível riqueza.
>
> De tal sorte que ainda o mais pobre dos pescadores rema com remos dourados! Contemplei-o, um dia, e não me fartava de chorar ante o espetáculo.
>
> Tal como o sol, também Zaratustra quer ver o seu ocaso[4].

O sonho de Zaratustra é tornar-se "semelhante ao sol", "uma roda que gira sobre si mesma" e "uma santa afirmação"[5], a fim de jogar também o divino jogo da criação. Por isso, tem de descer da sua montanha para levar luz às profundezas. Zaratustra concorda em deixar as alturas solitárias, aonde o levara o impulso do seu ser. Já não se sente satisfeito com uma Transcendência separada. Para ele, esse Deus morreu. Esse movimento de descida à terra em vista duma comunhão com os seres recorda o que observamos no cântico de Francisco[6].

Mas desce Zaratustra realmente à terra? Consegue fraternizar-se de fato com os seres? O seu cântico do Sol é também um cântico das criaturas? Poderíamos crê-lo à primeira vista. Vemos, efetivamente, Zaratustra descer a encosta de sua montanha, dirigir-se à cidade situada no vale e misturar-se entre os homens. Mas – o que é estranho – a sua profunda imaginação continua ainda a habitar nas alturas e a pairar como a águia por sobre os cumes das montanhas, "na vizinhança das neves e do sol". A matéria dos seus sonhos não é nem a terra, nem a água, nem o fogo; é o ar penetrante e leve das geleiras, o ar que se res-

---

4. *Ibid.* "Des vieilles et des nouvelle stables", Paris, 1944, p. 230.

5. *Idem.* "Les Trois Métamorphoses".

6. Cf. *supra,* cap. II.

pira na "natureza fria e selvagem das altitudes". É uma matéria sem peso. A imaginação de Zaratustra não se une intimamente com nenhuma outra. Fica fechada neste único "ambiente" cósmico, é prisioneira dessa "redoma azul"[7].

Na sua obra *L'Air et les Songes,* consagrou Bachelard um capítulo ao estudo das imagens materiais da poética de Nietzsche. "Nietzsche", escreve ele, "não é um poeta da *terra.* O húmus, a argila, os campos abertos e lavrados não lhe fornecem imagens. O metal, o mineral, as pedras preciosas de que o 'terrestre' gosta pelas riquezas *internas* que contêm, não lhe ocasionam *sonhos de intimidade.* A pedra e a rocha aparecem muitas vezes nas suas páginas, mas unicamente por serem símbolos da dureza; nada conservam da vida lenta, a mais lenta de todas as vidas – singular por sua lentidão – que lhes atribui a fantasia dos Lapidaires..."[8] Quanto à *terra fofa,* esta é para ele objeto de repugnância[9].

Nietzsche não é tampouco um poeta da *água.* É certo que não faltam imagens da água, pois nenhum poeta pode deixar de empregar metáforas líquidas; em Nietzsche, porém, essas metáforas são passageiras; não determinam *fantasias materiais*[10]. Há, todavia, algumas exceções. Como aquela poesia em que Nietzsche se sente levado a exprimir "uma necessidade de doçura, de sombra, de água".

> Dez anos se passaram
> nenhuma gota de água me tocou,
> nenhum vento úmido, nenhum rocio de amor
> – terra privada de chuva...
> Hoje eu os atraio, para que venham:
> Tornai escuro ao redor de mim com as vossas tetas!

---

7. Nietzsche, *Idem,* "Avant le lever du Soleil".
8. G. Bachelard. *L'Air et les Songes, op. cit.,* p. 147.
9. *Ibid.,* p. 147.
10. *Ibid.,* p. 149.

> – quero ordenhar-vos, vacas das alturas!
> Pudor morno como leite, doce rocio de amor
> eu vos derramo aos borbotões sobre a terra[11].

Convém, porém, observar que essa água materna e nutritiva, com a qual Nietzsche sonha, não brota da terra; cai do céu; pertence a um "cosmos das alturas". "A morada dessa água apaziguante é o céu"[12]. Do próprio mar diz Nietzsche: "Beijado e sugado *quer* ser ele (o mar) pela sede do sol; *ar quer* tornar-se, e altura, e vereda de luz e, ele mesmo, luz!"[13] Aqui, também, a figura trai um "psiquismo ascendente"; e, além disso, mostra a força atrativa da imagem solar.

O mesmo se dá com as imagens nietzscheanas do fogo. A chama que passa pela imaginação de Nietzsche é uma força ameaçadora. E o fogo do céu: relâmpago, raio. A imaginação do poeta, portanto, volta sempre ao seu ponto preferido. Para dizer a verdade, ela nunca o abandona. Pelo contrário, agarra-se a ele, apaixonadamente, com garras de águia:

> Ó céu sobre mim, céu puro, céu profundo! Ó abismo de luz! Olhando-te, estremeço de divinos desejos.
> Atirar-me até à tua altura – é esta a minha profundidade!
> Refugiar-me na tua pureza – é esta a minha inocência[14].

Nietzsche se deixa literalmente fascinar pelo "céu puro e profundo" que precede o despontar do sol e lhe revela uma pureza e uma inocência sobre-humanas, das quais anseia por participar:

> A sua beleza encobre o deus: do mesmo modo escondes tu as estrelas. Não falas: assim anuncias-me a tua sabedoria[15].

11. *Ecce Homo, poésies*, p. 284.
12. G. Bachelard. *L'Aír et les Songes, op. cit.*, p. 150.
13. Nietzsche, *Idem*, "De L'immaculée Connaissance", p. 144.
14. Nietzsche, *Idem*, "Avant le Lever du Soleil", p. 189.
15. *Ibid.*, p. 180.

E quando eu peregrinava só: de que tinha fome a minha alma, nos caminhos da noite e do erro? E quando subia aos montes, quem procurava nos montes, senão a ti?

E todo o meu peregrinar e subir montes: eram apenas penúria e recurso de um ser bisonho; somente voar, quer a minha vontade inteira, voar para dentro de ti![16]

Ó céu sobre mim, céu puro, céu alto![17]

Vemos que o cântico de Nietzsche, do mesmo modo que o de Francisco de Assis, é dominado e atraído pela *imagem* do "Altíssimo". "Um desejo eterno me impele para as Alturas"[18], reconhece Nietzsche. "Nietzsche é o tipo do *poeta vertical,* do *poeta das alturas,* do *poeta ascendente*"[19]. Mas, à diferença do que vemos em Francisco, o caminho de Nietzsche para o céu altíssimo não passa através duma comunhão com as humildes realidades terrestres. A sua sensibilidade e a sua imaginação recusam-se a fraternizar com elas. Em uma de suas pocsias, Nietzsche chega mesmo a rejeitar expressamente, com soberano desdém, semelhante fraternidade:

Nem por terra,
nem por água,
encontrarás o caminho
que leva aos hiperboreais[20].

Nem por terra, nem por água: rejeição dos elementos femininos fecundáveis; rejeição das imagens maternas. Rejeição, igualmente, dos elementos de mediação:

16. *Ibid.*, p. 190.

17. *Ibid.*, p. 192.

18. *Gai Savoir,* Paris, 1950, p. 371.

19. G. Bachelard. *L'Avoir et les Songes, op. cit.*, p. 147.

20. *Ecce Homo*, poésies, p. 245.

E quem eu mais odiava do que as nuvens que passam...
Tenho rancor pelas nuvens que passam, esses rapaces e sorrateiros gatos...
Temos rancor dessas intrometidas medianeiras, as nuvens que passam...[21]

O único elemento cósmico com o qual a imaginação poética de Nietzsche se fraterniza realmente e no qual se compraz a sua fantasia é o ar: o ar puro e glacial das alturas:

> Em verdade, não mantemos prontas aqui moradas para os impuros! Caverna de gelo pareceria, a seus corpos e espíritos, a nossa felicidade!
> E, como fortes ventos, queremos viver acima deles, vizinhos das águias, vizinhos da neve, vizinhos do sol: assim vivem os ventos fortes.
> Em verdade, um vento forte é Zaratustra para todas as baixuras...[22]

Como muito bem observa Michel Mansuy, certo é que "o ar nietzscheano pode mudar-se em Zéfiro e encher-se de borboletas"[23]. Não há dúvida de que a poesia de Nietzsche se liga também a certas imagens terrestres. Vejamos, por exemplo, esta imagem da árvore:

> ... Passa-se com o homem o mesmo que com a árvore. Quanto mais quer crescer para o alto e para a claridade, tanto mais suas raízes tendem para a terra, para baixo, para a profundeza – para o mal[24].

Não nos iludamos, porém. Esta imagem da árvore não significa uma comunhão com a necessidade desta terra, uma necessidade dum enraizamento nas profundezas. O fato de serem as profundezas identificadas com o "mal" mostra que a imagem

---

21. Nietzsche, *Idem*, "Avant le lever du Soleil", p. 190.
22. Nietzsche, *Idem*, "De la Canaille", *op. cit.*, p. 209.
23. M. Mansuy. *Gaston Bachelard et les Elements*. Paris, 1967, p. 337.
24. Zaratustra. *L'Arbre en montagne*, p. 109.

nietzscheana da árvore tem uma significação totalmente diferente. Significa o perigo que corre o homem que aspira seguir sua mais alta esperança. Esse perigo provém justamente das suas raízes. Tal homem se vê arrastado para baixo, pela ação subterrânea de tudo que o liga à terra. Quanto mais procura elevar-se, tanto mais as raízes tentam afundá-lo no abismo. Essa ação solapadora das raízes é a negação de toda e qualquer vontade heroica. É um trabalho de sapa, capaz de fazer cair o homem nobre num ceticismo motejador da sua esperança mais elevada e de todas as elevadas esperanças. Estamos longe duma comunhão onírica com as profundezas da terra. A imagem nietzscheana da árvore denuncia tal comunhão como um mal que ameaça fazer soçobrar o homem nobre na sua busca da mais elevada esperança.

Há, pois, uma diferença essencial entre a poética de Nietzsche, orgulhosamente fechada unicamente na "cosmicidade" do ar e do sol, e a poética de Francisco de Assis, que, embora aberta à imagem irradiante do Altíssimo, permanece em comunhão com os mais humildes elementos cósmicos e fraterniza com a nossa mãe, a própria Terra. Em Nietzsche não se transforma o *Cântico do Sol* em um *Cântico das Criaturas,* de todas as criaturas. É interessante ver como essa diferença se faz sentir no âmbito do íntimo devir do poeta. As imagens que animam de maneira tão singular o estilo dum poeta têm o seu destino próprio. E o poeta que as vive intensamente vê-se arrastado ao destino dessas mesmas imagens. Não é possível inebriar-se impunemente de imagens, quaisquer que sejam. O homem é sempre um pouco filho de sua imaginação.

Nietzsche e Francisco de Assis, dois tipos diferentes de poetas, dois tipos de presença no mundo, dois destinos. Sabemos qual o destino a que Nietzsche foi arrastado pela magia de sua própria poética. O entusiasmo onírico pelas imagens do ar somente, pelas imagens das mais altas e frias solidões, devia engendrar o mais solitário e mais orgulhoso pensamento: o ideal dum ser inteiramente voltado para o sobre-humano, para esse estado superior e divino em que o homem, afinal, será libertado de todo peso, de todos os seus apegos à terra, de toda a sua "arqueologia" e em que ele mesmo será como Deus:

> Atira no abismo o que tens de mais pesado!
> Esquece, homem! Esquece, homem!
> Divina é a arte de esquecer!
> Se queres elevar-te,
> Se queres habitar as alturas,
> Atira ao mar o que tens de mais pesado!
> Eis o mar, atira-te no mar,
> Divina é a arte de esquecer[25].

Como observa Bachelard, não se trata aqui "de mergulhar no mar a fim de encontrar a regeneração na água. Trata-se de atirar para longe de nós tudo que nos *pesa*... de atirar ao mar todo o nosso ser *pesado*, para que ele desapareça para sempre. Dessa forma, acabaremos com o nosso *duplo* ser pesado: o que em nós é *terra*, e o que em nós é *íntimo* e *oculto passado*. Então, o que existe em nós de *duplo* ser aéreo, resplandecerá. Surgiremos, então, *livres* como o ar... Realizar-se-á, então, a *inversão decisiva*, que imprimirá em ti a marca do sobre-humano. Serás como o ar, surgirás verticalmente em direção ao céu livre..."[26] E esta a grande transmutação de todos os valores, transmuta-

---

25. *Poésies*, citado por Bachelard em *L'Air et les Songes*, p. 165.

26. G. Bachelard. *L'Air et les Songes*, *op. cit.*, p. 165-166.

ção em que pensa Nietzsche, ao inebriar-se de imagens do ar: "Quem, um dia, ensinar os homens a voar, terá deslocado todos os marcos de fronteiras; as próprias fronteiras terão ido pelos ares para ele, que batizará de novo a terra – como 'a leve'[27]. Tal homem nada mais deverá à Mãe Terra; estará separado da necessidade daqui de baixo, libertado de tudo que é "outra coisa", sem passado, sem pai nem mãe; será a sua própria origem e totalmente transparente: será Deus.

Levado pelo impulso de sua imaginação aérea, Nietzsche creu, em certos momentos de exaltação poética, que seu sonho se tornara realidade e que ele chegara a essa consciência divina:

> Agora, estou livre, agora, voo; agora, vejo-me debaixo de mim mesmo; agora, um deus dança dentro de mim[28].

Podemos imaginar qual a força de enfeitiçamento da imagem do ar em Nietzsche. "A pátria onde o ser pertence a si mesmo é o ar do céu. Nietzsche volta sempre a isso..."[29] "O ar puro é a consciência do instante livre"[30]. Contudo, esta consciência divina duma leveza do ar, com a qual Nietzsche pretende identificar-se, não representa a totalidade do ser humano, deus e animal, ao mesmo tempo. Cedo ou tarde essa consciência sente agitar-se sob ela, de maneira inquietante, o "monstro obscuro", isto é, todas as forças inconscientes que a ligam à vida e à terra, forças das quais a consciência bem depressa pensava ter-se desembaraçado:

> Tudo dorme, agora... também o mar dorme. Tonto de sono, olha para mim com estranho olhar.

---

27. Nietzsche, *Idem,* "L'Esprit de lourdeur", p. 223.

28. *Ibid.* "Lire et écrire". Jetz bin ich leicht, jetz fliege ich, jetz sehe ich mich unter mir, jetz jetz tanzt ein Gott durch mich.

29. G. Bachelard, *L'Air et les Songes,* p. 168.

30. *Ibidem,* p. 158.

> Mas cálido é o seu respiro, isto eu sinto. E sinto também que sonha: revolve-se, sonhando, sobre duros travesseiros.
>
> Ouve! ouve! Como geme, agitado por más lembranças! Ou será por más expectativas?
>
> Ah, partilho a tua tristeza, monstro sombrio, e sinto eu mesmo angústia por tua causa.
>
> Ai de mim, que não tem minha mão bastante força! De bom grado, na verdade, desejaria livrar-te dos teus maus sonhos![31]

"Sinto eu mesmo angústia por tua causa": destino trágico de um ser partido em dois, preso na armadilha de sua fantasia aérea, dividido em si mesmo e incapaz de reconciliar-se com a parte subterrânea de seu ser e de abrir-se à sua totalidade. Nietzsche desprezou os símbolos medianeiros, as grandes imagens maternas da água e da terra: "Nem por água nem por terra". Daí em diante estava cortada qualquer comunicação entre a parte consciente do seu ser – aquela que a imagem do sol simboliza – e a "outra", o "monstro obscuro", exposto a "maus sonhos".

Fechado à sua própria "arqueologia" e à humanidade, Nietzsche estava condenado a ignorar o caminho duma verdadeira comunhão com a vida e com os seres: estava exposto ao esfacelamento e à loucura. Afastou-se do que está próximo, buscando o que está longe. Procurou um encontro impossível na solidão das geleiras e dos ventos despóticos. Esperou o amigo nas alturas, "a seis mil pés acima da humanidade e do tempo". Mas o único amigo que se apresentou a ele foi o seu sósia aéreo, Zaratustra. No céu de sua fantasia aérea, Nietzsche não entra em comunhão com ninguém. Nem com os homens nem com o Altíssimo. Para quem negou a necessidade daqui da terra, nem mais existe

31. Nietzsche, *Idem*, "Le Voyageur", p. 178.

"Altíssimo": "Assim fala a sabedoria da ave: Vês? Não existe alto nem baixo!"[32] "Rejeitar a necessidade daqui de baixo, observa com razão P. Ricoeur, é negar a transcendência"[33]. Na realidade, Nietzsche representa o papel do herói que faz as vezes do deus. Identifica-se com a transcendência.

> Eu vivo na minha própria luz, reabsorvo as chamas que de mim rompem.
>
> Não conheço a felicidade dos que recebem...
>
> Eles recebem os meus presentes; mas tocarei ainda a sua alma?[34]

Muito diferente, decerto, foi o destino de Francisco de Assis. Destino igualmente ligado a uma poética do sol. Mas esta poética é inteiramente aberta a todas as imagens cósmicas fundamentais. Francisco reconhece no sol o símbolo do Altíssimo; julga-se, porém, indigno de "dizer-lhe o nome". Longe de identificar-se com Deus, está profundamente convencido de que só Deus é Deus; coloca a si mesmo entre as criaturas, com as quais não hesita em fraternizar-se. E esta atitude o orienta para uma estética da humildade que preserva a sua conduta religiosa de toda tentação de idealismo. Irmão entusiasmado do Sol, Francisco não despreza, por isso, a irmã Água, "muito útil e humilde e preciosa e casta". Amigo do irmão Vento, não deixa de celebrar a "nossa irmã, a mãe Terra, a qual nos carrega e nos nutre". E Francisco, realmente, consente, de todo o coração, em ser carregado e nutrido pela mãe Terra. Seu caminho para o Altíssimo passa através da comunhão com todas essas humildes criaturas. Esse caminho o abre a tudo que existe e, em primeiro lugar, a si mesmo: à parte

32. Nietzsche, *Idem*. "Les sept Sceaux", p. 270.

33. P. Ricoeur. *Le Volonlaire et l'Involontaire, op. cit.*, p. 449.

34. Nietzsche, *Idem*. "La chant de la Nuit", p. 121.

obscura de seu ser, às suas raízes que mergulham em todo o passado do homem e da vida.

E, efetivamente, essa estética da humildade não transporta Francisco unicamente ao coração das coisas sensíveis. Através destas coisas, intimamente experimentadas e imaginadas, ela o coloca em contato com as suas próprias profundezas. Não por uma involução narcisista, mas por um desapego de si e uma entrega de si ao Ser, que lhe permitem acolher, na "Amplidão" do Ser, as energias primitivas e obscuras da alma. Libertadas de sua concentração egocêntrica, podem essas energias expandir-se livremente numa comunhão cordial com todas as criaturas e com o autor de todas as criaturas. A celebração das coisas materiais torna-se, assim, a linguagem duma autêntica ascensão espiritual em que toda a ordem da natureza se acha comprometida e é transfigurada.

O *Cântico do Sol* de Francisco de Assis, à diferença do de Nietzsche, é, na verdade, o cântico de todas as criaturas. Longe de fechar o homem numa solidão orgulhosa e glacial, ele o abre à grande participação e ao amor universal dos seres; ele o leva a caminhar por um caminho de reconciliação, de misericórdia e de paz. E esse caminho desemboca num autêntico encontro com Aquele de quem "nenhum homem é digno de dizer o nome": o próprio Altíssimo.

Ninguém melhor do que Francisco, com o seu *Cântico do Sol,* ilustrou o que diz Heidegger no *Caminho do campo*: "Tudo que é verdadeiro e autêntico só chega a amadurecer se o homem se põe à disposição do apelo do céu altíssimo, ficando, porém, ao mesmo tempo, sob a proteção da terra que germina e produz"[35]. Como chegou Francisco a conciliar as duas coisas? Qual foi, afinal, o segredo do seu existir? Já sublinhamos acima sua atitude de humildade que o coloca entre as criaturas. Essa atitude tem suas raízes numa visão muito profunda. O olhar cheio de humildade e de ternura com que ele vê as coisas mais materiais se acha inteiramente ligado à sua descoberta do semblante humano e padecente de Cristo. Nunca se prestará atenção bastante ao fato de o homem que canta o irmão Sol e todas as criaturas ser o estigmatizado do Alverne, que traz em sua alma e em seu corpo a imagem ardente de Cristo crucificado.

Malraux escreveu magnificamente: "É à sombra da crucifixão, não na majestade do Pantocrator, que a Roma cristã descobre o olhar infantil que obsessionará Dostoiévski, a visão franciscana do boi e do jumento"[36]. É dum filósofo da arte esta reflexão. Sob a forma de uma imagem, exprime uma verdade histórica e existencial. A esplêndida imagem do Cristo Pantocrator que fascinou a alma de Bizâncio e, em seguida, a do Ocidente cristão, refletia uma consciência religiosa imperial que mais dominava as coisas do que com elas comungava e fraternizava. Tal consciência se afastava dos humildes caminhos da Encarnação. Ignorava os fatos da infância de Cristo e de sua agonia.

O *Cântico das Criaturas* inaugura uma nova visão das coisas. Não se pode separar esta visão admirada e fraterna duma certa imagem do Filho do Homem. Há em Francisco uma íntima relação entre o seu cântico do mundo e sua contemplação de Cristo. É Celano quem o diz: "Também em viagens, de tanto meditar em Jesus e cantá-lo, ele esquecia, muitas vezes,

---

35. M. Heidegger. *Le Chemin de Campagne*, em *Queslion* III, Paris, 1966, p. 11.

36. A. Malraux. *Le Musée ímaginaire de la Sculpture mondiale, le Monde chrétien*, Paris, 1954, p. 79.

que devia caminhar e convidava todos os elementos a louvar a Jesus com ele" (1Cel 115). O que é que Francisco contempla em Cristo? A humildade da transcendência que lhe revela o mistério do *ágape*. O altíssimo Filho de Deus, inserindo-se em nosso mundo, não somente em nossa carne, mas na própria trama das coisas mais humildes, das mais materiais, eis o que sempre causou admiração à alma de Francisco.

Seria necessário abrirmos aqui um extenso parêntese a fim de focalizar esse aspecto da Encarnação constituído pela comunhão de Cristo com as coisas. O que podemos fazer é só indicar esse aspecto. O primeiro ato público de Jesus é o de descer à água do rio para grande admiração de João. É nessa humilde comunhão com a água que Jesus recebe o Espírito. A água e o Espírito! O próprio Jesus afirma que nos é necessário nascer de ambos para entrar no Reino de Deus. Releiamos, porém, os discursos de Jesus, sobretudo as parábolas. As coisas, as imagens das coisas mais humildes, mais comuns, são abundantes nelas: a luz da lâmpada, o caminho, a árvore, a casa, o campo com o tesouro, a semente, a atmosfera candente da tarde, o vento do qual se ouve a voz, sem se saber de onde vem nem para onde vai etc. Dir-se-á que são comparações para um auditório essencialmente rural! Há mais, porém. Todas estas imagens revelam um homem que se conserva humildemente junto às coisas, que sabe olhá-las, acolhê-las, imaginá-las e sonhá-las profundamente, a ponto de as achar estranhamente semelhantes ao Reino dos Céus: "O Reino dos Céus é semelhante a...", gosta Jesus de dizer, como para nos dar a entender que o Reino não se acha atrás das nuvens ou num pós-mundo, mas que já chegou até nós, que está no coração da existência mais comum e que o meio mais seguro de nos aproximarmos dele é ficarmos junto às coisas mais simples. É unindo-se intimamente à substância inesgotável e deliciosa das coisas e fazendo-nos vê-las como Ele as vê que Cristo nos inicia no mistério do Reino. É assim que o Evangelho do Reino torna-se, ao mesmo tempo, um cântico das criaturas. Muito se escreveu sobre os ensinamentos de Jesus do ponto de vista moral e dogmático. Ficou esquecida a "poética" do Evangelho. Frequentemente foi esta "poética" considerada como mero modo de expressão, como um revestimento exterior da mensagem propriamente dita, numa palavra, como algo acidental. Não foi vista como uma forma de habitar nesta terra e de estar presente ao mundo. Nem, sobretudo, como uma forma de estar presente ao Reino, estando-se presente ao mundo. Cristo não se defende das coisas. A natureza não lhe causa medo. Ele não a desafia. Pelo contrário, Ele sabe abandonar-se a ela com encantamento. Não é a natureza obra do Pai? É agindo deste modo que Cristo se abre à "graça" da imaginação: "Um intenso progresso espiritual tende a embotar o sentimento concreto ou estético das coisas visíveis" (como se disse de São Bernardo). Não precisamos lamentar esta lacuna no Salvador, escreve o Padre de Grandmaison[37]. É importante isso para a própria mensagem. "O homem habita nesta terra poeticamente"[38], se é que chega a habitar nela verdadeiramente. De fato, é só a "graça" da imaginação que permite ao homem, não somente unir-se intimamente às coisas, mas reconciliar-se, sobretudo, através das imagens fundamentais das coisas, com as suas profundas raízes psíquicas e com as da humanidade. Abrindo-se a esta "graça", Cristo se fez presente a toda a nossa "arqueologia". Desceu ao grande rio da psique humana, do mesmo modo como desceu

37. Léonce de Grandmaison. *Jésus-Christ,* t. II, 23. ed., Paris, 1941, p. 111.

38. Fr. Hölderlin, citado por Heidegger, em *Approche de Hölderlin,* Paris, 1962, p. 41.

às águas do Jordão e com o mesmo movimento. Ele assumiu assim todas as forças obscuras do homem e as transfigurou. O que em nós eram trevas, nele tornou-se luz. Ele fez de Si mesmo o arquétipo de nossa própria transfiguração.

Cristo, porém, vai mais longe. Associa misteriosamente as coisas materiais com suas imagens à vida sobrenatural que ele veio trazer. Faz delas instrumentos da divinização do homem de tal modo que este é convidado a receber a própria vida de Deus, abandonando-se às coisas. A economia sacramental da salvação, instaurada por Cristo, revela-nos o sentido oculto das coisas. Revela-o, pelo fato de cumpri-lo. Ela nos faz ver, efetivamente, que "se a criação está a serviço do homem no que diz respeito ao corpo, muito mais o está com relação à alma; e que, se está a serviço do homem para fazê-lo viver, muito mais o está para incitá-lo à sabedoria..."[39] Quando quis curar o cego de nascimento, Jesus, que acabara de declarar-se a luz do mundo, começou por inclinar-se para a terra, num ato de amor ardente e humilde; fez, então, um pouco de lodo com a saliva e untou com ele os olhos do cego; depois disse a este: "Vai e lava-te na piscina de Siloé" (Jo 9,6-7). É por meio desta comunhão com a terra e a água que Cristo faz o homem nascer para a luz do Invisível. Compreendemos bem e aceitamos plenamente essa dimensão da salvação que Cristo nos traz? Por receio dum ressurgimento do pluralismo pagão enfraquecemos o sacramentalismo cristão esvaziando-o de toda comunhão afetiva e onírica com os elementos. O próprio Cristo não teme pôr o homem em contato com a mãe Terra e com a água, fonte de vida. Retoma as imagens e os gestos arquetípicos do homem religioso natural e

39. São Boaventura. *Collationes in Hexaëmeron,* XIII, 12 *Opera omnia,* t. V, Quaracchi, 1891, p. 389-390: "...Mundus, etsi servit homini quantum ad *corpus,* potissime tamen quantum ad *animam*; et si servit quantum ad *vitam,* potissime quantum ad *sapientiam*".

os reanima. Dá-lhes um sentido novo, é certo. Mas esse sentido novo não destrói o sentido antigo; pelo contrário, é a realização mais profunda desse sentido. Retomando as imagens arquetípicas e dotando-as de uma nova significação, Cristo toma também, sob sua responsabilidade, o poder transformador das mesmas sobre a psique profunda. "É pela mediação delas", escreve Louis Beirnaert, "que a salvação, iniciada na parte sensível da alma, penetra até as profundezas da psique. A retomada, por Cristo e pela Igreja, das grandes imagens tais como o sol, a lua, o lenho, a água, a mãe etc., significa uma evangelização das potências afetivas, designadas por essas imagens. Não se deve reduzir a Encarnação apenas ao fato de revestir-se de carne. Deus interveio até no inconsciente coletivo, a fim de salvá-lo e consumá-lo. Como atingirá o nosso inconsciente essa salvação, se ela não fala a linguagem dele, se não retorna às suas categorias?"[40]

Foi a graça concedida a Francisco de Assis que fez com que ele nos recordasse com o *Cântico do Sol* e a celebração de "nossa irmã, a mãe Terra", que também às profundezas pagãs do homem foi o Evangelho anunciado e que o pagão e o judeu que dormitam em cada homem estão, de agora em diante, reconciliados no Homem novo (cf. Ef 2,15). Essa graça lhe foi concedida juntamente com a da contemplação e imitação de Cristo crucificado. Isto parece paradoxal à primeira vista. Mas não é, afinal, no sofrimento de Cristo e em sua morte que se manifesta, com o máximo de esplendor e de profundeza, a verdade da Encarnação? Não é no sofrimento e na morte que Cristo se submete e se abandona totalmente às coisas e se entrega, através delas, ao Pai? Como o grão de trigo, Ele aceita cair na terra. Não é, portanto, de admirar que o olhar cheio de humildade e de ternura, com que Francisco vê as

40. L. Beirnaert. *Expérience chrétienne et Psychologie*, Paris, 1964, p. 387.

coisas, encontre a sua mais pura fonte na contemplação do Crucificado. É do fundo do sofrimento compartilhado com Cristo que Francisco contempla as coisas fraternas. Ele não as considera simplesmente como um espetáculo exterior, mas como uma realidade íntima, como se elas vivessem, transfiguradas, dentro de sua alma, que não conhece limites. Como se ele mesmo se tivesse tornado sol, estrelas, vento, água, fogo... Todas estas coisas cantam nele, já que a imagem do Crucificado brilha em todo o seu ser. Como Violânia em *L'Annonce faite à Marie,* de Paul Claudel, Francisco pode dizer com toda a verdade:

> Faltam-me os olhos.
> Só a alma vive no corpo aniquilado.
> – Cega!
> Como caminhas, então, tão bem?
> – Eu ouço.
> – Que ouves?
> – As coisas existirem comigo[41].

41. P. Claudel. *L'Annonce faite à Marie,* version définitive pour la scène, acte III, scène II, Paris, 1940, p. 135-136.

XIII
O homem salvo

O cântico do irmão Sol e de todas as criaturas é o cântico do homem salvo. Francisco o compôs quando o Senhor lhe garantiu o seu Reino, dizem os primeiros biógrafos[1]. Esta indicação é preciosa. É a alegria da salvação que é expressa nesse cântico. O louvor cósmico é a linguagem dessa alegria. Como tal, esse louvor diz algo de essencial. Bem compreendido, o louvor cósmico não seria capaz de nos esclarecer a respeito da experiência do homem salvo e de sua plena dimensão?

Tentaremos examinar mais uma vez, na sua originalidade e plenitude, a atitude religiosa expressa nesse cântico. Desse ponto de vista, o que surpreende no poema de Francisco é o encontro de duas atitudes, ou melhor, de dois movimentos da alma aparentemente opostos: duma parte, é o impulso para o Altíssimo, para o transcendente que está além de toda criatura e do qual "nenhum homem é digno de dizer o nome" – movimento vertical que é expresso com vigor na primeira estrofe – e, de outra parte, um impulso de comunhão com todas as criaturas, com os mais humildes e mais materiais elementos cósmicos. Este encontro não é fácil de compreender. É, de fato, por demais excepcional. Esses dois movimentos parecem excluir-se. O primeiro, abandonado a si mesmo, orienta-se para uma atitude religiosa

1. LP, p. 917-918; 2Cel, p. 519-520.

acósmica, marcada por uma ruptura dos laços que nos ligam ao mundo da natureza; inspira-se num sentido muito vivo da transcendência de Deus e rejeita toda representação natural de Deus, como inadequada e idólatra. O segundo movimento, pelo contrário, orienta-se, segundo sua própria inclinação, para uma atitude panteísta de comunhão com o divino, experimentado e percebido através de todas as manifestações da natureza; descobre "que toda a criação existe com Deus num mistério profundo"[2] e que ela é, em si mesma, uma realidade sagrada.

Ora, o que nos surpreende é o fato de se harmonizarem perfeitamente no cântico esses dois movimentos opostos. Observa M. Scheler que "se São Francisco tivesse sido teólogo e filósofo... e tivesse tentado expressar em noções rigorosas a sua concepção de Deus e do mundo, do qual só tinha a intuição que ele, por assim dizer, vivia e realizava com seus atos, certamente não se teria revelado como *panteísta,* mas teria introduzido na sua exposição uma boa dose de *panteísmo*"[3]. Contudo, o filósofo alemão reconhece que a fusão afetiva de Francisco com a natureza, considerada como realidade sagrada, não alterou absolutamente o seu sentido do caráter espiritual e transcendente do mistério de Deus, e que, pelo contrário, ela se tornou a base sobre a qual ele construiu uma nova e original relação com a transcendência[4]. Prova disso é o seu *Cântico do Sol.* É celebrando as criaturas e fraternizando-se com elas que Francisco se eleva até o Altíssimo e se relaciona com Aquele que nenhuma linguagem humana pode exprimir. Há nisso algo de paradoxal.

---

2. P. Claudel. *L'Annonce faite à Marie,* prólogo, Paris, 1940, p. 18.
3. M. Scheler. *Nature et formes de la Sympathie, op. cit.,* p. 142.
4. *Idem, ibidem,* p. 141-142.

Conclusão
A poética da salvação

> A alma humana – qualquer que seja, em seus sonhos, mesmo os mais ousados ou mais sutis, sua relação com o sistema econômico e social – ultrapassa o ambiente humano, no imenso ambiente cósmico. O contato com o universo faz vibrarem nela forças misteriosas e profundas, forças da vida eterna atuante, que precedeu às sociedades humanas e as ultrapassará (J. Jaurés, *Histoire socialiste*, Introdução).

Quem morre de madrugada, interessar-se-á pelo sol que não despontará mais para ele? Francisco de Assis, todavia, cego e moribundo, canta ainda o sol e todas as criaturas. Esse fato paradoxal nos incitou a reler o *Cântico do irmão Sol* e a procurar conhecer o seu verdadeiro sentido. Com que se fraterniza, afinal, Francisco nesse cântico? O que encobrem expressões como estas: "irmão Sol", "irmã Lua e as Estrelas", "irmão Vento", "irmã Água" etc.? É evidente que, quando canta a "irmã Água, a qual é muito útil e humilde e preciosa e casta", Francisco se refere a algo de mais denso, de mais vasto e mais original do que aquilo que os químicos designam por H_2O. Diga-se o mesmo de todos os outros elementos celebrados no cântico: excedem tudo que se possa pensar. De outra parte, esse cântico que brotou da noite e dos maiores sofrimentos não pode ser considerado como expressão duma simples emoção estética diante do espetáculo da natureza. É certo que não se pode negar a dimensão poética e cósmica da obra. Mas o enfoque poético das coisas é aqui o eco dum enfoque mais profundo. Cada elemento celebrado evoca uma realidade ao mesmo tempo muito próxima e muito longínqua, transparente e inesgotável, exterior e íntima: uma realidade que reflete, ao mesmo tempo, o olhar puro da criança e as profundezas insondáveis da alma.

Na verdade, esse poema se manifesta a nós como uma linguagem simbólica – inconsciente, sem dúvida – duma experiência que acontece na noite da alma e na qual o homem todo está empenhado. O *Cântico do irmão Sol*, longe de ser um simples acompanhamento ou ornamento duma existência, celebra um devir íntimo, cujo sentido é o de uma reconciliação total do homem com o mundo, consigo mesmo e com Deus. E não é dizer demais que ele é a expressão dessa reconciliação; ele faz parte da própria experiência espiritual; desempenha um papel decisivo. É nisso que o cântico é existência.

Francisco acreditava no poder de reconciliação do seu cântico, não só para si mesmo, mas também para os outros. Achava tanta doçura e conforto neste cântico, diz o autor do *Speculum*, que quis enviar Frei Pacífico e alguns outros irmãos a percorrer o mundo, cantando-o (EP 100). "Somos os trovadores de Deus... que devem elevar o coração do homem para conduzi-lo à alegria espiritual" (EP 100). Por ocasião do conflito entre o Bispo de Assis e o *podestá* da cidade, Francisco, vendo que ninguém se interpunha para restabelecer a paz, disse aos seus irmãos: "Ide e, na presença do bispo, do *podestá* e dos que lá estiverem, cantai o *Cântico do Sol*. Confio em que o Senhor tornará logo mais humildes os corações deles e eles voltarão à sua antiga amizade" (EP 101). Poderá parecer ingênua a ideia. Mas a experiência mostrou que Francisco tinha razão. O seu cântico tinha, de fato, poder de reconciliação (cf. EP 101).

Muitas atitudes humanas foram iluminadas e transfiguradas pelo *Cântico do Sol* no curso da história. Esse cântico ensinou a muitos homens uma nova presença no mundo e em si mesmos. Fazendo com que se fraternizassem com as coisas da natureza, "com grande humildade" e encantamento, permitiu-lhes aceitar-se a si mesmos na sua "arqueologia"; reconciliou-os com a parte obscura de sua própria alma e lhes deu acesso a uma existência plena, graças a uma abertura de todo o seu ser à luz do Altíssimo. Dante tinha razão de dizer:

> Nesta encosta (do Subásio), onde ela se torna mais suave, nasceu ao mundo um sol.
> Quem, pois, quiser falar deste lugar, não diga Assis, que diria pouco, mas Oriente...[1]

O *Cântico do Sol* desfrutará do mesmo interesse ainda hoje? Terá a mesma repercussão na alma do homem contemporâneo e desempenhará o mesmo papel de reconciliação e de transfiguração? O nosso tempo tem boas razões para se orgulhar das suas conquistas científicas e técnicas. Desde os mais diminutos elementos do átomo até as imensidades do espaço o homem torna cada vez mais vasto o campo de seus conhecimentos e do seu poder. Ao pisar pela primeira vez o solo dum outro planeta, ele não abriu somente um novo campo às suas explorações; adquiriu uma nova consciência de si mesmo. Agora ele tem a prova de que não está irremediavelmente preso à terra, mas de que é cidadão do espaço. E o homem olha cada vez mais alto,

1. Dante. *A Divina Comédia, Paraíso,* canto XI: "Di questa costa là dov'ella frange/più sua rattezza, nacque al mondo um sole, // Però chi d'esso loco fa parole/ non dica ascesi, che direbbe corto,/ ma Oriente, se proprio dir vuole".

como que fascinado pela imagem do Altíssimo, com o qual ele chega a medir-se e a identificar-se secretamente.

Aos olhos dessa consciência de si mesmo, exageradamente ampliada, que importância tem ainda o *Cântico das Criaturas*? É grande a tentação de não ver nesse cântico mais do que a expressão de uma visão do mundo por demais simples, por demais estreita e, para dizer tudo, desusada e pueril. E não é sem motivo, pelo que parece. Na hora da energia atômica, para que ainda perder tempo, contemplando os quatro elementos "fundamentais, dos antigos: a terra, a água, o fogo, o ar, como se eles fossem as raízes do Ser? E agora que a lua se tornou acessível para nós e que brevemente não terá segredos para nós, como poderemos ver nela ainda a coisa "preciosa" que nos põe em relação com o Sagrado? E quanto ao sol, sabemos que não é mais do que uma estrela – e que está longe de ser a maior – entre uma multidão inumerável de outras estrelas.

Se, de fato, o *Cântico do Sol* não fosse mais do que a celebração poética dum sistema arcaico do mundo, seria muito difícil darmos-lhe maior atenção. Poderíamos, quando muito, admirar-lhe a candura. Mas isto não traria nenhuma vantagem à nossa existência. Na verdade, porém, como nos esforçamos por demonstrar neste trabalho, o que é expresso nesse cântico é mais uma experiência íntima e espiritual que uma cosmologia. A visão cosmológica aqui é o revestimento dum profundo enfoque.

É por sua dimensão propriamente antropológica que semelhante cântico ainda nos interessa e se impõe à nossa atenção. Os verdadeiros problemas humanos continuam da mesma forma, hoje como ontem, apesar de todas as nossas proezas científicas e tecnológicas. Esses problemas são os que as relações do homem com seus semelhantes, consigo próprio e com o mistério da existência levantam. E devemos reconhecer que é mais fácil ao homem pôr o pé num outro planeta do que acolher o "Outro" e abrir-se à totalidade do Ser. Ora, é nesse sentido que o *Cântico do irmão Sol* tem ainda alguma coisa a nos dizer: alguma coisa de essencial.

O cântico que proclama a fraternidade de todos os elementos cósmicos é a expressão poética duma reconciliação do homem com a totalidade do seu ser e com o próprio Ser em sua plenitude: reconciliação pela qual o homem se abre ao mistério supraluminoso do mundo. O Ser em sua plenitude é aqui encontrado e celebrado como luz.

Esse cântico nos proporciona o segredo de uma tal reconciliação. Esta reconciliação só é possível "se o homem se põe à disposição do apelo do céu altíssimo, ficando, porém, ao mesmo tempo, sob a proteção da terra, que germina e produz" (Heidegger). "Sob a proteção da terra", quer dizer, numa comunhão fraterna com as coisas mais humildes, aquelas às quais estamos ligados vitalmente e "que estão perto da mão e à nossa vista": a água, o fogo, o ar, a luz, a árvore, a casa...

Para compreender bem a importância de semelhante mensagem não devemos perder de vista o verdadeiro sentido da comunhão franciscana com a natureza. Esta comunhão nada tem a ver com a visão romântica das coisas. Nessa comunhão, a natureza não é considerada como reflexo do eu ou como decoração; não é função dela devolver a consciência a si mesma nem fazer-lhe contemplar o desfile dos seus estados, mas, sim, abrir-lhe um caminho para além de si mesma: para a plenitude do Ser.

A comunhão franciscana com a natureza é, na verdade, a expressão dum profundo despojamento de si mesmo. Diante do

Altíssimo, de quem "nenhum homem é digno de dizer o nome", Francisco de Assis se coloca deliberadamente do lado das criaturas; toma lugar entre elas e fraterniza-se com as mais humildes dentre elas. Longe de se encerrar na consciência de sua dignidade espiritual, ele se une intimamente e verdadeiramente às suas origens obscuras: à "nossa irmã, a mãe Terra". Não é isso uma simples visão intelectual, nem é uma atitude puramente sentimental. A exemplo de Cristo humilde e pobre, Francisco se entrega efetivamente às coisas, ao rude contato com elas: ao sol ardente, ao vento glacial, à água, à terra nua… Ele, o homem de cidade, de costumes requintados, aceita viver pobremente no meio das coisas da natureza, bem junto a elas, sem proteção nem defesa e sem a menor vontade de dominar nem de possuir. Aprende a conhecê-las, submetendo-se a elas. Há um lado rude e austero na experiência franciscana da natureza. Somos quase sempre inclinados a esquecê-lo. Com essa obediência às coisas, Francisco entende despojar-se de toda vontade própria (cf. SV). É assim que ele ingressa na fraternidade das criaturas e que se torna homem de sol, de vento, de água… um homem cuja existência toma a cor das mais humildes coisas materiais, até mesmo em suas mais sublimes aspirações.

Em segundo lugar, a comunhão franciscana com a natureza está toda impregnada de um grande espírito de louvor. Francisco não se contenta com viver junto às coisas. Quer dizê-las, quer celebrá-las num cântico que é um louvor ao Altíssimo. Este cântico é a expressão duma experiência maravilhosa do mundo. É muito importante este ponto. As coisas não encontram eco em nós senão quando nos deixamos encantar por elas. Não é por uma simples decisão de seu querer que o homem pode libertar-se de sua vontade própria. Deixado unicamente ao poder de seu querer, o homem ficaria irremediavelmente agarrado ao seu eu, como ao banco de areia do seu destino; não permitiria que algo diferente dispusesse de seu ser. Só o encantamento opera esse milagre, por uma espécie de arrebatamento. Arrebatando o homem fora de si mesmo, o encantamento despoja-o do seu eu e o abre a uma profunda comunhão com o mundo. É com razão que P. Ricoeur escreve: "É o encantamento da poesia que me liberta de mim mesmo e me purifica"[2]. A humildade franciscana, aproximando tão estreitamente o homem espiritual das coisas da natureza e, por isso mesmo, das suas próprias origens obscuras, seria impossível sem o espírito de poesia e de louvor que a sustenta. "A disciplina da realidade nada é sem a graça da imaginação"[3]. É esta a graça que impregna totalmente o *Cântico das Criaturas* de Francisco de Assis. A nossa análise mostrou a profundeza e a delicadeza com que as coisas da natureza são imaginadas e celebradas nesse cântico. Estas coisas são "vistas" muito além de toda cobiça, de todo desejo de posse e de dominação. Parece até que a imaginação se extingue diante delas. Na realidade, porém, ela as abre à sua máxima dimensão: faz que se vejam na "Amplidão". É então que elas se manifestam "preciosas" em toda a sua simplicidade. Não é necessário nenhum acréscimo, nenhum enfeite. Aí estão elas diante dos olhos, em sua ordinária beleza, tanto as mais humildes como as mais elevadas, tanto a água na terra como as estrelas no céu, como uma epifania do Ser. E em cada uma brilha:

> ...o que não está em parte alguma nem coisa alguma
> limita: o puro, o não vigiado, que respiramos,

---

2. P. Ricoeur. *Philosophie de la Volonté: Le Volontaire et l'Involontaire, op. cit.*, p. 448.
3. P. Ricoeur. *De l'Interprétation*, Paris, 1965, p. 529.

que sabemos infinito e que nada ambiciona…[4]

É isso que encanta a alma de Francisco e o abre à grande fraternidade das criaturas.

A comunhão franciscana com a natureza se apresenta, portanto, como um caminho de reconhecimento, na dupla acepção do termo: é, ao mesmo tempo, ação de graças e exploração. O universo celebrado por Francisco oculta um tesouro. É este tesouro que o seu louvor se esforça por trazer à luz. Há em todas essas coisas "preciosas" uma presença viva: presença misteriosa e íntima ao mesmo tempo. Fraternizando-se, encantado, com o sol, a lua e as estrelas, o vento, a água, o fogo e a terra, Francisco explora, paradoxalmente, as íntimas profundezas de si mesmo. Por trás dessas grandes imagens cósmicas, Francisco descobre em si um estreito parentesco e restabelece as suas primitivas experiências afetivas. O que então nele desperta e o faz tão jovem, tão novo diante das coisas da natureza, é o seu profundíssimo ser. A seus olhos encantados brilha novamente a luz do primeiro momento, a luz dum ser que nasce no mundo no meio de estranhas impressões. Inconscientemente, mas em toda realidade, Francisco torna a encontrar o mundo encantado da infância.

Esse voltar-se da alma para si mesma não contradirá o que acima dissemos? Na experiência do encantamento, como já observamos, o homem se deixa despojar do seu eu. O que significa, então, essa volta ao seu mais arcaico passado? Observemos que, longe de levar a alma a dobrar-se sobre si mesma, esta volta é o caminho pelo qual ela se liberta e se abre à luz do Ser. Esta humilde descida às profundezas obscuras, por meio do encanto da poesia, desemboca numa transfiguração das forças primiti-

4. R.M. Rilke. *Les Elégies de Duino,* Paris, 1943, p. 85.

vas da alma. A graça do encantamento e do louvor é uma graça de renovação. Ela desperta no homem a infância, mas não é para reeditar o passado. Certo é que o homem então encontra o passado depurado, porém, de tudo que não é essencial, purificado de tudo o que se referia a algum desejo ou estado de alma. As coisas falam aqui a linguagem do essencial e do eterno.

Estética e ontologia se encontram. A luz do ser brilha com o esplendor das coisas simples. Esta luz é a aurora do sagrado. A mais humilde dentre as coisas torna-se uma mensagem. É aqui que se realiza a experiência que Guardini descreve, com felicidade, em *Les Ages de la Vie:* "A existência toma, então, o caráter que ela tem numa 'natureza morta' de Cézanne. Vê-se uma mesa. Na mesa, um prato. No prato, algumas maçãs. Nada mais. Tudo está aí, à luz e à vista. Não há mais nada a perguntar. Portanto, nada a responder. Contudo, há um mistério em tudo isso. As coisas são mais do que nos proporciona a sua presença imediata. Chega-se a pensar que o mistério, daqui em diante, está nessa Luz"[5]. Há poetas que tomam as coisas de modo grosseiro, que as apresentam com todo o fogo das suas paixões e as torcem à medida dos seus desejos. Para eles, as coisas não existem verdadeiramente; não são senão o reflexo do seu eu. Outros há, pelo contrário – e são os maiores –, que veem as coisas existir livres, na sua gratuidade, de todas as nossas projeções. Aos seus olhos vibram as coisas numa luz singular e intensa. A mais humilde dentre elas, a mais comum, como aquela cadeira de cozinha, pintada por Van Gogh, lhes devolve o milagre da existência e o seu encanto.

Se as coisas dispõem do nosso ser tão profundamente, não é, de certo, para fazer que ele se dobre sobre si mesmo, mas para

---

5. R. Guardini. *Les Ages de la Vie,* Paris, 1967, p. 81.

renová-lo inteiramente pelo mistério dessa luz que delas emana. Elas são o caminho duma ultrapassagem para o ser pleno, universal. Graças a elas, o homem reencontra o lar de sua infância; esta, porém, possui agora as dimensões do universo. O homem toma, então, conhecimento da suprema e inocente alegria de existir. Pode comportar-se com a mesma confiança duma criança, em presença do segredo último das coisas. O que há de surpreendente, então, que o seu canto tenha o esplendor de "uma manhã maravilhosa, cheia de luz, uma manhã para ser criança eternamente"? Na verdade, o *Cântico das Criaturas,* sobre as quais brilha um grande sol fraterno, é igualmente o cântico da infância: duma infância eterna.

Assim, a humilde volta do homem ao seu arcaísmo, sob o signo de imagens cósmicas amorosamente celebradas, torna-se, no louvor, o caminho duma autêntica ascensão espiritual. Francisco nada mais tem a temer das forças selvagens da alma. Ele as amansou. E elas tornaram-se fraternas. São elas que cantam no seu cântico, através das imagens do "irmão Sol", do "irmão Vento", da "irmã Água", do "irmão Fogo" etc. Todas estas imagens fraternas evocam, cada qual à sua maneira, uma unidade que não deve ser procurada no passado, num retorno a algum paraíso perdido, mas no próprio coração do homem, num encontro e numa reconciliação entre a carne e o espírito, entre o *eros* e o *ágape,* entre a natureza e a liberdade, entre a criatura e o Criador. Isto, porém, ainda não diz tudo. Essas imagens já fazem participar dessa unidade. Elas têm poder sobre as profundezas da alma. Elas mesmas participam do poder da realidade que simbolizam. E, por uma espécie de encantamento, inspiram o que significam. Sobem do coração e prorrompem em louvores. O próprio canto, ao atingir esta intensidade, é uma abertura à existência total. Leva a alma com todas as suas forças vivas a seu mais alto destino: ao Altíssimo.

Este cântico que une o impulso para o Altíssimo à comunhão fraterna com todas as criaturas constitui uma apreensão unitiva da realidade. É este, sem dúvida, um dos pontos essenciais da mensagem franciscana. Não seria possível construir a vida espiritual sobre a natureza fazendo-se abstração desta; não seria possível edificá-la sobre a parte obscura do nosso ser, com desprezo das nossas raízes cósmicas e psíquicas. A vida espiritual deve ser um crescimento total, em abertura a tudo o que existe. O homem que deseja renascer do Espírito deve aceitar fraternizar com a água. E não somente com a água, mas ainda com o fogo, com o vento, com a terra... Deve fraternizar-se, no encantamento e no canto, com todas as criaturas. Até mesmo com a noite e seus sombrios esplendores. Tem que aceitar penetrar sob a rocha, na gruta secreta e escura, para ver o Menino que desperta entre o boi e o jumento. O *Cântico das Criaturas* celebra o divino nascimento nas profundezas do homem.

Não nos admiremos, portanto, se esse louvor cósmico se metamorfoseia, afinal, numa celebração do perdão e da paz. O irmão do sol, do vento, da água e de todas as criaturas tornou-se um homem maravilhosamente humano: "Louvado sejas, meu Senhor, por aqueles que perdoam por amor de ti, e suportam enfermidade e tribulação; bem-aventurados os que guardam a paz!" A paz, o perdão! São estes os verdadeiros sinais do novo nascimento. Desapareceram todo desprezo, toda agressividade. E também toda perturbação. Sabemos que para Francisco perturbação da alma, irritação, são sinais de posse secreta de si mesmo; mostram que o homem é guiado, nas suas profundezas, por outra coisa que não o Espírito do Senhor (cf. as Admoestações

4, 13 e 14). O homem que participa verdadeiramente do Espírito do Senhor não se perturba nem se irrita com nada, nem mesmo com a falta dum outro (cf. as Admoestações 11, 15 e 27; RnB 7,3, RB 5,10). Não que sua vida esteja ao abrigo das tensões humanas, mas, no meio destas, ele guarda a paz. Um imenso desejo de paz e de perdão o acompanha e o norteia. Este desejo não depende duma atividade periférica da alma; não se consegue por encomenda, por uma simples decisão da vontade. Brota das profundezas. É ele que torna o homem imagem de Deus: paciente com todas as criaturas, misericordioso, solar.

O que é mais notável em tudo isso é que essa mansidão do homem em relação aos seus semelhantes e a si mesmo é inseparável duma comunhão muito humilde e muito fraterna com as próprias coisas materiais: aquela passa por esta. É uma ideia cara a Francisco de Assis que não há, para o homem, acesso a uma autêntica sabedoria espiritual senão pelo caminho da simplicidade, caminho que o faz encontrar-se com suas irmãs, as criaturas inferiores: "Salve, rainha Sabedoria, Deus te guarde, com tua irmã, a santa e pura Simplicidade" (SV 1). Quanto a isso, não podemos deixar de interrogar-nos. É ainda possível semelhante comunhão com a natureza em nosso mundo moderno? A relação do homem com as coisas materiais e com os seres inferiores se define hoje, não em termos de simpatia e de comunhão, mas de poder e de conquista. Toda a nossa civilização técnica e industrial repousa sobre o poder do homem sobre a natureza. É a expressão duma razão dominadora do mundo, elevada pela ciência ao seu mais alto grau. A civilização moderna quase não deixa lugar para o canto e a celebração das coisas. O objeto do seu canto e de sua celebração é o poder do homem e de sua razão.

Não é esse, afinal, precisamente o motivo por que o homem se acha preso hoje a um sistema de relações sociais, em que não se manifesta nenhuma profundeza humana? É um fato que devemos reconhecer: onde impera a exploração técnica e industrial da natureza, a própria realidade humana só é compreendida numa perspectiva funcional, numa perspectiva de rendimento. A ferocidade "racional" com que o homem moderno trata a natureza volta-se contra ele e se reflete nas suas relações com seus semelhantes. Ela lhe impede toda comunhão profunda com os outros e também todo acesso às suas próprias profundezas. Só deixa lugar a uma existência planejada: ao reino do homem "unidimensionado".

Nessas condições, qual será o caminho do homem para uma existência pacífica? Este não pode, afinal, renunciar ao seu poder sobre a natureza! Tem, por demais, necessidade de lutar contra a penúria e a doença a fim de aliviar as dificuldades dos seus semelhantes. Há, porém, talvez uma forma de usar desse poder, que, em lugar de destruir a natureza ou de desfigurá-la, visaria colocá-la ao serviço de todos os homens, libertando-a do que ela tem de cega. Com razão observa Marcuse que "cultivar o solo e destruí-lo, extrair os recursos naturais ou explorar sem proveito, fazer cortes nas florestas ou desmatar totalmente, são fatos qualitativamente diferentes"[6]. São-no não só para a natureza que se sujeita a isso, mas ainda para o homem que os pratica.

O homem moderno deve compreender que, na sua ação sobre a natureza, defronta-se consigo mesmo inconscientemente, com sua parte mais secreta e também mais determinante. Segundo o modo como trata as coisas da natureza, o homem se abre ou se fecha às suas próprias profundezas. Não pode haver para ele

6. H. Marcuse. *L'Homme unidimensionnel,* Paris, 1968, p. 264.

reconciliação verdadeira e total consigo mesmo nem com seus semelhantes sem uma fraternização com a própria natureza.

Não se trata, repetimos, duma simples atitude sentimental, mas duma cxperiência difícil que envolve o homem todo, desde as suas profundezas inconscientes até a sua relação com a transcendência. Fraternizar com todas as criaturas é optar definitivamente por uma visão do mundo na qual a conciliação triunfa sobre a ruptura; é abrir-se, para além de todas as separações e todas as solidões, a um universo de comunhão em que o "mistério da terra se encontra com o mistério das estrelas", num espírito imenso de perdão e de reconciliação. Semelhante experiência espiritual é propriamente indizível quanto à sua substância. Não pode ser expressa a não ser em símbolos, a não ser numa celebração do mundo, na qual a alma, unida fraternalmente a todas as coisas, adquire o brilho fulgurante do sol.

Posfácio
A linguagem da noite da alma

Abril de 1945: os exércitos aliados penetram no coração da Alemanha. Pelos trilhos da estrada de ferro que liga Passau a Munique arrasta-se lentamente um trem bagageiro. Nos vagões comprimem-se milhares de deportados. Há vinte e um dias estão encerrados aí. Várias centenas deles já morreram. Centenas agonizam, famintos, delirando. Partindo de Büchenwald, o trem, depois de uma longa volta pela Tchecoslováquia e pelos montes da Boêmia, dirige-se agora para Dachau, perto de Munique. De repente, de um dos vagões ouve-se um cântico: é o *Cântico das Criaturas* de Francisco de Assis! É incrível, mas é verdade. "Louvado sejas, meu Senhor, com todas as tuas criaturas, especialmente o senhor irmão Sol... Louvado sejas, meu Senhor, pela nossa irmã, a mãe Terra..."

Que significado teria tal cântico naquelas circunstâncias? Os homens que o cantam não eram mais que uns fantasmas no meio dos mortos. O que acontecia nesse vagão?

No final deste estudo sobre o *Cântico do Sol,* permitam-nos arrancar algumas folhas do nosso diário de deportação a fim de inseri-las aqui.

Não poderíamos oferecer melhor ilustração da tese que acabamos de desenvolver: o *Cântico do Sol* de Francisco de Assis não é apenas a expressão duma emoção estética ou estético-religiosa diante do espetáculo da natureza; é a linguagem duma experiência que acontece na noite da alma.

Mas, no momento de abrir o diário, assalta-nos um escrúpulo. Quem pretenderá afirmar que esteve realmente próximo da experiência do *Poverello*? Existiu só um Francisco de Assis. Só ele cantou o sol e a noite com o mesmo coração fraterno. Não, não pretendemos, de forma alguma, afirmar que o imitamos, nem de perto nem de longe. Mas não é já muita coisa o ter-nos sido dado cantar o sol à vista da morte?

... 7 de abril, ao entardecer: já é noite, o trem corre. Para onde? Não o sabemos. Uma coisa é certa: embarcamos; noventa a cem homens em cada vagão, amontoados, apertados uns contra os outros, como esqueletos encaixados uns nos outros. Começa o terrível pesadelo. (Poderíamos, então, supor que isso iria durar, não três, quatro ou cinco dias, mas exatamente vinte e um dias e vinte e uma noites?)

Impossível estirar uma perna. E estamos tão esgotados! Tão desesperados também! Hoje de manhã ainda esperávamos no campo de Büchenwald por uma próxima libertação. Havíamos esperado por isso durante todo o inverno, passando fome e frio, em trabalho duro e à vista da morte também. Muitos tinham morrido. Enfim, tínhamos aguentado tudo isso. E eis que a libertação estava à vista: mostrava-se a poucos quilômetros de nós apenas, tão real e poderosa como o sol primaveril que triunfa do longo inverno. Do alto da colina de Büchenwald podíamos ver o clarão dos tiros de canhão norte-americanos, anunciando a partida. Não era senão uma questão de dias, talvez mesmo de horas. Os canhões troavam e os nossos corações saltavam de esperança.

Mas os S.S. decidiram evacuar uma parte do campo. Algumas colunas de prisioneiros já haviam partido sob forte escolta nos dias precedentes. Hoje foi o nosso dia. Com a morte na alma, descemos os poucos quilômetros que separam as alturas de Büchenwald da estação de Weimar. Voltamos as costas à esperança. Formávamos uma longa coluna de quatro a cinco mil condenados. Não éramos mais homens vivos. Vários companheiros caíram, esgotados. Os S.S. meteram-lhe uma bala na cabeça. A estrada estava, aqui e ali, manchada de sangue e semeada de miolos.

Depois, fizeram-nos embarcar na estação de Weimar.

Rodamos agora para o desconhecido. Dois S.S. vigiam cada vagão. Alguns vagões são cobertos; outros como o nosso, negros de fuligem, não têm coberta. Alguns companheiros puderam trazer um cobertor: ainda bem, pois as noites ainda são frias nessa estação do ano, em que o inverno mal passou: e não comemos nada. Entre nós reina um silêncio de morte. Embalados pelo movimento do trem, abandonamo-nos a uma tristeza profunda.

No dia seguinte, domingo, 8 de abril, de manhã: parada numa pequena estação. O trem demora aí o dia inteiro, depois, a noite inteira. Proíbem-nos de levantar-nos, nem que fosse para desentorpecer as pernas. Estamos condenados a ficar agachados vinte e quatro horas mais vinte e quatro. Por toda alimentação, algumas batatas e um pedaço de pão. Nada de quente, é claro. Contudo, faz um nevoeiro bem frio.

Entre a centena de homens amontoados no nosso vagão há gente de toda a Europa. Há também de todas as categorias sociais. A maior parte tem entre 20 e 30 anos. Todos parecem muito envelhecidos. Alguns sabem por que estão presos e são deportados: faziam parte de algum grupo de resistência. Outros, ao contrário, estão simplesmente aqui, porque foram presos durante uma "razzia" em Paris ou em Varsóvia, ou algures. Falamos o menos possível dessas coisas entre nós. Quando a miséria é extrema, que é que temos a saber dum homem senão que o seu sofrimento e ele são uma só coisa? E aqui o sofrimento é comum a todos e não tem limites. Diante dum destino comum, acabam-se todas as diferenças. Perdidos no meio dessa massa humana, estamos cinco filhos de São Francisco.

Na segunda-feira, 9 de abril, pelo fim da manhã, parte mais uma vez o trem. Enquanto rodamos, relaxa-se a vigilância dos S.S. Aproveitamo-nos disso para nos levantar e aventurar um olhar pela região que atravessamos. À tarde, o trem parou no grande subúrbio de Leipzig. Os S.S. mandaram retirar dos vagões os primeiros mortos da viagem. Estes foram enterrados sumariamente à margem da estrada de ferro. Durante a noite rodamos lentamente para o Leste; o mesmo fizemos durante toda a manhã de terça-feira. Por algum tempo viajamos ao longo do Elba. Estávamos a uns cinquenta quilômetros de Dresden. Mas, de repente, o trem tomou a direção do sul.

Provavelmente era intenção dos S.S. levar-nos ao campo de concentração de Flossenburg, na fronteira da Tchecoslováquia, no Oberpfälzer Wald. Mas, por motivos que ignoramos, tiveram que renunciar a esse campo.

O que é certo é que quarta-feira, 10 de abril, de manhã, nos encontrávamos em Pilsen, na Tchecoslováquia. Grupos de tchecos formaram-se imediatamente às margens da estrada de ferro. Era grande a emoção daquelas pessoas, à vista de nossas roupas listradas e nossas figuras cadavéricas. Começaram a atirar-nos pães. Os S.S. responderam com alguns tiros de metralhadora. O trem avançava lentamente; passou debaixo de uma ponte da cidade. Várias pessoas que haviam acorrido deixaram cair víveres do alto da ponte em nossos vagões. Atropelamo-nos para agarrar pedaços de pão. Foi-nos proibido terminantemente levantar-nos. Mas a fome foi mais forte. O trem parou numa pequena estação, não longe de Pilsen. Aí nos puseram num desvio da linha. À noitinha deram-nos um pouco de comida: um pedaço de pão para dez homens. E o dia terminou com a retirada dos mortos, cujo número crescia a cada dia. Os cadáveres não eram mais enterrados ao longo da estrada, mas empilhados em grandes vagões abertos, engatados à traseira do comboio. Aliás, não eram mais que esqueletos. Agarravam-nos pelos braços e pelos pés e os atiravam por cima das bordas para dentro do vagão.

No dia seguinte, quinta-feira, 11 de abril, o trem fica parado o dia inteiro na pequena estação. À noitinha, são retirados os mortos. Nada mais acontece nesse dia. Um dia depois, a mesma coisa: esperamos o dia todo sem comer nada e, ao pôr do sol os mortos foram retirados. Só nos restava uma ocupação: ver morrer, na expectativa de morrer também. Havia, em média, dois mortos por dia em cada vagão; portanto, cerca de uma centena cada dia no total do trem.

Pareciam-nos intermináveis aqueles dias de imobilidade. As noites, porém, nos reservavam um outro suplício. Ao lado dos moribundos que estertoravam, alguns companheiros brigavam por um pouco de espaço; outros ficaram loucos e batiam com a cabeça nas paredes do vagão para acabar com aquele pesadelo. Nisso, vinha um S.S. e dava coronhadas em todo mundo para restabelecer a calma. Mas isto ainda não era nada. O que causava mal-estar, um mal-estar atroz, era o surpreender-se a si mesmo espreitando a morte dum vizinho e dizendo a si mesmo que no dia seguinte haveria um pouco mais de espaço para estender-se.

Na noite de sexta-feira para sábado houve tentativa de fuga em alguns vagões: este gesto de desespero custou-nos caro. Na manhã seguinte, um oficial S.S. sobe ao nosso vagão e atira no montão de prisioneiros. Dois companheiros foram atingidos; agonizaram por muito tempo.

Foi somente na segunda-feira, 16 de abril, que o trem continuou a viagem. Tínhamos a impressão de que os S.S. não sabiam mais o que fazer de nós e que nada mais lhes restava senão acabar com todos. O tempo estava esplêndido. Tudo convidava à vida. Sobre as nossas cabeças, um puro céu azul. As calhandras cantavam num enlevo de espaço e liberdade. Nos campos, homens e mulheres trabalham na sementeira. Lá longe aparecem algumas igrejinhas. À tardinha, o nosso trem para novamente num planalto. E, mais uma vez, é a espera; mais uma vez, frente a frente com a morte. Vivíamos absolutamente por fora de tudo quanto se passava no mundo. Onde estavam os aliados? O que acontecia na França naquele momento? Estas importantes questões pareciam não significar nada mais para nós. Para muitos de nós, já era tarde demais.

Na noite de terça para quarta-feira o trem parte novamente. Roda em direção ao sudoeste. Dessa vez, atravessamos os montes da Boêmia. O sítio é grandioso. Do fundo de nosso vagão podíamos contemplar a floresta que se ergue nas altas vertentes. As folhas delicadas e novinhas das bétulas destacavam-se sobre o verde-escuro dos pinheiros gigantes. Brilhava, aqui e ali, o dourado das giestas em flor. É o início da primavera. A natureza, ignorante do que se passa entre os homens, continuava a reverdecer e a reflorescer. Um sol esplendoroso fazia subir da terra úmida e tépida o cheiro agradável da primavera na floresta. Em algumas partes, as encostas dos montes se avizinham, formando um desfiladeiro rochoso e escarpado. O nosso trem, com seus cinco mil condenados, metia-se lentamente por essas gargantas selvagens. Veio-nos, então, a ideia de que nos levavam por aí para alguma celebração bárbara. De repente caiu sobre nós o terror. Por sobre as paredes do vagão, em cima de nossas cabeças, ergue-se a figura do oficial S.S., o "matador". Nós o apelidamos assim, porque ele já havia matado vários dentre nós. Olhou-nos como a ave de rapina olha a ninhada que vai massacrar. Apontou a metralhadora contra nós. O monstro atira no amontoado de homens. Dois companheiros agonizam. Um foi atingido em pleno ventre; o sangue lhe saía pela boca. Uma terrível angústia nos apertava corpo e alma. Não havia dúvida: estávamos votados ao extermínio. Ao pensar nisso, sentimos agitar-se loucamente a nossa alma dentro de nós como um passarinho ferido mortalmente, que se debate no sangue e não quer morrer.

Havíamos rodado todo o dia. À tarde, o trem para numa pequena estação, ao sair do Böhmerwald. A ponte da estrada de ferro sobre o Danúbio, em Passau, acabava de ser interceptada. Estávamos condenados a permanecer lá, num desvio da estrada de ferro, vários dias, exatamente seis dias. Dias longos e terríveis. Por cúmulo de infelicidade, depois de um belo tempo, veio a chuva. Caiu, fria e persistente, durante três dias e três noites. Ficamos transidos de frio. Nada de quente, é claro, para aquecer o nosso estômago. Alguns dentre nós, ao voltarem depois de levar os mortos, conseguiram ajuntar pela estrada um pouco de lenha e alguns tijolos. Com isso acendemos um fogo no vagão, uma aparência de fogo. Comprimimo-nos ao redor dele para nos secar e aquecer. A chama, porém, era fraca demais; e não se esquentam esqueletos. Passamos quase todos esses dias sem ganhar alimento algum. Tivemos que nos contentar com algumas folhas de dente-de-leão, arrancadas às pressas à margem da estrada, depois do carregamento dos mortos.

Os mortos! O número aumentava cada vez mais. Muitos morriam de disenteria; muitos também de esgotamento. Outros foram atacados de erisipela; era o que há de mais horrível para ver. Em uma noite, em um dia, esses homens ficavam irreconhecíveis; o rosto tumefato e afogueado ficava completamente desfigurado. Delirando de febre, esses pobres coitados gritavam a noite toda; pediam de beber, mas era em vão. Quando chegava a manhã, seus corpos jaziam enrijecidos pela morte. Às vezes, os cadáveres ficavam o dia inteiro nos vagões, deitados nas poças de água que se haviam formado aqui e ali no chão.

Esses excessivos sofrimentos nos causavam uma agonia extrema. Não era somente a agonia duma pessoa às voltas com a morte. No meio de tanta miséria nasceu em nós um sentimento estranho que corroía todas as nossas certezas íntimas, aquelas mesmas em que se apoiava até então a nossa existência. Tínhamos a impressão cada vez mais forte de que estávamos entregues a um cego e selvagem destino. Éramos milhares de homens abandonados à fome, ao frio, aos vermes e à morte. Era um esfacelamento total do homem. O homem – esse ser que pensávamos ter sido criado à imagem de Deus – manifestava-se agora como um ser irrisório, sem valor, sem apoio, sem esperança: como um ser metido num turbilhão de forças que zombavam dele, ou, pior, que o ignoravam totalmente. Tomávamos consciência de sermos isso e nada mais do que isso. Um grande vazio fazia-se diante de nós: o do absurdo do homem e da inexistência de Deus. Entre os cadáveres que jaziam nas poças de água do nosso vagão, com os olhos revirados, tínhamos tal companheiro, tal amigo. Tudo o que tínhamos diante dos olhos, tudo que tínhamos de sofrer, nos dizia que estávamos submetidos a uma lei de ferro, que estávamos entregues à dominação de forças cegas e que era esta a realidade, a única realidade.

Uma realidade à qual o Pai estava ausente! Basta tê-lo experimentado uma só vez na vida para perder a vontade de falar levianamente da morte de Deus. É uma experiência atroz. Quando o Pai está ausente, o Filho entra em agonia. A agonia do Filho é sempre o silêncio do Pai, a ausência do Pai. E onde encontrar o menor vestígio do Pai neste inferno? É então que compreendemos esta palavra: "Minha alma está triste até a morte".

A noite era negra em nossa alma. E, todavia, quando, na manhã de 26 de abril, um dos nossos* se achava no momento extremo e a luz de seus olhos estava se apagando para nós, o que nos subiu do coração aos lábios não foi um grito de desespero nem de revolta, mas um canto, um canto de louvor: o *Cântico do Sol* de Francisco de Assis! E, na verdade, não precisamos forçar-nos para cantá-lo. O cântico brotou espontaneamente de nossa noite e nosso desnudamento como a única linguagem à altura do acontecimento.

O que é que nos impelia, então, em tais circunstâncias a louvar a Deus pela grande fraternidade cósmica? As teorias não tinham mais crédito em nossa confusão. Era inútil procurar apoio nelas. O que nos restava e que tinha um valor inestimável era esse gesto de paciência e de amizade que nos demonstrava esse ou aquele companheiro. Esse gesto, da parte de alguém que está, como nós, arrasado pelo sofrimento e pela angústia, é um raio de luz que cai miraculosamente no fundo tenebroso de nossa miséria. Ele nos restitui um rosto, recria-nos. De súbito, tomamos outra vez consciência de que somos homens.

---

* Um dos cinco religiosos franciscanos.

Esse gesto de ajuda e amizade de que somos objeto podemos nós mesmos praticá-lo em relação a um outro e, com isso, opor a um domínio brutal da força uma liberdade e um amor que dão testemunho de uma outra realidade. O homem, dando mão forte àquele que é homicida desde o princípio, conseguiu fazer um mundo sem Deus. Não inteiramente, porém. Nesse mundo sombrio a caridade divina ainda lança um raio de luz. O homem fraterno é sempre uma testemunha do Pai. Quem o vê, vê também o Pai.

E, além disso, por paradoxal que pareça, há uma experiência maravilhosa do mundo e do sagrado no mundo que não se pode fazer senão por um supremo despojamento da alma e do corpo. É somente na necessidade e na miséria que se aprecia, no seu justo valor, um bocado de pão, um gole de água, um raio de sol e, como coisa caída dum outro mundo de vez em quando, a saudação simpática de um transeunte. Essas gotas de chuva, tão pobres, que tremulam nos fios telefônicos depois do temporal, deixam transparecer, à luz do crepúsculo, um olhar despojado, uma inocência infinita. E, por cima de nós, esse imenso céu lavado, tão luminoso e tão puro. Não é por acaso que o que nos resta a contemplar do fundo de nosso vagão são todas essas coisas humildes que se mostram e que passam diante de nossos olhos. Elas falam suavemente à alma. De onde vêm essa pureza e essa inocência que, através delas, subitamente nos emocionam? De onde vêm essa limpidez e esse brilho do mundo, só perceptíveis na mais extrema pobreza? A inocência das coisas! Pode-se escarnecer disso. Mas é uma experiência inesquecível. "É preciso ter em si um caos para dar à luz uma estrela cintilante", dizia Nietzsche. Quanto ao caos, ele não nos foi poupado. Tudo foi devastado ao redor de nós e em nós. A História passou por nossos caminhos como um ciclone. E eis que sobre esse montão de ruínas brilha "a grande estrela vespertina da pobreza".

O que nos acena através dessa limpidez inalterável das coisas é, sem dúvida, o que há de mais primitivo no ser, o que, no desenrolar da História, permanece intacto: o invencível, o eterno. O homem da metralhadora pode semear a morte e manter aterrorizados milhares de homens; pode destruir muita coisa. Nada pode, porém, contra essa fonte oculta de pureza e de inocência. A mão do homem não atinge essa profundeza.

Esta pureza e inocência não vêm de nós. Mas elas penetram em nós, no mais profundo âmago de nossa alma, e, aí, ressuscitam a infância. Não é o nosso olhar que as cria; são elas que recriam em nós o olhar de criança; elas o recriam numa espécie de agonia, desde que sejamos bastante pobres para as acolher. Que caos não é necessário carregar em si para ver o mundo nascer à luz! E sempre à sombra da crucifixão, no fim da viagem, que o cristão encontra o olhar da criança. Esse olhar despojado não se fixa mais em algum paraíso perdido. Ele exprime um imenso desejo de paz e de misericórdia no próprio coração da devastação e da morte. E apesar do poder aparente do mal, o mais forte é ele. É capaz de sustar o mais monstruoso empreendimento de barbárie. Quando aparece o furor na História, este olhar já diz a palavra final. Não é tudo, porém. Ele o canta.

Foi esse olhar que, naquela manhã de abril, nos fez cantar ao redor de nosso irmão agonizante, em alguma parte da Alemanha, o sol e as estrelas, o vento e a água, o fogo e a terra, e também todos "aqueles que perdoam por amor de ti..." "Quando ele morreu suavemente e sem nome" não havia nenhum volutear de calhandras no céu. Mas uma paz sobrenatural apoderou-se de nossos corações. À tarde levamos o corpo, sob os golpes dos S.S. que achavam muito lento o nosso caminhar. Foi o último a morrer em nosso vagão.

Como poderíamos esquecer semelhante experiência, ao reler hoje o *Cântico do Sol* de Francisco de Assis?

Canticum Solis[*]

Altissimu, onnipotente, bon Signore, tue so' le laude, la gloria e l'honore et onne benedictione.
Ad te solo, Altissimu, se konfàno et nullu homo ène dignu te mentovare.

Laudato sie, mi' Signore, cum tucte le tue creature, spetialmente messor lo frate sole, lo qual è iorno, et allumini noi per lui; et ellu è bellu e radiante cum grande splendore: de te, Altissimo, porta significatione.

Laudato si', mi' Signore, per sora luna e le stelle: in celu l'ài formate clarite et pretiose et belle.

Laudato si', mi' Signore, per frate vento et per aere et nubilo et sereno et onne tempo, per lo quale a le tue creature dài sustentamento.

Laudato si', mi' Signore, per sor'aqua, la quale è multo utile et humile et pretiosa et casta.

---

[*] "Damos aqui, como texto original, o mais antigo escrito conhecido do *Cântico das Criaturas,* como se encontra no manuscrito 388 da Biblioteca Municipal de Assis, proveniente do Sacro Convento San Francesco, onde se encontra entre os Opúsculos do santo e tem a data de 1279" (cf. R.P. Damien Vorreux, O.F.M., em *Opuscules de Saint François d'Assisi,* texto latino com tradução francesa. Ed. Franciscaines, Paris, 1956, p. 309s.).

Laudato si', mi' Signore, per frate focu, per lo quale ennallumini la nocte, et ello è bello et iocundo et robustoso et forte.

Laudato si', mi' Signore, per sora nostra matre terra, la quale ne sustenta et governa, et produce diversi fructi con coloriti flori et herba.

Laudato si', mi' Signore, per quelli ke perdonano per lo tuo amore, et sostengo infirmitate et tribulatione.

Beati quelli che 'l sosterrano in pace, ca da te, Altissimo, sirano incoronati.

Laudato si', mi' Signore, per sora nostra morte corporale, da la quale nullu homo vivente pò scappare: guai a quelli che morrano ne le peccata mortali.

Beati quelli che trovarà ne le tue santissime voluntati, ka la morte secunda no 'l farrà male.

Laudate et benedicete mi' Signore et ringratiate et serviateli cum grande humilitate.

FIM

Bibliografia

I. Textos – documentos

Opuscula sancti Patris Francisci Assisiensis, Quaracchi 1904, 2. ed., 1948.

Opuscules de saint François, Edit. Franciscaines, Paris, 1956.

Analecta Franciscana, os dez primeiros tomos (coleção de Crônicas e de Documentos), Quaracchi, 1885-1941.

Analekten zur Geschichte des Fr. von Assisi, por Böehmer-Wiegand, 2. ed., Tübingen, 1930.

Saint François d'Assisi, Documents, Ecrits et premières Biographies, reunidos e apresentados por Théophile Desbonnets e Damien Vorreux, O.F.M., Editions Franciscaines, Paris, 1968.

II. Estudos

Benedetto, L.F. II Cântico di frate Sole, Florença, 1941; cf. recensão em *Archivum Franciscanum Historicum*, Quaracchi (34), 1941, p. 236s.

Pagliaro, A. "II Cântico di frate Sole", em *Quaderni di Roma* I (1947), p. 218s., e em *Saggi di critica semantica*, Messina-Florença, 1953, p. 201s.

Branca, V. "II Cântico di frate Sole", *em Archivum Franciscanum Historicum*, Quaracchi, 1949, fase. I-IV, p. Is e em volume separado, Florença, 1950.

De Robertis, G. "II Cântico delle Creature", em *Studi*, 2. ed., Florença, 1952, p. 17s.

Vicinelli, A. "II Cântico di frate Sole", em *Tutti gli scritti di San Francesco e i Fioretti,* Milão, 1955, p. 219s.

Fortini, A. "Di alcune questioni riguardanti la composizione dei Cântico dei Sole", em *Santa Chiara, Studi e Cronaca dei VII centenário,* Assis, 1954, p. 275s.

Getto, G. *San Francesco d'Assisi e il Cântico di frate Sole,* Turim, 1956.

Platzeck, E.-W. *Das Sonnenlied des heiligen Franziskus von Assisi,* Munique, 1957.

Sabatelli, G. "Studi recenti sul Cântico di frate Sole", em *Archivum Franciscanum Historicum,* Quaracchi, 1958, fase. I-II, p. 3s.

Fortini, A. *Nova Vita di San Francesco,* Assis, 1959; cf. t. II, p. 471-543, e t. III; cf. recensão em *Archivum Franciscanum Historicum,* 53, 1960, p. 324-326.

Englebert, O. *Saint Francis of Assisi. A Biography.* Uma nova tradução de Eve Marie Cooper; segunda edição inglesa revista e aumentada por I. Brady, O.F.M. e R. Brown, Chicago, 1965; cf. apêndice VII, p. 441-458; cf. recensão em *Archivum Franciscanum Historicum,* 61, 1968, p. 234-237.

De Beer, Fr. *La Conversion de saint François selon Thomas de Celano,* Edit. Franciscaines, Paris, 1963.

III. Obras citadas

Bachelard, G. *La Psychanalyse du Feu,* Gallimard, Paris, 1949.

L'Eau et les Rêves, Corti, Paris, 1942.

L'Air et les Songes, ibid., Paris, 1943.

La Terre et les Rêveries du Repos, ibid., Paris, 1948.

La Terre et les Rêveries de la Volonté, ibid., Paris, 1948.

La Flamme d'une Chandelle, PUF, 3. ed., Paris, 1964.

La Poétique de l'Espace, PUF, 4. ed., Paris, 1964.

La Poétique de la Rêverie, PUF, 3. ed., Paris, 1965.

Baudouin, Ch. *De l'Instinct à l'Esprit,* Desclée de Bouwer, Paris, 1950.

Psychanalyse du Symbole Religieux, Fayard, Paris, 1957.

L'Oeuvre de Jung, Payot, Paris, 1963.

Beirnaert, L. *Expérience chrétienne et Psychologie,* Edit. de l'Epi, Paris, 1964.

Boaventura, São. *Collationes in Hexaëmeron, Opera omnia,* t. V, Quaracchi, 1891.

Itinéraire de l'Esprit vers. Dieu, Vrin, Paris, 1960.

Bultmann, R. *Jésus, Mythologie et Démythologisation,* Edit. du Seuil, Paris, 1968.

Chesterton, G.K. *Saint François d'Assise,* Plon, Paris, 1925.

Chevalier, J. e Gheerbrant, A. *Dictionnaire des Symboles,* Laffont, Paris, 1969.

Claudel, P. *Oeuvrepoétique,* La Pléiade, Gallimard, Paris, 1957. *L'Annonce faite à Marie,* Gallimard, Paris, 1940.

Dufrenne, M. e Ricoeur, P. *Karl Jaspers et la Philosophie de l'Existence,* Edit. du Seuil, Paris, 1947.

Eliade, M. *Traité d'Histoire des Religions,* Payot, Paris, 1964.

Naissances mystiques, essai sur quelques types d'initiation, Gallimard, Paris, 1959.

Images et Symboles, essais sur le Symbolisme magico-religieux, ibid., Paris, 1952.

Aspects du Mythe, ibid., Paris, 1962.

Le Sacré et le Profane, ibid., Paris, 1965.

Emmanuel, P. *Le Goût de l'Un,* Edit. du Seuil, Paris, 1963. *Evangéliaire, ibid.,* Paris, 1961.

Guardini, R. *Les Ages de la Vie,* Le Cerf, Paris, 1957.

Heidegger, M. *Approches de Hölderlin,* Gallimard, Paris, 1962.

Le Chemin de Campagne, em Questions III, Gallimard, Paris, 1966.

Jung, C.G. *Métamorphoses de l'Ame et ses Symboles,* Edit. de l'Université, Genève, 1967.

L'Ame et la Vie, Buchet/Chastel, Paris, 1963. *Psychologie et Religion, ibid.,* Paris, 1958.

Lavelle, L. *Quatre Saints,* Albin Michel, Paris, 1951.

Lippert, P. *Bonté,* Aubier, Paris, 1946.

Malraux, A. "Le Musée imaginaire de la Sculpture Mondiale", t. III, *Le Monde chrétien,* Gallimard, Paris, 1954.

Mansuy, M. *Gaston Bachelard et les Eléments,* Corti, Paris, 1967.

Marcuse, H. *L'Homme unidimensionnel,* Edit. de Minuit, Paris, 1968.

Nietzsche, F. *Ainsi parlait Zarathoustra,* Mercure de France, Paris, 1944; trad. fr., Aubier, Paris, 1946.

Ecce Homo, seguido de poesias, Mercure de France. *Le gai Savoir,* Gallimard, Paris, 1950.

Novalis, F. *Hymnes à la Nuit,* coleção bilíngue, Aubier, Paris, 1943.

Péguy, Ch. *Oeuvres poétiques,* La Pléiade, Gallimard, Paris, 1948.

Ricoeur, P. *"Philosophie de la Volonté",* t. I, "Le Volontaire et l'Involontaire", Aubier, Paris, 1950.

Philosophie de la Volonté, t. II, "Finitude et Culpabilité: la symbolique du mal", *ibid.,* Paris, 1960.

De l'Interprétation, essai sur Freud, Edit. du Seuil, Paris, 1965.

Le Conflit des Interprétations, ibid., Paris, 1969.

Rilke, R.M. *Les Elégies de Duino et les Sonnets à Orphée,* coleção bilíngue, Aubier, Paris, 1943.

Scheler, M. *Nature et Formes de la Sympathie,* Payot, Paris, 1950; cf. cap. V, "L'identification cosmique telle qu'elle a été réalisée par les génies affectifs de l'histoire".

Teilhard de Chardin, P. *Hymne de l'Univers,* Edit. du Seuil, Paris, 1961.

Teillard, Ania. *Le Symbolisme du Rêve,* Stock, Paris, 1944. Valéry, P. *Oeuvres,* t. I, La Pléiade, Gallimard, Paris, 1957. Vorreux, D. *Saint François d'Assise,* Bloud et Gay, Paris, 1964.

EDITORA VOZES LTDA.
Rua Frei Luís, 100 – Centro – Cep 25689-900 – Petrópolis, RJ
Tel.: (24) 2233-9000 – E-mail: vendas@vozes.com.br